파이시오스 수도사

아토스 성산의 수도사들
성모님의 정원

Γέροντος Παϊσίου Αγιορείτου
ΑΓΙΟΡΕΙΤΑΙ ΠΑΤΕΡΕΣ ΚΑΙ ΑΓΙΟΡΕΙΤΙΚΑ

Copyright © 1993 Ιερόν Ησυχαστήριον Μοναζουσών «Ευαγγελιστής
Ιωάννης ο Θεολόγος», 57006 Βασιλικά Θεσσαλονίκης Ελλάδα
All rights reserved

Translated by Angeliki Park
Korean Translation Copyright © 2011 Korean Orthodox Editions

아토스 성산의 수도사들

초판1쇄 인쇄   2011년 4월 24일
초판1쇄 발행   2011년 4월 24일

지 은 이   파이시오스 수도사
옮 긴 이   앙겔리키 박
펴 낸 이   암브로시오스 대주교
펴 낸 곳   정교회출판사
출판등록   제313-2010-5호

주   소   서울특별시 마포구 아현동 424-1
전   화   02)364-7020
팩   스   02)365-2698
홈페이지   www.philokalia.co.kr
e-mail   editions@orthodox.or.kr

ISBN 978-89-92941-19-8   03230

정가 15,000원

* 잘못된 책은 바꿔드립니다.

이 책의 한국어판 저작권은 Ιερόν Ησυχαστήριον Μοναζουσών «Ευαγγελιστ ής Ιωάννης ο Θεολόγος»와 독점계약한 정교회출판사에 있습니다. 저작권법에 의해 한국 내에서 보호를 받는 저작물이므로 무단 전재 및 무단 복제를 금합니다.

아토스 성산의 수도사들

파이시오스 수도사 지음 / 앙겔리키 박 옮김

정교회출판사

■ 한국어판 서문

바른 믿음(正敎)은 바른 행위입니다. 달리 표현한다면, 정교는 철학이나 사회학 같은 하나의 이론 체계가 아니라 생명의 체계입니다. 정교회를 믿는 교인들은 누구나 교리와 윤리적 가르침을 몸소 실천하며 살아가야 합니다.

이 책의 저자는 오랜 세월 아토스 성산(聖山)에서 수련과 기도에 온 생을 바쳤던 성성(聖性) 깊은 수도사입니다. 이 수도사는 이 책을 도서관에 앉아서 쓴 것이 아니라 아토스 성산에서 몸소 영적인 수련과 체험을 하면서 저술한 것이었습니다.

저자는 자신이 직접 만났던 아토스 성산 수도사들의 경험담과 또 사람들에게서 전해들은 여러 아토스 성산 수도사들의 체험에 대해 기록하면서, 어떻게 그들이 정교의 믿음을 실천하며 살아갔는지를 단순한 화법으로 표현하고 있습니다. 이 책에서 언급하고 있는 아토스 성산 수도사들의 일상생활 속에서의 영적 삶에 대한 이야기는 하느님 나라로 향하는 행로(行路)가 빈말이나 이론이 아니라 "하늘나라는 폭행을 당해 왔다. 그리고 폭행을 쓰는 사람들이 하늘나라를 빼앗으려고 한다."(마태오 11:12)라는 주님의 말씀처럼 매일매일의 투쟁과 수련에 있음을 독자들로 하여금 잘

인식할 수 있도록 해줍니다.

또한 저자 파이시오스 수도사는 이 책 안에서 많은 기적들에 관해 언급하고 있습니다. 아직까지 영적인 삶을 깊이 경험하지 못한 사람에게는 이러한 기적들이 이상한 이야기나 신화처럼 들릴런지도 모릅니다. 하지만 영적인 감성을 가지고 있는 사람들은 이 이야기들이 진실이라는 것을 잘 알고 있습니다. 왜냐하면 그들은 그리스도에 대한 믿음이 언제나, 어느 시대에서나 기적을 일으켰음을 알고 있기 때문입니다.

불행하게도 이성(理性)이 지배하는 시대에 사는 우리들은 그리스도께서 지상에 계실 때 행하셨던 기적들은 믿으면서도 성인들에 의해 일어난 기적의 은사에 대해서는 믿으려 하지 않습니다. 이것은 큰 잘못입니다. 왜냐하면 그리스도께서는 복음을 전하라고 열두 명의 제자들을 파견하실 때 그들에게 이미 기적의 은사를 주셨기 때문입니다. "앓는 사람은 고쳐 주고 죽은 사람은 살려 주어라. 나병환자는 깨끗이 낫게 해 주고 마귀는 쫓아내어라. 너희가 거저 받았으니 거저 주어라."(마태오 10:8) 그리스도께서는 여기에서 더 나아가 당신의 제자들뿐만 아니라 당신을 믿는 모든 이들이 그리스도께서 하신 것보다 더 큰 일도 할 것이라고 분명히 밝히셨습니다. "정말 잘 들어 두어라. 나를 믿는 사람은 내가 하는 일을 할 뿐만 아니라 그보다 더 큰 일도 하게 될 것이다."(요한 14:12) 그렇다면 왜 사람들은 그리스도께서 당시에 중풍병자를 치유하신 것은 믿으면서도 성인의 중보기도를 통해 오늘날에도 중풍병자가 치유되는 것은 믿지 않는 것일까요? 신약시대에 여러 가지 기적을 친히 보여주셨던 그리스도께서는 오늘날에도 성인들의 중보를 통해 여전히 우리들에게 기적을 행하고 계십니다. 우리는 믿음으로 모든 것을 다 할 수 있습니다. "나는 분명히 말한다. 너희에게 겨자씨 한 알만한 믿음이라도 있다면 이 산더러 '여기서 저기로 옮겨져라' 해도 그대로 될 것이다. 너희가 못할 일은 하나도 없을 것이다."(마태오 17:20)라는 말씀처럼, 우리는 믿음으로 산도 옮길 수 있습니다. 그리스도께서는 악령에 사로잡힌 아이의 아버지에게 하셨던 말씀을 오늘도 우리 모두에게 반복해서 말씀하고 계십니다. "할 수만 있다면이 무슨 말이냐? 믿는 사람에게는 안 되는 일이 없다."(마르코 9:23)

우리는 이 책을 읽는 독자들이 정교회 영성의 삶이 어떤 의미

를 가지는지를 좀 더 깊이 이해하고 인식할 수 있게 되기를 바라면서 이 책을 한국의 독자들에게 바칩니다.

그리고 마지막으로 이 책을 훌륭하게 번역해주시고 대가없이 제공해주신 역자 박 앙겔리키 씨에게 진심으로 감사의 말씀을 드립니다.

정교회 한국대교구장
† 암브로시오스 조성암 대주교

주 예수 그리스도 성화 (판셀리노스 作, 14세기)

차례 | 아토스 성산의 수도사들

■ 한국어판 서문 4

아토스 성산(聖山)에 대하여 13
성부와 성자와 성령의 이름으로 17
티혼 수도사제 29
에블로기오스 수도사 73
파호미오스 수도사 77
세라핌 수도사 79
이름 모를 은둔자 82
안티모스 수도사 85
다니엘 수도사 99
코즈마스 수도사 105
필라레토스 수도사 110
페트로스 수도사 115
아우구스티노스 수도사 130
은둔자 예오르기오스 수도사 142
필라레토스 수도사 148
에프렘 수도사 154
콘스탄티노스 수도사 157
사바스 수도사 163
교만한 생각으로 악마에게 시달렸던 수도 사제 166
준비 없이 성찬예배를 집전하다가 하느님의 방해를 받은 수도사들 169
아바쿰 수도사 171
철부지 수도사들 175
자기 뜻만 고집하던 수도사 178
경건하게 순종하는 제자 수도사 181
자기 뜻만 내세운 게으른 수도사 183
태만한 젊은 수도사 185
태만한 늙은 수도사 187
크시로포타모스 수도원의 자유로운 규칙을 지적한 천사 189

남을 비난하지 않음으로써 수고 없이 구원된 사람 191
메토디오스 수도사와 요아킴 수도사의 죽음에 대한 계시 194
스승에게는 순종하지 않았으나 하느님께 희망을 걸어 구원된 제자 수도사 197
세상을 떠난 수도사를 만난 성가대원 수도사 201
트리폰 수도사 203
키릴로스 수도사 212
경건한 초보 수도사를 선택하시는 성모님 217
그리스도에 의해 치료된 믿음이 강하고 착실한 젊은 수도사 219
병 때문에 영적인 도움을 받고 하늘나라에서 상까지 받은 수도사 221
아픈 동료 수도사 간호를 귀찮게 여긴 수도사 223
말조심을 안 해서 본보기로 벌을 받은 순진한 수도사 225
성모 마리아 정원의 수도사들을 보살피시는 어진 어머니 같은 성모님 228
젊은 수도사를 치료하신 성 다미아노스 순교자 229
수도사의 가치 231
수도사가 하는 기도의 힘 233
기도매듭을 가지고 하는 기도의 힘 235
기도의 힘 237
고통과 함께 한 기도 238
세속 사람을 닮으려 할 때 찾아오는 수도사의 영적 불행 239
영적인 파멸을 초래하는 속세의 사고방식 241
조용하게 걱정 없이 살아감을 영적인 삶의 조건으로 여기시는 성모 243
속세의 사람들에게 모범이 되어야 하는 수도사 245
축일을 보살피는 예오르기오스 성인 247
축일을 돕는 스피리돈 성인 249
우리가 남에게 베풀 때 내리는 하느님의 축복 251
필로테오스 수도원에 대한 글리코필루사 성모 마리아의 보호 254
무분별한 수도생활로 방황하던 이기적인 수도사 257
과대망상으로부터 구원된 수도사 261
영적으로 기분 좋은 일들 265
장차 오게 될 시대의 천사 271
하느님을 향한 귀환 땅에서 하늘로 273

■ 금언(金言) 276
■ 해설 305

아토스 성산(聖山)에 대하여

아토스 반도에 대한 최초의 언급은 호메로스 시대로 거슬러 올라간다. 면적은 385㎢이고 아토스 산의 높이는 2,000미터에 이른다.

아토스 산에서 처음으로 수도주의가 시작된 것은 기원 후 5세기로서 이때부터 수도사들은 독자적으로 하거나 소 공동체를 형성해 수도생활을 했다. 또한 아토스 산에는 일반 사람들도 함께 생활했는데, 이러한 체제는 8세기까지 유지되었다.

9세기 초엽부터 아토스 산에는 새로운 수도주의의 시대가 시작되었다. 신뢰할 만한 역사적인 자료에 따르면 아토스 산에서의 수도생활은 9세기 중엽부터 시작되었다고 기록되어 있다. 9세기 아토스 산에는 두 명의 뛰어난 수도사가 살았는데 한 분은 아토스 수도사 베드로 성인이고 또 한 분은 860년경 라브라 수도원을 창립하신 에프티미오스 성인이다.

아토스 산은 10세기경 많은 수도원들과 또 성성이 훌륭한 많은 수도사들로 인해 성산, 즉 거룩한 산이라는 의미의 "아기온 오로스"라는 명칭을 얻었다. 이미 잘 알려진 바와 같이, 아기온 오로스는 정교회뿐만 아니라 전 세계의 그리스도교에서 가장 큰 수도 중심지로서의 위상을 지니고 있다.

아기온 오로스에서의 수도주의의 부흥은 963년 아토스 수도사 아타나시오스 성인이 그의 친구였던 비잔틴 제국의 황제 포카스의 물질적 도움을 받아 대 라브라 수도 공동체를 설립하며 시작되었다. 아기온 오로스에서 공식적인 수도 공동체 조직은 972년에 황제 토아누 치미스키의 티피콘(일종의 수도원 정관)이 발행되면서 시작되었다.

10세기 말과 11세기에 걸쳐 아기온 오로스의 수도 체제는 최고의 부흥기를 맞는다. 비잔틴 제국의 각 지역에서 많은 수도사들이 아기온 오로스로 모여들었고 새로운 공동체 수도원들이 생겨났으며 조직되었다. 하지만 이러한 크고 작은 공동체 수도원들 외에도 아기온 오로스에는 언제나 조용히 은둔생활을 하며 수도생활을 하는 수도사들이 있었으며 소수의 수도사들로 구성된 작은 소 공동체들이 존재했었다.

현재 아토스 성산은 그리스 정부의 영향을 받지 않고, 모든 것이 자치 행정으로 이루어진다. 다만 세계총대주교청에는 소속되어 있을 뿐이다. 아토스 성산을 방문하려면 외국인들뿐만 아니라 그리스인들 역시 허가증이 필요하다.

아토스에 있는 스무 곳의 수도원은 다음과 같다. 메기스티 라브라 수도원, 바토페디 수도원, 이비론 수도원, 헬란다리오 수도원[1], 디오니시오스 수도원, 쿠트루무시 수도원, 판도크라토로스 수도원, 크시로포타모스 수도원, 조그라푸 수도원, 도히아리오 수도원[2], 카라칼로스 수도원, 필로테오스 수도원, 시모노스 페트라 수도원, 성 파블로스 수도원, 스타브로니키타 수도원, 크세노폰토스 수도원[3], 그리고리오스 수도원, 에스피그메노스 수도원, 성 판델레이몬 수도원, 그리고 콘스타모니티스 수도원이다.

아토스 성산의 수도원은 매우 독특한 구조로 이루어져 있다. 칼리비, 스키티, 수도원이 유기적인 집합체를 이루는데, 칼리비들은 스키티에 속하고, 스키티는 수도원에 속한다.

헬란다리오 수도원

4세기에 시나이에서 수도를 하던 아바스 마카리오스가 수도사들의 정착촌을 건립했는데 이때 처음으로 스키티라는 말이 생겨났다. 그곳의 수도사들은 하루 종일 수공품을 만들면서 마음속으로 기도를 하고, 모두들 같은 성당에 나가곤 하였다. 당시의 스키티를 본받아 아토스 성산에도 10세기부터는 스키티들이 생기기 시작한 것이다.

아토스 성산에는 모두 열두 곳의 스키티가 있는데, 각 스키티마다 본 성당이 있다. 성 안드레아스 스키티, 성모 안식 스키티, 예언자 엘리야 스키티, 티미오스 프로드로모스 스키티(메기스티 라브라 수도원에 속한다), 성 안나 스키티, 카프소칼리비아 스키티, 성 디미트리오스 스키티, 티미오스 프로드로모스 스키티(이비론 수도원에 속한다), 성 판델레이몬 스키티, 네아 스키티, 성모 희보 스키티, 성 디미트리오스 스키티이다.

그 다음 단위로 켈리를 이야기할 수 있는데, 그 규모가 칼리비보다 크다. 켈리는 수도사가 거처하는 작은 방을 의미하기도 하지만 수도사가 자신의 방과 함께 매우 작은 성당을 가지고 있는 곳을 의미하기도 한다. 때로는 스승과 그 제자 수도사들이 함께 사는 곳을 의미할 때도 있다.

칼리비는 가장 작은 단위이다. 칼리비는 수도사 각자의 방과 아주 작은 성당을 뜻한다. 캅살라, 작은 성 안나, 카룰리아, 카투나키아에 칼리비들이 있다. 하지만 이와 같은 구분이 엄격하게 적용되는 것은 아니고, 실제로는 켈리와 칼리비를 구분하지 않고 사용하고 있다.

성부와 성자와 성령의 이름으로

이제 와서 과거 덕망 높았던 영적 아버지들에 대한 이야기를 자세히 기록해 놓지 않은 것이 나의 마음에 걸린다. 내가 초보 수도사였던 시절, 신앙심 깊은 영적 아버지들이 영적으로 나를 도와주기 위해 이들 덕망 높은 영적 아버지들에 대하여, 그리고 그들이 겪었던 거룩한 일들에 대하여 내게 이야기해 주곤 하였다. 그리고 몇몇은 그 거룩한 사건의 장본인으로서 최근까지도 생존해 있었던 것이다. 그 영적 아버지들은 그런 거룩한 일이 일어나는 것이 아무것도 아닌 양 내게 자연스럽게 이야기하곤 하였다. 하지만 나의 태만으로 인해 그것조차 기억 속에 온전하게 담아 두지 못하였으니 이 또한 마음에 걸린다.

그 시대의 영적 아버지들은 믿음이 강했으며 매우 소박하였다. 대다수의 영적 아버지들이 많이 배우지는 못했지만 그 대신 자신을 낮추면서 영적인 투쟁을 하였기 때문에 계속해서 하느님의 은총을 받았다. 이에 비해 우리가 살고 있는 시대는 어떠한가? 학문적으로는 수준이 높아졌음에도 불구하고 논리를 내세워 지금까지 쌓아온 믿음을 뒤흔들어 놓았으며, 마음속에 질문과 의문만이 가득하게 만들었다. 그 결과는 참으로 뻔하다. 하느님의 기적을 보기 힘든 세상을 만든 것이다. 어째서 그런가? 기적이란 자연스럽게 일어나는 것일 뿐 인간의 논리로는 설명이 불가능한 것이기 때문이다.

현대인에게 팽배한 세속적인 사고방식은 보다 쉽고 적은 노력을 기울이고도 잘 살 수 있는 방법을 모색하는 데 힘을 쏟게 하였다. 불행하게도 이 같은 사고방식은 영적인 삶을 영위하는 사람들에게도 많은 영향을 미쳐 그들 역시 더 적은 노고로 거룩해지려고 애쓰게 되었다. 그러나 이것은 결코 이루어질 수 없는 일이다. 왜냐하면 성인들[4]은 피나는 노력을 하면서 영적인 도움을 받은 것이기 때문이다.

지금도 어떤 이는 성인 교부들과 수도주의를 향한 이 커다란 전환을 반가워하고 이상향을 위해 시간을 할애하는 가치 있는 젊은이들을 향해 경탄하면서도 한편으로는 매우 가슴 아파 하고 있다. 빵으로 비유하자면, 모든 재료를 지닌 가치 있는 젊은이들이 그에 상당하는 영적인 효모를 찾지 못하여 더 이상 영적으로 발효 되지 못한 채 중량이 모자란 빵처럼 끝나 버리기 때문이다.

이십 년 전[5]만 해도 성모 마리아[6]의 정원에 흘러넘치던 소박한 향기를 찾는 것은 어렵지 않았다. 꿀벌들이 꽃에 모여들 듯이 영적 아버지들의 소박함에서 풍기는 향기는 그들을 닮고자 하는 경건한 사람들을 불러 모아 영적으로 양육하였다. 그리고 경건한 사람들은 다음에 오는 다른 이들도 이 영적인 축복의 혜택을 누릴 수 있도록 영적인 양육의 향기를 전달하였다. 다시 말해서 나그네들은 가는 곳마다 영적 아버지들이 많은 기적과 하늘나라의 사건들을 아무 일도 아닌 양 소박하게 이야기하는 것을 들었을 것이다. 그것은 영적 아버지들이 이러한 기적과 하늘나라의 사건들을 특별한 것이 아닌 매우 당연한 것으로 간주하였기 때문이다.

그들은 은총이 가득한 이런 영적 분위기 속에 살면서 들은 내용에 대해 '의심'이라는 단어는 떠올린 적이 없었다. 자신들이 들은 이야기 속에서 그들도 어떤 기적을 보았을 것이기 때문이다. 그럼에도 나중에 오는 사람들을 위해 이 거룩한 사건들을 기록한다거나 기억 속에 잘 간직해 두어야 한다고는 아무도 생각도 하지 못했다. 그건 지금까지처럼 앞으로도 교부 전통이 계속되리라 믿었던 탓이다. 누가 알았으랴. 사람들이 외적으로도 거룩해지기 위해 하느님에 대한 믿음 대신 무신론적 사상으로 무장한 채 교육을 받게 되리라는 것을! 그것도 지나치게 과도한 교육을 받은 탓에 정신적인 불구가 되리라는 것을 어떻게 짐작이나 할 수 있었겠는가! 아무리 최첨단 의학과 온갖 학문을 동원하여 어떤 성인을 진찰하고 싶은 만큼 진찰한다고 해도 그 의사가 무신론적 사고를 하는 사람이라면 그는 결코 하느님의 은총을 찾아내지 못할 것이다. 그러나 의사 또한 성인과 마찬가지로 거룩함을 지닌 존재라면 그는 어렵지 않게 성인에게서 뿜어져 나오는 거룩한 은총을 볼 수 있을 것이다.

  몇 년 전까지만 해도 어렵지 않게 볼 수 있었던 살아 있는 교부들의 정신을 독자들이 보다 잘 이해하고 생생하게 느낄 수 있으려면 소박하게 자신의 시대를 살아갔던 영적 아버지들의 경험담을 예로 드는 것이 좋을 것이라고 나는 생각하였다.

  다음의 이야기는 내가 수도사가 된 지 얼마 되지 않았던 시절 에스피그메노스 수도원[7]에 있었을 때, 독실한 도로테오스 수도사가 해준 이야기이다.

에스피그메노스 수도원

나이가 지긋한 한 수도사가 있었는데 그는 평소에도 수도원에 속해 있는 양로원의 일을 자주 도와주곤 하였다. 그 수도원은 예수 그리스도께서 승천한 날을 축일로 하는 곳이었는데, 그분은 얼마나 순진하였던지 '승천'이라는 말이 바르바라 성인[8]처럼 아주 큰 성인의 이름인 줄로만 알고 있었다. 그래서 그는 기도매듭을 가지고 기도를 할 때에도 "하느님의 승천 성인이시여, 우리를 위해 중보하소서!"라고 말할 정도였다.

어느 날 양로원에 몸이 매우 허약한 수도사가 찾아왔다. 하지만 이 허약한 수도사를 대접할 만한 영양가 있는 음식이 이 양로원에는 없었다. 그러자 그는 서둘러 계단을 통해 지하실로 내려갔다. 그리고 바다를 향해 난 지하실 창문 밖으로 손을 내뻗으며 다음과 같이 외쳤다.

"나의 승천 성인이시여, 제가 이 허약한 수도사를 대접할 수 있게 부디 물고기를 주십시오!"

그러자, 아, 이게 웬 기적이란 말인가! 바다에서 한 마리의 커다란 물고기가 튀어 올라와 그의 손으로 떨어졌다. 그는 이런 기적이 당연하다는 듯 태연하게 물고기를 가지고 올라갔다. 그리고 수도사가 원기를 차릴 수 있게끔 기쁜 마음으로 정성껏 음식을 만들었다.

도로테오스 수도사가 해준 또 다른 수도사의 이야기는 바로 파호미오스 수도사에 관한 이야기였다고 생각된다. 파호미오스 수도사가 더 엄격한 수도생활을 하기 위해 캅살라[9]에 갔을 때의 일이다. 그리고 오랜 수행 끝에 마침내 영적으로 높은 경지에 이르게 되었다. 어느 날 수도원의 한 수도사가 파호미오스 수도사를 만나려고 생선 두 마리를 준비해 내장을 빼내고 있었다. 그런데 갑자기 까마귀 한 마리가 나타나 생선 한 마리를 낚아채더니 그곳에서 5시간이나 떨어진 캅살라로 날아가 파호미오스 수도사 앞에 떨어뜨렸다. 이때 파호미오스 수도사는 하느님의 계시를 통해 이 수도사가 자신을 찾아오리라는 사실을 알고 있었지만 마땅히 대접할 음식이 없어 고민하던 중이었다. 나중에 파호미오스 수도사를 찾아왔을 때 이 사실을 전해 들은 그 수도사는 엘리야에게 하신 것처럼[10] 우리들의 시대에도 까마귀를 시켜 하느님의 사람들을 양육하시는 하느님을 찬양하였다.

쿠트루무시 수도원

몇 년 전 쿠트루무시 수도원[11]에 하랄람보스 수도사가 살고 있었다. 그는 매우 순진했는데, 영적인 일뿐 아니라 자신이 맡은 모든 일에 매우 열성적인 사람이었다. 쿠트루무시 수도원 역시 최근에 수도사가 많이 줄어들어 일손이 부족했는데, 그나마 남아 있는 수도사들도 나이가 많다 보니 그는 어쩔 수 없이 더 많은 일을 할 수밖에 없었다. 한번은 그가 도서관의 관리도 맡게 되었는데, 결국 수도원은 이 일을 다른 사람에게 맡기고 말았다. 왜냐하면 그가 한 번도 도서관 문을 닫은 적이 없었기 때문이었다. 그는 평소에 입버릇처럼 "사람들이 책을 읽을 수 있도록 내버려 두십시오."라는 말을 하곤 했다. 사람들이 책을 훔쳐갈 수도 있다는 생각은 전혀 하지 못할 만큼 그의 영혼은 순결하고 순진했던 것이다.

그는 수도사로서 그 많은 일들을 모두 해내면서도 다음에 올 사람들을 위하여 나무 심는 일도 하였다. 언젠가 쿠트루무시 수도원에 옛날처럼 많은 사람들이 다시 머물게 될 것이라 믿었기 때문이었다. 그의 손은 다른 사람들을 위해 쉬지 않고 움직였고, 그의 정신과 마음은 "주 예수 그리스도 하느님의 아들이시여, 저를 불쌍히 여기소서!"라고 기도하며 끊임없이 영적인 일에 전념하였다.

그는 예식에도 항상 제일 먼저 참여하였다. 그는 성가대원이기도 했는데, 이때도 그의 영적인 일에 대한 열성은 변함이 없었다. 성가대장이 성가를 부르기 위해 맞은편 성가대로 자리를 옮길 때면 하랄람보스 수도사는 자신의 기도가 끊이지 않도록 그 틈을 타서 기도를 할 정도였다.

　그는 이렇게 게으름 피우지 않고 열심히 일을 하며 영적인 삶을 살았다. 그러나 불행히도 독감에 걸려 몸져눕고 말았다. 그를 진찰한 의사는 주위 수도사들에게 몇 시간 후면 그가 세상을 떠날 것이니 그의 곁을 떠나지 말라고 당부하였다. 그러자 침대에 누워 있던 하랄람보스 수도사가 말하였다.

　"지금 무슨 말씀을 하시는 겁니까? 저는 이번 부활절에 '그리스도께서 부활하셨네[12]'를 말하기 전까지는 결코 이 세상을 떠나지 않을 것입니다."

　그 후 그는 두 달이 다 되도록 살아 있었다. 마침내 부활절을 맞았을 때 그는 "그리스도께서 부활하셨네"라고 말하였고, 성체성혈을 받은 다음 다른 세상을 향해 떠났다. 순수하고도 성실했던 이 수도사는 하느님의 진정한 자식이 되어 세상을 떠나는 날짜까지도 하느님과 함께 정했던 것이다.

　이비론 수도원에 속하는 스키티에는 마르키아노스 수사단이 있다. 그 수사단의 니콜라오스 수도사는 어린이처럼 순수한 마음을 지녔던 어느 수도사에 대해 말해 주었다.

　한번은 수도원의 우물이 말라 버린 적이 있었는데, 영혼이 순수하기가 그지없던 이 수도사는 니콜라오스 성인[13]의 성화를 끈에 매달아 말라있는 우물바닥에 내려보냈다. 그러더니 다음과 같이 말하는 것이었다.

　"니콜라오스 성인이시여! 제가 당신을 위해 등불을 켜기를 원

니콜라오스 성인

하신다면, 당신은 물과 함께 위로 올라오십시오. 당신은 제가 원하는 것을 하실 수 있는 분이기 때문입니다. 많은 사람들이 이곳을 방문하고 있는데도 지금 이곳에는 그들을 대접할 시원한 물이 없습니다."

그러자 놀라운 일이 일어났다. 마른 우물에서 물이 솟아나오면서 위로 점점 차오르기 시작하는 것이었다. 그 물과 함께 니콜라오스 성인의 성화 역시 수면 위에 떠올라와서 수도사는 무사히 성화를 건져 올릴 수 있었다. 수도사는 경외하는 마음으로 성화에 입을 맞춘 뒤 태연하게 그 성화를 성당으로 가져갔다(이 일은 50여 년 전에 일어났던 일이다).

앞서 언급한 스키티에서 조금 올라가면 성 사도 칼리비가 있는데, 그곳에는 피를 나눈 두 형제 수도사들이 있었다. 그 수사단에는 파호미오스 수도사도 있었는데, 어떤 사람들은 분명히 그의 얼굴에 서려 있는 거룩함을 볼 수 있었다. 그는 글을 전혀 몰랐지만 순진한 데다 매우 귀여운 면이 있었다. 축일에 예식에 참여하기 위해 스키티의 본 성당에 갈 때마다 그는 항상 서서 예배를 드렸다. 그는 한 번도 의자에 앉은 적이 없었을 뿐 아니라, 심지어 철야예배 때에도 선 채로 예배를 드리며 기도를 하는 것이었다. 가끔 어떤 이가 지금 예식의 어느 부분을 진행 중이냐고 물으면 그는 이렇게 대답하였다.

"지금 수도사들이 시편을 읽고 있습니다."

그는 예식의 진행 단계를 구분하지 못했기에 시편을 읽고 있노라고만 말했던 것이다. 그뿐 아니라 그는 성가 또한 부활절에 부르는 부활 성가인 "그리스도께서 부활하셨습니다" 외에는 다른 것은 전혀 알지 못했다. 그는 이토록 무지한 사람이었지만, 다른 사람들이 자신을 필요로 하면 자신의 형편은 제쳐두고라도 항상 기꺼이 응하였다. 그래서 아무리 많은 괴로움들을 겪고 있을지라도 파호미오스 수도사를 보게 되면 그들의 괴로움은 씻은 듯이 사라졌다.

모든 사람들이 파호미오스 수도사를 사랑하였는데, 심지어 뱀들조차 그를 좋아했다. 뱀들은 그를 깊이 신뢰했으므로 보고도 도망치지 않았다. 그의 칼리비가 있는 곳에는 물웅덩이가 있었기 때문에 근처에는 유난히 뱀들이 많았다. 뱀들이 나타날 때마다 다른 수도사들은 겁에 질려 떨었으나 파호미오스 수도사는 미소를 지으며 다가가 뱀들을 붙잡아서 울타리 밖으로 내보내곤 하였다.

어느 날 그가 마르키아노스 칼리비에 일이 있어 서둘러 가는 도중에 길 위에서 커다란 뱀을 한 마리 보게 되었다. 그는 우선 자기 할 일을 마친 다음, 뱀을 다른 곳으로 보내기 위해 그 뱀을 허리띠처럼 자신의 허리에 묶었다. 이 광경을 지켜본 야곱 수도사는 얼굴이 새파래졌지만, 오히려 자신은 영문을 알지 못하겠다는 표정을 지었다. 그날 일을 두고 파호미오스 수도사는 내게 이런 말을 한 적이 있다.

"나는 사람들이 왜 뱀을 무서워하는지 모르겠네. 우리 수도원의 안드레아스 수도사는 전갈도 무서워한다네. 나는 벽에 붙어 있는 전갈들을 그러모아 칼리비 밖으로 버리기도 하는데 말일세. 물론 지금은 파킨슨병 때문에 예전처럼 뱀을 들지는 못하고 덜덜 덜 떨리는 손으로 질질 끌어서 옮기지만."

나는 의아해하는 그에게 물었다.

"파호미오스 수도사님, 왜 뱀들이 수도사님을 물지 않는 걸까요?"

그는 대답했다.

"예수 그리스도께서 말씀하시길, '믿음이 있으면 뱀과 전갈들도 잡을 수 있으며 절대로 해를 입지 않는다'고 하셨다네."

1967년 10월 22일 거룩한 파호미오스 수도사는 이 세상을 떠났다. 티혼 수도 사제보다 일 년 먼저 떠난 것이다. 티혼 사제와 다른 거룩한 수도사들에 대해서는 이 다음에 다시 이야기할 것이다. 앞서 언급한 수도사들은 모두 성모 마리아의 정원에서 착실하게 수도생활을 하였으며 동정녀 성모님의 도움으로 정결해졌다. 이들은 또한 자신들의 약점을 극복한 '그리스도의 군인' 이자 '우리들 교회의 특공대원' 이 되어 그들의 적인 악마를 소탕한 까닭에 그리스도께서는 그들에게 불멸의 관을 씌워 주셨다.

나는 이 수도사들 중 많은 분들을 곁에서 지켜보는 행운을 누렸다. 하지만 불행히도 그분들을 닮지 못하여 영적으로 훨씬 뒤쳐져 있다. 그럼에도 그분들의 거룩한 공적을 읽는 사람들이 그 분들을 닮으려고 노력하기를 간절히 바라며, 아울러 보잘것없는 나 파이시오스를 위해 기도해 주기를 바랄뿐이다. 아멘.

티혼 수도사제

티혼 수도사제는 *1884년* 러시아의 노비아 미할로스카에서 태어났다. 그의 부모 파블로스와 엘레니는 경건하고 독실한 사람들이었으므로, 티모테오스(티혼 수도사가 세속에 있었을 때 불리던 이름) 역시 하느님에 대한 독실함과 사랑을 물려받아 어려서부터 하느님께 헌신하는 것을 당연하게 여겼다.

부모님들은 아들의 하느님에 대한 사랑이 매우 열정적인 것을 알고 있었다. 하지만 동시에 아들이 매우 튼튼하고 혈기 왕성한 것도 알고 있었기에 아들이 수도원에 들어가겠노라 말했을 때에는 허락하기를 망설였다. 그들은 티모테오스가 정신적으로도 더 성숙해졌을 때 그때 가서 자기 장래를 결정하기를 원하였다. 그 대신 티모테오스가 스무 살이 될 때까지 3년 동안 여러 수도원들을 방문하는 것을 허락하였다. 이 일로 그는 러시아에 있는 많은 수도원들을 돌아다니며 길고 끊임없는 성지 순례를 하게 되었는데, 이때 그가 방문한 수도원의 수는 무려 이백 군데나 되었다. 그는 오로지 걸어서 그 많은 수도원들을 방문하였기 때문에 하루하루가 고단한 고행 길이었다. 그럼에도 불구하고 그는 스스로를 영적으로 단련하기 위해, 그리고 다른 이들에게 피해를 입히거나 부담을 주지 않기 위해 방문했던 수도원에서 머무는 것을 피하였다.

그는 특히 어느 한 지방에서 심한 고생을 하였는데, 그 이유는 오직 빵 때문이었다. 티모테오스는 밀가루로 만든 빵 외에는 아무것도 먹지 않았다. 하지만 그 지방 사람들은 모두가 호밀로 만든 빵만을 먹으며 살고 있었다. 호밀빵은 냄새도 좋지 않았을 뿐 아니라, 색깔도 진흙처럼 시커멓기 때문에 도저히 입에 댈 수가 없었다. 그러다 보니 제대로 먹지 못해 그는 지칠 대로 지쳐 있었다. 결국 그는 호밀빵밖에 팔지 않던 그 빵가게를 다시 찾아갔다. 그는 주인이 혼자 먹으려고 만들어 둔 흰 빵이 있을 테니 간곡히 부탁한다면 자기에게도 조금 내어줄 것이라고 여겼던 것이다. 그러나 빵가게 주인은 티모테오스를 먼발치에서 보자마자 떠나라고 호통을 쳤다.

그는 속이 상한 데다 피곤에 지쳐 한 발자국도 움직일 수가 없었다. 마침내 길모퉁이에서 벽에 기대어 어린아이와 같은 순진하고 천진한 마음으로 성모 마리아께 간절히 기도를 하였다.

"나의 성모님이시여! 저를 도와주십시오! 이대로라면 수도사가 되기도 전에 저는 길에서 객사할 것입니다. 저는 호밀로 만든 이 빵을 도저히 먹을 수가 없습니다."

그러자 기도가 채 끝나기도 전에 그의 앞에 갑자기 눈부시게 환한 얼굴을 한 여인이 나타났다. 여인은 그에게 하얀 밀가루 빵 한 덩이를 건네주더니 그대로 사라져 버렸다. 티모테오스는 뒤통수를 맞은 것처럼 멍해졌다. 이 짧은 순간에 벌어진 사건을 무엇이라 설명하면 좋단 말인가! 많은 생각들이 그의 뇌리를 스치고 지나갔다. 가장 그럴싸한 설명은 빵집 주인의 딸이 그를 가엾게 여긴 나머지 아버지께 부탁하여 흰 빵을 가져다준 것이 아닌가 하는 것이었다. 그는 자리에서 일어나 감사의 인사를 전하려고 다시 빵가게로 갔다. 그러나 빵가게 주인은 그에게서 감사의 인사를 듣자마자 자신을 비웃는 것으로 여겨 화를 내며 욕을 하였다.

"이 못된 것 같으니. 얼른 꺼져! 지금 누구를 놀리는 거냐? 나는 마누라도 없고 딸도 없단 말이다."

축성된 빵을 먹은 후로 더욱 커진 영적인 힘 덕분에 그는 수도원들을 찾아다니는 고단한 성지 순례를 계속할 수 있었다. 하지만 설명할 수 없는 그날의 사건(한 여인이 그에게 빵을 준 일)이 계속 그의 머릿속을 맴돌았다. 이 의문은 풀리지 않은 채 남아 있다가 꽤 오랜 기간이 지나서야 풀렸다. 훗날 한 수도사가 그에게 러시아에서 일어난 성모 마리아의 기적들을 모은 성화집을 한 권 주었던 것이다. 그는 책을 펼쳐보다가 '크렘린의 성모 마리아'를 보는 순간 경외에 차서 가슴이 뛰는 것을 느꼈다. 그리고 성모 마리아가 베푼 도움에 감동의 눈물이 흘러나왔다.
"이분 성모 마리아께서 저에게 흰 빵을 주셨습니다."
아이가 엄마의 숨결 속에서 안정을 느끼듯이 그때부터 그는 성모 마리아가 바로 곁에 있음을 느끼게 되었다.

그의 수도원 성지 순례는 계속되었다. 조국 러시아의 수도원들을 모두 찾아다닌 후에는 시나이의 테오바디스톤 성산으로 성지 순례를 떠나 그곳에서 두 달을 머물렀다. 그곳을 떠나서 다른 성지들도 여행하였는데 요르단 강 가까운 곳의 성지에서는 꽤 오랫동안 수도생활을 하였다. 성지 순례가 그에게 많은 도움을 주었음에도 불구하고, 지금의 시대가 갖고 있는 불안과 속된 정신 때문에 그 역시 마음의 평온을 찾지 못했다. 불행히도 이 속된 정신은 이 시대의 문화라는 이름하에 우리에게 마음의 안정을 주고 우리를 거룩하게 했던 인적 없는 성지들조차 파괴한 것이다. 하는 수 없이 그는 아토스 성산으로 떠나기로 결심하였다.
악마는 오랫동안의 경험을 통해 믿음이 독실한 이 청년이 장차 영성 생활에서 매우 진보할 것이며, 그리하여 많은 사람들을 구원의 길로 인도할 것임을 알고 있었다. 악마는 이 젊은이를 무용지물로 만들 계획을 세웠는데, 그 계획은 그가 아토스 성산으로 떠나기 전에 마지막으로 예수님의 무덤에 경배하고 알고 지내던 사람들과 마지막 인사를 나누기 위해 요르단 근방의 외진 성지를 떠나 예루살렘으로 돌아갔을 때 실행되었다. 악마는 하느님을 무서워할 줄 모르는 같은 고향 출신의 두 여인을 자기의 도구로 선택하였다. 그녀들은 아토스 성산에서 있을 성찬예배[14]와 다른 예배에서 사제들이 기도문을 읽을 때 자신들이 알고 지낸 고인들과 지인들의 이름을 넣어 주었으면 좋겠다고 청해 왔다. 사제들이 기도 도중, 하느님께서 살아 있는 사람들을 불쌍히 여기시고 고인들의 영혼을 편히 쉬게 하여 주시기를 기도한 다음 여러 이름들을 열거하는 수순이 있는데, 그때 자신들이 사랑하는 고인과 지인의 이름들을 포함시켜 달라는 것이었다. 그녀들은 이름이 적힌 리스트를 주겠다는 명목으로 그를 자신들의 집에 초대하였다. 악한 생각이라고는 눈곱만큼도 할 줄 몰랐던 티모테오스는 한 치의 의심도 없이 기꺼운 마음으로 그녀들의 집을 찾아갔다. 그래서 그녀들이 그를 집 안에 가두고 비도덕적인 마음으로 덮쳤을 때 그는 정신이 아찔할 지경이었다. 그는 붉어진 얼굴로 그녀들을 밀어제친 다음 문을 박차고 뛰쳐나왔다. 마치 젊은 요셉처럼[15] 날카로운 매의 발톱을 빠져나온 것이다. 이렇게 해서 그의 순결함은 더럽혀지지 않았다.

그 후 티모테오스는 성모 마리아의 정원으로 와서 때 묻지 않은 꽃으로 심어졌고, 열심히 노력한 끝에 선과 덕으로 꽃을 피워 그 향기가 널리 퍼지게 하였다. 그의 향기에 대해서는 이후에 차츰 언급할 것이다.

그가 처음 수도생활을 시작한 곳은 부라제리 켈리로 그곳에서 그는 5년간을 머물렀다. 하지만 많은 순례자들, 특히 러시아인들 때문에 고요히 안정을 취할 수가 없었다. 그는 카룰리아[16]로 갈 것을 허락받은 다음 자리를 옮겨 그곳에서 15년간 수도하였다. 카룰리아에 머무는 동안 그는 매우 열심히 투쟁하며 수도생활을 하였다. 그의 일과는 기도와 공부였는데, 그가 하는 기도는 쉬운 것이 아니었다. 절(메타니아[17])을 하면서 기도를 하거나 무릎을 꿇고 머리를 땅에 대어 가면서 기도를 했기 때문이다. 그는 수도원에서 책을 빌릴 때 딱딱하게 구워진 여분의 빵도 받곤 하였는데, 이에 감사하기 위해 기도매듭을 하나하나 세어 가며 기도를 하였다. 수도사로서의 외적인 완성뿐 아니라 내적으로도 천사가 되기 위해 그는 이토록 착실하게 수도생활을 해 나갔다.

　카룰리아 다음에는 캅살라의 가장자리, 즉 칼리아그라 지역 위에 있는 스타브로니키타 수도원[18]에 소속된 켈리에서 머물렀다.

스타브로니키타 수도원

이곳에서 그는 한 연로한 수도사를 보살폈는데, 이 연로한 수도사는 티혼 수도사를 축복해 주었다. 그가 이 세상을 떠난 후에는 티혼 수도사는 혼자서 칼리비에서 살았다. 그때부터 그는 영적인 투쟁을 게을리하지 않고, 오히려 더 많은 영적인 투쟁을 하였다. 그는 자신을 매우 낮추면서 착실하게 투쟁하였으므로, 그가 하느님의 충만한 은총을 받을 것임은 누구나 알 수 있었다.

마침내 하느님의 은총은 저절로 그를 사람들 앞에 드러나게 하였고, 고통에 시달리는 많은 사람들이 그의 충고와 그의 사랑으로부터 위로받기 위해 그에게 달려가게 되었다. 사람들은 그에게 사제가 될 것을 권하였다. 만일 그가 사제가 된다면 거룩한 고백성사 때 죄를 사해 주시도록 하느님께 중재 역할을 하면서 더 적극적으로 많은 이들을 도울 것이라 믿었기 때문이었다. 그 역시 다른 사람들이 자신의 도움을 필요로 하고 있다는 것을 깨닫고서 권고를 받아들여 사제가 되었다.

그런데 한 가지 문제가 있었다. 사제에게는 성당이 있어야 하는데, 그의 켈리에는 성당이 없었던 것이다. 또 성당을 지을 만한 돈도 없었다. 하지만 그는 하느님에 대한 강한 믿음이 있었다. 그는 성당 건축에 필요한 경제적인 문제를 하느님께서 해결해 주실 것이라 믿으며 하느님께 기도를 드린 뒤 카리에스를 향해 출발하였다. 그런데 카리에스에 도착하기도 전에 한 수도사가 멀리서 티혼 수도사제를 불렀다. 그는 일리아스 예언자 스키티(러시아인용)에서 순례자들을 접대하며 스키티 본 성당의 책임을 맡고 있는 고참 수도사였다. 티혼 수도사제가 가까이 오자 고참 수도사가 말하였다.

"미국에 있는 한 착한 신자가, 성당이 없는 신부가 성당을 건축할 수 있도록 내게 약간의 돈을 보내 왔다네. 자네는 성당을 갖고 있지 않으니 이 돈으로 성당을 짓게나."

티혼 수도사제는 터질 듯한 감동과 하느님의 자비심에 눈물을 흘리며 고참 수도사에게 감사의 뜻을 전했다. 아울러 그에게 돈을 보내 준 하느님의 사람을 위해 "하느님께서 그를 축복하여 주시기를 바랍니다." 하고 말하였다. 선하신 하느님께서는 마음을 읽는 사람처럼 티혼 수도사제가 성당에 관해 기도하기도 전에, 수도사제가 하느님께 부탁하려고 애쓰는 동안에 돈이 준비되도록 이미 선처해 놓으셨던 것이다. 그가 어려서부터 하느님의 거룩한 계명들을 듣고 이를 지키면서 하늘나라의 축복을 받았으므로, 하느님께서 그의 기도를 들어주시리라는 것에는 의심의 여지가 없었다.

그는 성당을 짓기 위해 두 명의 수도사 기술자들을 불렀는데, 그들이 일을 할 때에는 기도도 함께 하도록 했다. 그리하여 성당이 완성되었을 때, 그 성당에는 독실함이 깃들어 있다는 뜻으로 성당의 이름을 '티미오스 스타브로스(십자가 현양)'라고 명명하였다. 그가 이렇게 이름 지은 까닭은 성당에 대한 경건함을 나타내기 위함도 있지만, 또 다른 이유는 자연스럽게 축제를 피할 수 있기 때문이기도 했다. 십자가 현양 축일[20]은 금식을 하는 날이며 애도하는 날이기 때문에 축제를 벌일 수 없었다. 티혼 수도사제는 불안과 산만함을 야기하는 축제 때문에 마음의 안정이 흐트러

콘스탄티노스 성인과 엘레니 성인
(성 요한 복음 사도 수도원)

지는 것이 싫었다. 대신 그는 영적인 축제를 날마다 벌였다. 더 많은 수도를 하고, 인간의 위로라고는 전혀 없는 칼리아그라[20]의 깊숙한 장소에서 예식을 행하며 그리스도의 십자가에 못 박히심과 부활에 관한 기도문을 읽었던 것이다. 그는 그곳에서 하늘나라를 보았으며 천사들과 성인들과 함께 하늘나라의 기쁨을 맛보며 살았다. 어쩌다 누군가가 "아무도 없는 이곳에 신부님 혼자 살고 계신 겁니까?"라고 물으면 티혼 수도사제는 다음과 같이 대답하곤 하였다.

"그렇지 않네. 나는 천사들, 천사장들, 모든 성인들, 성모 마리아, 그리고 우리의 하느님 그리스도와 함께 살고 있다네."

그는 성인들이 자신과 함께 있음을, 또 그의 수호천사가 자신을 도와주고 있음을 느끼곤 하였다.

내가 티혼 수도사제를 방문했을 때의 일이다. 그가 계단을 올라가다가 두꺼운 옷을 너무 많이 껴입어서 그만 거꾸러져 문에 곤두박질하고 말았다. 나는 그를 일으키는 데 힘이 들어 물었다.

"신부님, 제가 이곳에 없었다면 신부님 혼자서 어쩔 뻔 하셨습니까?"

그러자 그는 나를 이상하다는 눈초리로 쳐다보면서 자신만만하게 대답하였다.

"무슨 소린가. 나의 수호천사가 나를 일으켜 주었을 것이네."

그는 인적 없는 곳에서, 더군다나 아무것도 없는 켈리에 혼자 살면서도, 그의 마음속에는 항상 그리스도께서 함께 하시므로 아무것도 필요치 않았다. 그것은 그리스도가 계신 곳이 곧 천국이며, 성모 마리아의 정원은 그에게 지상에서의 천국이기 때문이었다.

그는 속세를 매우 오랫동안 떠나 있었는데, 본인의 뜻과 상관없이 성모 마리아의 정원을 떠나야만 했던 적이 있었다. 캅살라에 불이 나는 바람에 그 화재의 증인으로 참석하기 위해 몇몇 수도사들과 함께 테살로니키에 가야 했던 것이다.

그가 아토스 성산으로 돌아오자 수도사들이 물었다.

"오랜만에 속세를 보셨는데, 도시와 사람들은 어땠습니까?"

티혼 수도사제는 대답하였다.

"나는 사람들이 있는 도시는 보지 못했고, 오로지 밤나무들만 서 있는 숲은 보았다네."

즉 그는 자신의 주위에 무엇이 있는지 전혀 둘러보지 않았던 것이다. 이처럼 수도사제는 영적으로 매우 거룩한 단계에 도달해 있었다. 그가 이토록 영적인 거룩함을 이룰 수 있었던 까닭은 무엇인가. 그 이유는 첫째로 그리스도를 매우 사랑하였고, 둘째로 자신을 낮추는 것을 좋아하였고, 셋째로 가난을 매우 사랑하였기 때문이었다. 그가 살고 있는 켈리에는 살아가는 데 도움이 되는 쓸 만한 물건은 하나도 없었다. 하나같이 너무 낡아서 쓰레기장에 버려진 것들 중에도 그런 것들은 쉽게 찾아낼 수 없을 정도였다. 그러나 아무리 쓸모없고 낡은 것이라 할지라도 티혼 수도사제의 것이라면 영적으로 살아가는 사람들에게는 매우 큰 가치가 있었다. 그 이유는 그것들이 바로 축복을 받은 것이기 때문이다.

사람들은 수도사제의 누더기 옷조차 축복받은 것이라며 경건하게 바라보았고, 자신들도 축복을 받으려고 그 옷을 가져갔다. 또 신기하게도 그는 제아무리 낡거나 보잘것없는 옷을 입을지라도 추하게 보이지 않았다. 그의 마음이 뿜어내는 내적인 아름다움이 그의 옷까지도 돋보이게 했기 때문이다. 그의 모자는 봉지처럼 생겼는데, 자신이 직접 돗바늘을 가지고 낡은 옷조각들을 꿰매어서 만든 것이었다. 그러나 그의 모자는, 마음속에 그리스도가 없는 주교가 쓰는 값 나가는 주교관보다 더 많은 은총이 퍼져 나가게 하고 있었다. 즉 그의 마음속에는 하느님께서 자리 잡고 계시므로, 마음속에 하느님을 간직하지 못한 주교들이 제아무리 좋은 옷을 입은들 그가 전하는 은총을 따라갈 리 없는 것이다.

한번은 한 방문객이 어깨에 잠옷을 걸치고 누더기 모자를 쓴 채 추위에 떨고 있는 티혼 수도사제의 모습을 카메라에 담았다. 그런데 이 사진을 보는 사람들은 그가 여러 색깔의 잠옷을 어깨에 걸쳐입고 있을 뿐인데 마치 주교용 망토를 입은 것으로 착각을 하는 것이었다.

그는 변변치 못하고 보잘것 없는 것에서 마음의 평온을 찾았으며 아무것도 소유하지 않는 것을 매우 좋아하였다. 이것은 육체적인 고통을 느낄 수 없을 정도로 그를 홀가분하게 했으며, 그에게 영적인 날개도 달아 주었다. 그는 이렇게 마음에 날개를 달고서 열심히 수도생활을 하였다. 그것은 마치 어린아이가 아버지가 원하는 대로 하면서도 피곤함을 느끼기보다는 머리를 쓰다듬어 주는 아버지의 사랑과 포옹을 느끼는 것과 같았다. 물론 이 포옹이 하느님께서 내리시는 은총의 포옹과 전혀 비교가 되지 않는다는 것은 말할 것도 없다.

앞서 말한 바와 같이 그가 수도사제로서 하는 일은 주로 영적인 투쟁이었다. 즉, 금식, 철야예배, 기도, 절을 하면서 계속 기도를 하는 일인데, 그는 자기 자신을 위해서뿐 아니라 이 세상의 모든 영혼들(살아있는 사람들과 돌아가신 분들)을 위해 이 같은 투쟁을 하였다. 나이가 들어 더 이상 몸 전체를 바닥에 대고 기도하기 힘들어졌을 때에는 높은 곳에 두꺼운 끈을 매달아 두고 기도를 하였다. 그러면 몸을 바닥에 댄 채 기도를 하다가도 일어나고자 할 때 이 끈을 붙잡고 일어날 수 있었다. 그는 이런 식으로 몸 전체를 바닥에 대고 하는 기도를 계속해 나갔으며 끝까지 경건하게 하느님을 경배하였다. 이와 같은 엄격한 규칙들은 그가 침대에 몸져누울 때까지 계속되었다. 그는 생의 마지막 20여 일간을 침대에서 일어나지 못하다가 진정한 삶이 있는 영원한 나라로 떠나갔다. 그는 이제 그곳 그리스도의 곁에서 영원한 휴식을 취하고 있다.

그가 지킨 규칙들 중에는 열매를 먹는 것도 있었는데, 이 규칙은 젊었을 때부터 지켜 온 것으로 이 역시 늙어서까지 계속되었다. 그는 수도생활에 좋다고 하는 음식들이 사실은 수도에 적합하지 않다고 여겼는데, 그 중에는 음식 만드는 것을 시간 낭비로 여긴 탓도 있었다. 물론 수도사로서의 영적인 노력 끝에 마침내 영적인 상태에 도달한 후에는 그의 마음을 배부르게 하고 천국의 것으로 그를 양육하시는 그리스도께서 그의 마음속에 있었으므로 더 이상 좋은 음식이라는 게 아무 의미가 없었다.

그는 이야기 도중에 항상 감미롭고 따뜻한 천국에 대해 떠올리곤 하였는데, 그럴 때마다 눈가에 감동의 눈물이 맺히곤 하였다. 그 때문에 속세에 사는 사람들이 그에게 무엇인가를 물어 올 때마다 그는 그런 덧없는 것들에는 관심을 두고 싶은 마음이 없었다.

그는 살아가는 데 필요한 소소한 것들은 자신의 손으로 만든 약간의 작품들을 팔아서 마련했다. 그는 해마다 에피타피오[22]를 그려서 팔았는데 500드라크마[23]나 600드라크마 정도를 받았다. 그리고 이 돈으로 일 년을 살았다.

이처럼 그는 매우 겸허하였고 적은 것으로 만족하는 소박함을 알았다. 그는 무화과 열매도 반으로 나누어 두 끼에 나누어 먹었다. 그조차도 나에게 "저런, 자네! 이것은 너무 많은 양이라네!"라고 말하곤 하였다. 만일 나더러 무화과 열매로 배를 채우라고 했다면 1킬로그램은 족히 먹었을 것이다.

성탄절이 돌아오면 티혼 수도사제는 생선을 먹어도 되는 12일 동안[24]의 기쁨을 누리기 위해 청어 한 마리를 구해 놓곤 하였다. 다 먹고 난 청어의 가시는 버리지 않고 실에 꿰어 못에 걸어 두었다. 그랬다가 성모 마리아 축일처럼 생선을 먹어도 되는 큰 축일을 맞이하면 빈 깡통에 조금 물을 부어 생선 냄새가 날 정도로 두세 번 청어 가시를 데친 다음, 약간의 쌀을 부어 생선 수프를 만들어 먹었다. 우려낸 청어 가시는 다시 못에 걸어 두었다가 청어

가시의 색이 바랠 때까지 사용하였다. 그는 이렇게 생선을 먹었을 뿐인데도 외진 곳에서 수도생활을 하면서 생선 수프를 먹는다고 자신을 비난하곤 하였다.

그는 사람들이 자신을 매우 경건하게 바라보는 것도 무척 마음 아파했다. 그럴 때마다 그는 이렇게 말하곤 하였다.

"나는 고행 수도사가 아닙니다. 나는 거짓말쟁이입니다."

사람들의 도움을 일절 거절했던 그도 세상을 떠나기 몇 해 전에는 그를 각별히 사랑했던 사람들의 도움을 조금은 받았다. 그러나 그것은 단지 그를 사랑하는 사람들의 마음을 아프지 않게 하려고 한 일이었다.

누군가가 그에게 식료품을 주면 그는 그것을 잠시 갖고 있다가 캅살라에 있는 수도사들에게 보냈다. 또 누군가가 돈을 보내면 그는 그 돈을 경건하게 생활하는 식료품 상인에게 주면서 액수만큼 빵을 사서 어려운 사람들에게 나누어 줄 것을 부탁했다.

한번은 미국에 있는 어떤 사람이 그에게 수표를 보냈다. 티혼 수도사제가 우체국에서 수표를 찾는 모습을 본 한 사람이 그만 돈의 유혹에 빠지고 말았다. 도둑은 티혼 수도사제가 도중에 테오도로스 식료품상에 들러 어려운 이웃을 위해 빵을 사라고 돈을 몽땅 줄 것이라고는 꿈에도 생각하지 못했다. 그뿐 아니라 수도사제가 사는 켈리에는 더 많은 돈이 있을 것이라고 짐작했다. 밤이 되자 도둑은 티혼 수도사제의 돈을 훔칠 목적으로 그의 켈리에 침입했다. 그는 수도사제의 목을 끈으로 조여 고문하면서 돈을 요구했다. 하지만 수도사제에게 돈이 있을 턱이 없었다. 마침내 도둑은 그가 정말로 돈이 없다는 것을 알고 켈리를 떠나려 했다. 그때 티혼 수도사제가 그에게 말하였다.

"하느님께서 부디 불쌍한 자네를 용서하시기를 바라네."

이 못된 도둑은 그 길로 다른 수도사의 켈리를 털러 갔다가 결국 경찰에 잡히고 말았다. 도둑이 티혼 수도사제의 집에도 들렀노라 고백하자, 당국은 수도사제에게 재판의 증인으로 출석할 것을 요구하기 위해 경찰을 보냈다. 경찰이 출석을 요구하자 수도사제는 마음 아파하며 경찰에게 말하였다.

"나는 진심으로 그 도둑을 용서하였네."

하지만 경찰은 그의 말에 전혀 귀를 기울이지 않았다. 도리어 한시바삐 직무를 수행하기 위해 수도사제를 잡아끌며 말하였다.

"신부님, 서두르십시오. 우리에겐 용서라든가 축복이라든가 하는 말은 없습니다."

그는 도둑이 벌을 받기를 진심으로 원하지 않았기에 마침내 어린아이 같은 울음을 터뜨렸다. 경찰은 수도사제의 순수한 눈물에 감동하여 마침내 이에리소스[25]에서 그를 돌려보냈다.

그는 이 사건을 떠올릴 때마다 자신의 여린 마음으로는 감당하기 힘든지 내게 이렇게 말하곤 하였다.

"글쎄, 속세의 사람들은 우리와 다른 관례를 갖고 있더군. '축복하여 주십시오.'라든가 '하느님께서 자네를 용서하시기를 바라네.'와 같은 말들을 전혀 사용하지 않는다는 거야."

티혼 수도사제는 자신을 낮추면서 다른 사람에게 축복을 요청하는 경우에도 "나를 축복하여 주십시오"라는 말을 여러 가지 수도적인 의미로 사용하였다. 즉, "나를 축복하여 주십시오"라는 뜻 외에도 "축복을 받으십시오"와 같은 의미로 사용했다. 그리고 "하느님께서 당신을 축복하여 주시기를 바랍니다"라고 기도하면서 그 역시 상대방을 축복해 주곤 하였다.

그는 방문객들을 맞이했을 때에도 일상적인 인사를 끝낸 다음에는 그들을 성당으로 데려가 다 함께 성가를 부르게 하였다.

"주여, 주님의 백성을 구원하시고, 주님의 후사에 강복하시고, 믿는 자에게 원수에 대한 승리를 주시고, 주님의 무리들을 십자가로써 보호하소서."[26]

날씨가 좋으면 바깥의 올리브나무 그늘 아래에 모여 그들과 5분 정도 앉아 있다가 기쁜 표정을 지으면서 일어나 말하였다.

"지금부터 당신들을 대접하겠습니다."

그러고 나서 물통에 물을 받은 다음, 한 잔은 방문객을 위해서 컵에 물을 따랐고, 나머지 한 잔은 자신을 위해서 빈 깡통(수도사제는 이것을 브리키[27]로도 사용했던 것이다)에 물을 따랐다.

그러고 나서 오래되어 딱딱하게 말랐거나 아니면 개미들이 뜯어 먹은 젤리를 찾아내 방문객에게 주곤 했는데, 방문객들 중에 이 젤리를 먹으면서 구역질을 하는 이는 아무도 없었다. 그것은 젤리가 티혼 수도사제에 의해 축복 받은 것이기 때문이었다. 수도사제는 젤리와 물을 준비하면 그것들에다 성호를 그었다. 그리고 물을 든 다음 방문객보다 먼저 축복의 말을 하였다.

"내가 먼저 말하겠네. 축복을 받으시게나."

그러고 나면 방문객도 똑같이 "하느님께서 신부님을 축복하여 주시기를 바랍니다." 하고 자신을 축복해 주기를 기다렸다. 그러지 않으면 수도사제는 절대로 물을 마시지 않았다. 모든 과정이 제대로 이루어지면 수도사제 역시 방문객을 축복해 주었다. 티혼 수도사제는 다른 이들이 베푸는 축복의 필요성을 느꼈던 것이다. 더욱이 그는 하느님에게 자신을 바친 사람들, 즉 수도사들뿐 아니라 속세 사람들로부터도 축복받기를 원했으며, 나이가 많고 적음에도 상관하지 않았다.

대접이 모두 끝나면 수도사제는 방문객들이 무언가 할 말이 있는지 기다려 주었다. 그러다가 단지 그 방문객이 한가하게 시간을 보낼 요량으로 왔다고 판단되면 그는 이렇게 말하였다.

"자네, 잘 들으시게. 죄를 지은 사람들뿐 아니라 게으른 사람들 역시 지옥에 간다네."

이런 말을 듣고도 방문객이 떠나지 않고 있으면 그는 방문객을 혼자 내버려둔 채 총총히 성당으로 가서 기도를 드렸다. 이렇게 되면 방문객은 어쩔 수 없이 그곳을 떠나야만 했다. 방문객 중에는 이외에도 다른 목적으로 수도사제를 이용하고자 접근하는 이도 있었다. 그러면 수도사제는 이미 하느님의 계시를 통해 그의 의도를 깨닫고는 이렇게 이야기하였다.

"나는 그리스어를 모른다네. 자네가 의사소통을 잘하고 싶다면 그리스인을 찾아가는 것이 좋을 것 같군."

물론 영적인 흥미를 느끼는 사람들을 대할 때에는 이와 달랐다. 그는 전혀 피곤을 느끼지 않았으며 그들을 위해 기꺼이 많은 시간을 내주었다. 그는 그들에게 입으로 충고를 하면서도 마음과 정신은 기도에 열중하는 놀라움을 보여 주었다. 그의 기도는 항상 마음에서 우러나왔으며, 숨 쉬는 것과 마찬가지로 그의 삶이 되었던 것이다. 수도사제를 만났던 사람들은 모두 이것을 느낄 수가 있었다. 수도사제와 만나기만으로도 사람들이 많은 영적인 힘을 얻고서 돌아간 사실을 통해 이를 알 수 있다. 수도사제는 그들이 보이지 않을 때까지 그들을 축복하였다.

언젠가 이비론 수도원[28]에 있는 아가탕겔로스 보제가 수도사제를 방문한 적이 있었다. 일을 마치고 보제가 돌아가려고 하니

이비론 수도원

아직 날이 밝지 않아 주위가 어둑어둑했다. 티혼 수도사제는 앞으로 보제에게 닥칠 위험을 예견하고 보다 높은 곳으로 올라가 보제를 축복해 주었다. 그런데 보제가 길을 가다 산등성이에 올라서 뒤돌아보니 수도사제는 그때까지도 자신을 축복하고 있는 것이었다. 보제는 안쓰럽고 미안한 마음이 들어 힘들게 그러지 말고 이제 그만 켈리로 돌아가라고 소리를 질렀다. 하지만 수도사제는 모세처럼 침착하게 손을 하늘로 향한 채 기도를 계속하면서 축복을 할 뿐이었다. 보제는 태평스럽게 산길을 걸어갔다. 그런데 결국 일이 터지고 말았다. 사냥꾼들이 멧돼지를 잡으려고 쳐놓았던 그물에 그만 보제가 걸려 넘어지고 만 것이다. 이를 발견한 한 사냥꾼이 보제를 덮치려고 그물을 잡아당겼다. 하마터면 보제는 목숨을 잃을 뻔했으나 구사일생으로 살아났다. 수도사제의 기도가 보제를 죽음의 문턱에서 구했고, 사냥꾼 또한 살인죄로 교도소 신세가 될 뻔한 운명을 모면한 것이다. 수도사제는 이 일로 인해 나에게 다음과 같이 말하곤 하였다.

"자네, 다시는 밤중에 나를 찾아오지 말게나. 밤에는 야생 짐승들이 돌아다니고 사냥꾼들이 숨어서 짐승들을 기다리기 때문이라네."

그는 심지어 성찬예배에서 성가를 부르면서 자신을 도와줄 수도사에게도 아침에 날이 밝은 다음에 오라고 말하였다. 그리고 수도사가 와도 성찬예배 시간에 수도사제는 혼자서 자유롭게 기도에 몰두하고자 성가 수도사를 안에 들이지 않았다. 대신 성당 밖의 좁은 복도에 서서 "주여 불쌍히 여기소서"를 부르게 하였다. 대입당[29] 전에 부르는 헤루빔 성가[30]에서 수도사제가 지성소에서 이삼십 분을 머물렀기 때문에 수도사는 수도사제가 대입당을 위해 발걸음을 옮기는 소리를 들을 때까지 헤루빔 성가를 수없이 불러야만 하였다.

나는 나중에 티혼 수도사제에게 성찬예배를 진행할 때 무엇을 보는지 물어본 적이 있다. 그는 나에게 이렇게 대답하였다.

"헤루빔 천사와 세라핌 천사가 하느님을 찬양하는 것을 본다네."

그리고 나서 말을 이었다.

"수호천사가 나를 하늘나라로 데려갔다가 삼십 분쯤 후에 다

디오니시오스 수도원

시 내려 보내준다네. 그러면 지상에 돌아와서 다시 성찬예배를 진행하는 것이지."

언젠가 디오니시오스 수도원[31]의 테오클리토스 수도사가 티혼 수도사제를 방문한 적이 있었다. 그런데 티혼 수도사제의 방문이 닫혀 있었고 성당 안에서 아름다운 성가들이 들려왔기 때문에 예식을 방해하고 싶지 않아 테오클리토스 수도사는 밖에서 조용히 예식이 끝나기를 기다렸다. 그는 성찬예배식의 끝 무렵에 진행되는 성체성혈 성사가 진행되는 줄만 알았던 것이다. 잠시 후 티혼 수도사제가 문을 열고 밖으로 나왔다. 하지만 테오클리토스 수도사가 안에 들어갔을 때에는 그 방에 아무도 없었다. 오로지 티혼 수도사제 혼자 있었던 것이다. 비로소 그는 자신이 들었던 성가들이 바로 천사들의 합창이었음을 깨달았다.

늘그막에는 티혼 수도사제의 다리가 심하게 떨려 스스로 성찬예배식을 진행하기 힘들었다. 그래서 근처 이비론 수도원에서 막시모스 수도사와 아가탕겔로스 수도사가 와서 성찬예배식을 집전하는 때가 많았다. 그리고 수도사제가 매일 성체성혈을 받았으므로 안디도로[32]를 수도사제를 위해 남겨 놓았다. 이토록 수도사제는 매일 거룩한 삶을 살면서 기꺼이 성체성혈을 받을 준비가 되어 있었다.

티혼 수도사제에게는 일 년의 하루하루가 부활절이었으므로 항상 부활절을 맞는 기쁨 속에 살았다. 사람들은 수도사제가 "하느님께 영광을 바치나이다. 하느님께 영광을 바치나이다."를 끊임없이 되풀이하는 것을 들을 수 있었다. 그뿐 아니라, 수도사제는 만나는 모든 사람들에게도 충고하였다.

"아무 걱정 없이 잘 지낼 때만 '하느님께 영광을 바치나이다.'라고 말하는 것이 아니라, 우리가 시험에 들 때에도 이 말을 해야 합니다. 그 이유는 하느님께서는 영혼을 치료하기 위한 처방으로 시험을 내리시기 때문입니다."

그는 신을 인정하지 않는 러시아의 무신론적인 체제로 인하여 고통과 괴로움에 시달리는 사람들을 가슴 아프게 여겼다. 수도사제는 눈물을 머금고 내게 다음과 같이 말하곤 하였다.

"러시아에 대해서는 아직 하느님이 계획하고 있으신 게 있다네. 그러므로 이 체제 역시 언젠가는 바뀔 걸세."

하느님에 대한 경외심과 경건한 마음으로 충만했기에 그는 자신의 문제는 전혀 신경 쓰지 않았고 그런 일로 두려워하지도 않았다. 언제나 자신을 낮추면서 끊임없이 영적인 투쟁을 했기 때문에 영적 추락의 위험 따위를 걱정할 필요가 없었다. 도대체 무엇을 무서워할 것이며 어떻게 무서워할 수 있단 말인가? 자신을 낮추기만 하는 사람 앞에서는 벌벌 떨 수밖에 없는 악령들을 무서워할 것인가? 아니면 스스로 기쁘게 준비하고 있었던 죽음을 두려워할 것인가? 수도사제는 자신의 무덤까지 직접 파서 준비해 놓고 있었다. 그리고 손수 만든 십자가를 땅에 꽂아 둔 다음 자신의 죽음을 예감하고서 다음과 같이 새겨 놓았다.

"죄인 티혼, 수도 사제, 60년간 아토스 성산에서 살았음. 하느님께 영광."

항상 수도사제는 "하느님께 영광을 바칩니다"로 시작해서 "하느님께 영광을 바칩니다"로 끝마치곤 하였다. "주 그리스도 하느님이시여, 저를 불쌍히 여기소서"라는 말보다도 "하느님께 영광을 바치나이다"라는 말을 더 많이 했는데, 그가 하느님께 도움을 요청하기보다 하느님께 더 많이 감사했다는 뜻이다. 앞에서도 말했듯이, 그는 이미 성찬예배식 때 거룩한 천사들과 함께 하늘나라의 영광송을 부르며 그 거룩한 장소를 오가곤 하였다.

그의 마음속에는 이처럼 거룩한 사랑의 횃불이 불타고 있었기에 속세의 부질없는 것들에는 전혀 기뻐하지 않았다. 따라서 그의 켈리 또한 작았다. 그의 켈리에는 성화들을 올려둔 작은 탁자와 언제나 꺼지지 않는 등불이 있었으며, 향로가 하나 있었다. 그 옆에는 천사 문양대와 낡은 수도사복이 걸려 있고, 다른 벽면에는 그리스도께서 못 박혀 있는 십자가가 걸려 있었다. 켈리의 한 구석에는 3개의 판자로 만들어진 침대와 침대 시트로 사용하는 누더기 담요가 한 장 깔려 있을 뿐이었다. 솜으로 만든 오래된 이불이 한 장 있기는 했으나 이 또한 쥐들이 둥지를 만드는 데 쓰려고 물어뜯은 것인지 솜이 여기저기 뜯겨져 있었다. 베개 아닌 베개 위에는 복음경과 크리소스토모스 성인[33]의 대화가 담긴 책 한 권이 놓여 있었다. 켈리의 바닥은 판자로 되어 있었으나 판자가 아니라 꼭 회반죽을 한 것처럼 보였다. 그의 신발에서 떨어져 나온 진흙 부스러기들과 그의 몸에서 떨어진 수염과 머리카락들이

크리소스토모스 성인

오랜 세월 동안 청소를 하지 않아 그대로 방치되어 있었던 탓이다.

티혼 수도사제가 깨끗이 하려고 신경 쓴 것은 켈리가 아니라 자신의 영혼이었다. 그렇게 노력했기에 하느님의 은총의 도가니가 되는 데 성공했던 것이다. 그는 계속해서 흘러내리는 많은 눈물로 자신의 영혼을 닦았다. 일반 손수건으로는 그 엄청난 눈물을 감당할 수 없었으므로 얼굴을 닦는 두꺼운 수건을 사용하였다.

티혼 수도사제는 영적으로 매우 높은 단계에 도달해 있었기에 영혼은 매우 섬세하였으나 육체는 오히려 무감각한 상태에 이르게 되었다. 그의 정신이 오로지 하느님만 향하고 있다 보니 파리가 앉거나 모기떼가 물거나 수많은 벼룩들이 그를 가렵게 해도 아무것도 느끼지 못할 정도였다. 그의 몸은 온통 물린 자국 투성이였고, 그의 옷들은 붉은 얼룩점으로 가득하였다. 벌레들이 침을 찔러서 티혼 수도사제의 피를 빨아 먹는다 해도 수도사제는 이 역시 느끼지 못했으리라. 물론 그의 켈리에 온갖 곤충들뿐 아니라 쥐들까지도 제멋대로 돌아다녔음은 말할 것도 없다.

한번은 쥐들이 사방에서 돌아다니는 것을 보고 한 수도사가 말하였다.

"신부님, 제가 고양이를 한 마리 가져다 드릴까요?"

그러자 티혼 수도사제가 대답하였다.

"그럴 필요 없네. 나도 고양이를 한 마리를 기르고 있으니까. 이 고양이는 보통 고양이보다 한 배 반이나 더 크다네. 그 녀석이

오면 나는 먹이를 주고 쓰다듬어 주기도 하지. 그러면 그 녀석은 자기 사는 곳으로 돌아가서 편안하게 쉰다네."

사실 수도사제가 말한 고양이는 여우였다. 수도사제의 말처럼 이 여우는 마치 친한 이웃을 방문하듯 수도사제의 켈리를 자주 방문하였다.

또 수도사제는 멧돼지 한 마리와도 친하게 지냈다. 이 멧돼지는 수도사제가 새끼들을 안전하게 보호할 수 있도록 쳐 놓은 울타리 안에서 해마다 새끼를 낳곤 하였다. 만일 사냥꾼들이 근처를 지나가는 것을 보면 수도사제는 사냥꾼들에게 이렇게 일러 주었다.

"이곳엔 큰 멧돼지라곤 한 마리도 없으니 다른 델 가 보게."

그러면 사냥꾼들은 정말로 멧돼지가 없는 줄 알고 그곳을 떠났다.

티혼 수도사제는 선하고 인자한 아버지와 같았다. 이 거룩한 수도사제는 사람들을 영적으로 양육하였으며, 자신이 가진 얼마 안 되는 양식으로는 큰 야생 짐승들을 먹여 살렸다(사실 이 야생 짐승들은 양식보다는 그의 사랑으로 배를 채웠다고 해야 할 것이다). 그리고 작은 곤충들에게는 조금밖에 없는 자신의 피를 빨아 먹게 하였다.

티혼 수도사제는 체질적으로 튼튼하게 타고났으나, 오랜 수도 생활로 인해 몸이 쇠약해졌다. 혹시 누군가가 "신부님, 평안하십니까?"라고 물으면, 그는 이렇게 대답하곤 하였다.

"하느님 덕분에 잘 있다네. 나는 아프지 않네. 단지 허약할 뿐이지."

수도사제는 잘 먹어서 뚱뚱한 사람들을 볼 때마다 괴로워하였다. 특히 뚱뚱한 수도사를 볼 때면 더 괴로워하였는데, 수도사가 뚱뚱해서는 안 된다는 생각 때문이었다.

어느 날 굉장히 뚱뚱한 사람이 수도사제를 찾아왔다.

"신부님, 저는 속되고 저질스러운 생각 때문에 육체적으로 고통 받고 있습니다. 이 생각들이 제가 마음 편히 쉬도록 내버려 두지를 않습니다."

티혼 수도사제는 그에게 대답하였다.

"자네가 그리스도의 말씀에 순종한다면, 그리스도의 은총으로 나는 자네를 천사로 만들어 줄 수도 있네. 앞으로 항상 '주 예수 그리스도여! 저를 불쌍히 여기소서.' 라고 말하면서 계속 기도를 하게나. 그리고 날마다 빵과 물만 먹도록 하게. 토요일과 일요일에는 올리브기름을 조금 넣은 음식을 먹도록 하게. 또 밤에는 백오십 번 이상 절을 하면서 기도를 하고, 성모님께 올리는 소기원의식[34] 후에는 복음경을 읽게. 그리고 그날그날 축일을 맞는 성인에 관한 책을 읽게나."

육 개월 후에 그가 다시 수도사제를 찾아왔다. 하지만 놀랍도록 살이 빠져 수도사제가 그를 알아보지 못할 정도였다. 그는 이제 수도사제가 사용하는 성당의 좁은 문도 쉽게 드나들 수 있었다. 티혼 수도사제가 물었다.

"요즘은 어떻게 지내는가?"

"요즘 저는 정말 천사가 된 기분입니다. 아무런 육체적인 욕망도 없고, 저질스런 생각도 하지 않으며, 무엇보다 살이 빠져서 날아갈 것 같기 때문입니다."

이처럼 수도사제는 도움을 간절히 청하는 사람들에게 실질적으로 도움이 되는 충고를 해주었다. 물론 살면서 얻은 커다란 경험들도 한몫했지만, 고행 수도자의 엄격한 투쟁 끝에 받게 된 하느님의 은총이 그를 더욱 지혜롭게 해주었기 때문이다. 충고를 해주고 나면 그는 꼭 기도를 해주었는데, 켈리를 떠나는 방문객들은 기도의 힘을 확실히 느낄 수가 있었다.

티혼 수도사제는 영대를 벗는 일이 거의 없었다. 고해를 하려고 많은 사람들이 줄을 서서 기다리다 보니 한 사람이 고해를 하고 나면 곧이어 다음 고해자의 머리 위에 영대를 얹어야 하기 때문이었다. 수도사제는 고해성사를 통해 고해자들의 죄를 하느님으로부터 용서받게 하였고, 고해자들의 무거운 마음의 짐을 덜어주었다. 그는 사람들이 털어놓은 고해의 내용을 금세 잊어버렸는데, 덕분에 그의 눈에는 모든 사람들이 한없이 선량하게만 비쳤다. 또한 그는 모든 사람들에 대해서 항상 좋은 생각만 하였는데 이는 그의 마음과 정신이 이미 정결한 경지에 도달해 있었기 때문이다.

언젠가 한 수도원장이 수도사제에게 물었다.

"신부님, 수도원에서 어떤 수도사가 가장 깨끗합니까?"

티혼 수도사제는 대답하였다.

"모든 수도사들이 깨끗합니다."

그는 결코 남의 마음을 아프게 하는 일이 없었으며, 오히려 그리스도에게서 오는 사랑의 진통제로 사람들의 마음의 상처를 치료해 주었다. 그는 가슴앓이를 하는 사람들에게 다음과 같이 말하였다.

"자네! 그리스도께서는 자네를 사랑하신다네. 그리고 자네를 용서하셨네. 그리스도께서는 죄 없는 사람들보다 회개하고 자신을 낮추며 사는 죄인들을 더 사랑하신다네."

이처럼 수도사제는 자신을 낮추며 사는 것을 항상 강조하였다.

"자기를 낮추는 사람은 남들보다 더 많은 은총을 받습니다. 매일 아침 하느님께서는 한 손으로 이 세상을 축복하십니다. 그러나 본인 자신을 낮추는 사람을 보시면 하느님께서는 자신의 두 손으로 그 사람을 축복하십니다. 가장 많이 자신을 낮추는 사람이 바로 모든 사람들 중에 가장 높은 사람인 것입니다."

그는 또 순결을 지키는 사람들도 한없이 자신을 낮추어야 한다고 강조했다. 그 이유는 순결만으로 구원받을 수는 없기 때문이며, 그 예로 지옥은 단지 순결만 지키고 오만했던 사람들로 가득 차 있다고 말하였다.

"어떤 사람이 자신을 순결한 사람이라고 자랑한다면 그리스도께서는 그에게 '하지만 너는 너 자신을 낮추지 않으므로, 지옥으로 가거라.' 라고 말씀하실 것입니다. 그러나 죄를 지은 사람이 회개하고 상처 받은 마음으로 자신을 낮추면서 스스로를 죄인이라고 고백한다면 그리스도께서는 그에게 '내 어여쁜 자식아, 그윽한 향기 가득한 이곳 천국으로 오려무나.' 라고 말씀하실 것입니다."

그는 이렇게 자신을 낮추고 회개하는 것말고도 하느님에 대한 몰두, 다시 말해서 우리의 정신이 항상 하느님곁을 향해 있어야 한다는 것도 강조하였다. 성경을 공부하고, 에브에르게티노스, 필로칼리아스, 성 크리소스토모스, 성 대 바실리오스, 성 그리고리오스 신학자[35], 성 막시모스[36], 성 시메온 신 신학자[37], 아바스 마카리오스, 그리고 아바스 이사악 같은 성인 교부들에 대해서도 공부할 것을 강조하였다.

"공부는 사람의 영혼을 따뜻하게 하고 정신도 맑게 합니다. 이렇게 열성을 갖고 전념하면 우리는 선과 덕을 쌓게 됩니다. 그러나 전념하지 않으면 오직 약점들을 지니게 될 뿐입니다."

어느 날 수도사제가 내게 물었다.

"지금 무슨 책을 읽고 있는가?"

"아바스 이사악의 책을 읽고 있습니다."

그러자 수도사제는 찬탄하듯이 말했다.

"과연! 이 성인은 참으로 훌륭한 분이라네! 아바스 이사악은 벼룩 한 마리도 죽이지 않았단 말일세."

수도사제는 그 정도로 이사악 성인의 영적인 감수성이 높았음을 강조하고 싶었던 것이다.

티혼 수도사제는 이사악 성인의 수도사적인 정신뿐만 아니라, 성인의 영적인 고귀함이 빛나는 감수성도 닮으려고 노력하였다. 그리고 누구에게도 부담감을 지우려 하지 않았다.

그는 다른 수도사들에게 다음과 같이 말하곤 하였다.

"수도사들은 근심과 걱정에서 해방되기 위해서 수도를 하면서 살아야 합니다. 결코 노동자들처럼 일하거나 속세에 있는 사람들처럼 먹으면서 사는 데 그쳐서는 안 됩니다. 수도사가 해야 하는 일이란 절을 하면서 기도를 하고 금식을 하는 일입니다. 기도할 때에는 자기 자신을 위한 기도뿐 아니라, 세상 모든 사람들, 즉 살아 있는 사람들과 이 세상을 떠난 사람들을 위해서도 기도해야 합니다. 하지만 자신의 일을 남에게 전가하지 않기 위해서는 일상적인 일들을 어느 정도는 해야 합니다. 일을 많이 하거나 근심 걱정에 얽매이다 보면 하느님을 잊게 됩니다."

수도사제는 그 뜻을 강조하기 위해 다음과 같은 말을 덧붙였다.

"이스라엘 민족이 이집트의 노예로 있을 때 파라오는 그들에게 많은 일을 시키고 많은 음식을 먹였습니다. 그 까닭이 무엇이었습니까? 바로 하느님을 잊게 하기 위함이었습니다."

수도사제는 사람들에게 충고를 하기 전에 기도부터 하는 습관을 갖고 있었다. 그것은 성령이 그에게 지혜를 주시어 올바른 충고를 할 수 있기를 바라기 때문이었다. 그는 이 방법을 다른 사람들에게도 권하곤 하였다.

"하느님께서 우리들에게 불을 밝히시어 우리를 지혜롭게 하시려고 성령[38]을 보내 주셨습니다. 성령은 주인입니다. 그래서 교회에서는 '하늘의 임금이시여, 위로자시여, 진리의 성령이시며 어디에나 현존하시어 온갖 것을 채워 주시는 이여, 행복과 생명을 주시는 이여. 오시어 우리 안에 머무르시어 우리의 불결하게 된 모든 것을 깨끗하게 하시고, 선하신 이여, 우리의 영혼을 구원해 주시옵소서.'[39]라는 기도로 시작하는 것입니다."

성령에 대한 이야기를 하는 동안에 그의 얼굴은 인간을 초월한 모습으로 바뀌었는데, 많은 경건한 사람들이 이 놀라운 광경을 자주 목도하였다.

어떤 사람들은 수도사제의 사진을 몰래 찍었다. 다른 사람들은 수도사제에게 사진을 찍을 수 있게 해 달라고 요청을 했는데, 그때마다 티혼 수도사제는 이를 순순히 허락했다. 요청이 들어오면 그는 곧장 성당으로 가서 천사 문양대를 걸쳤다. 그리고 한 손에는 십자가를 쥐고 다른 한 손으로는 긴 수염을 다듬어서 묶는 것

수도사가 걸치고 있는 천사문양대

이었다. 그 모습은 매우 고고했는데, 특히 말년에 들어서는 외적으로나 내적으로 더욱 정갈해져서 인간의 조상인 아브라함을 연상케 했다. 준비가 끝나면 그는 올리브나무 밑에 서서 어린아이처럼 천진난만하게 포즈를 취하곤 하였다. 그리스도께서 우리에게 악을 모르는 어린아이처럼 되라[40]고 말씀하셨듯이 그는 영적으로 성숙해져, 말 그대로 꾸밈없는 어린아이가 되어 있었던 것이다.

말년에 이르러 티혼 수도사제에게서 영적 충고를 들어왔던 수도사들은 그를 돕고 싶은 마음에 자주 규칙적으로 방문을 하였다. 한번은 수도사들이 그에게 이렇게 물었던 적이 있었다.

"신부님, 나무를 베어서 장작을 미리 만들어 놓을까요?"

그러자 티혼 수도사제는 대답하였다.

"참으시게. 올여름에 내가 이 세상을 떠나지 않으면, 그때 겨울을 지낼 수 있도록 장작을 만들어 주시게나."

바로 1968년의 일이었다. 수도사제는 이 세상과의 영원한 작별을 느꼈던 것이다. 그는 죽음에 대하여 계속 언급하였다. 사실 그는 이미 허약해질 대로 허약해져 있었다. 성모 안식 축일(8월 15일) 후에 수도사제는 몸져누웠고, 속이 탔기 때문에 물만 마셨다. 그럼에도 불구하고 그는 자신의 끊임없는 기도를 방해받고 싶지 않아서 아무도 없이 혼자 있기를 원하였다.

이 세상에서의 삶을 일주일 남겨두었을 때, 그는 나에게 자신의 곁에 앉으라고 말하였다. 이제 그가 진정한 삶이 있는 곳을 향해 떠날 것이므로 서로가 영원한 작별 인사를 해야 했던 것이다. 바로 며칠 전만 해도 수도사제는 내가 그의 곁에 계속 머무르는 것을 허락하지 않았었다. 하지만 내가 조금 도움을 준 이후에는 나 또한 기도를 할 수 있도록 나를 옆의 켈리에서 머물게 해주었다. 물론 도움이라고 해보았자 그의 고통을 덜어 줄 만한 변변한 것은 아무것도 없었다. 하지만 그 길고 오랜 수도생활로 그의 몸은 한 번도 휴식을 취한 적이 없었기 때문에 그 작은 도움조차도 그에게는 크나큰 도움으로 느껴졌던 것이다.

한번은 내가 레몬 두 개를 구해서 레몬수를 만들어 준 일이 있었다. 그는 레몬수를 마시더니 매우 의아한 눈빛으로 나를 쳐다보았다.

"이 물은 정말 맛이 기가 막히는군! 자네, 이 물을 어디에서 구했는가? 그리스도께서 자네에게 사십 개의 금관을 주시기를 바라네."

수도사제는 한 번도 레몬수를 마셔보지 않았거나, 아니면 너무 어렸을 적에 마셨기에 레몬수의 맛을 잊어버린 것 같았다.

그는 이제 침대에서 한 발자국도 움직일 수가 없었다. 그는 위로받고 싶은 마음에 지성소의 성탁 위에 있는 십자가를 가져다 달라고 부탁했다. 남은 힘을 짜내어 침대에도 간신히 기대어 있는 형편인지라 예전처럼 성찬예배를 진행하던 티미오스 스타브로스(십자가 현양) 성당까지 걸어서 간다는 것은 꿈도 꾸지 못할 일이었다. 하지만 십자가를 바라보는 그의 눈은 반짝반짝 빛이 났다. 그는 경외하는 마음으로 십자가에 입을 맞추고서 남아 있던 모든 힘을 다하여 십자가를 꼭 쥐었다. 나는 십자가에 임금풀[41] 가지를 묶어서 가져다주었으므로 그 소감이 궁금했다.

"신부님, 향기가 좋지요?"

그는 나에게 대답하였다.

"자네, 천국에서는 임금풀보다 훨씬 더 좋은 향기가 난다네."

그의 인생의 마지막 날들 중에서 어느 날의 일이다. 내가 마실 물을 떠가지고 방에 들어서니 그가 나를 이상하게 쳐다보면서 물었다.

"당신…… 당신은 세르기오스 성인[42]입니까?"

"아닙니다, 신부님, 저는 파이시오스입니다."

그러자 그는 고개를 갸웃했다.

"성모 마리아, 세르기오스 성인, 그리고 세라핌 성인[43]이 이곳에 계셨었다네. 어디로 가셨을까?"

나는 무슨 일이 있었음을 짐작하고서 물었다.

"성모 마리아께서 신부님께 무엇을 말씀하셨습니까?"

"성모 탄생 축일이 지난 다음에 나를 데려갈 걸세."

그날은 1968년 9월 7일 오후였고 성모 마리아 탄생일 전날이었다. 그로부터 3일 후인 9월 10일 오후에 티혼 수도사제는 영면하였다.

그가 이 세상을 떠나기 전 날, 그는 내게 말하였다.

"내일 나는 이 세상을 떠나네. 그러니 내가 자네에게 축복을 할 수 있도록 잠자지 말고 곁에 있게나."

그날 저녁 티혼 수도사제는 내 머리 위에 손을 얹은 채 무려 세 시간 동안이나 나를 축복해 주었다. 그리고 마지막으로 나에게 입 맞추어 주었다. 나는 그가 몹시 안쓰러웠다. 수도사제는 이 세상을 떠나기 전에 내가 가져다준 몇 모금의 물에 대해서 감사를 표하였다.

"나의 사랑하는 파이시오스. 우리는 영원히 사랑할 걸세. 우리들의 사랑은 가치가 있다네. 자네는 이 땅에서 기도를 하고 나는 하늘에서 계속해서 기도를 할 것일세. '주 예수 그리스도여, 저를 불쌍히 여기소서.'라고 육십 년간 수도사로서 쉬지 않고 말하여 왔으므로 하느님께서 나를 불쌍히 여기실 것이라고 믿네."

그는 이런 말도 하였다.

"나는 이제 하늘나라에서 성찬예배를 집전할 것이네. 자네는 이 세상에서 기도를 하게나. 나는 해마다 자네를 보러 오겠네. 만일 자네가 내가 쓰던 이 켈리를 사용한다면 나는 기쁠 걸세. 그렇지만 하느님께서 원하시는 대로 이루어지길 바랄 뿐이네. 그리고 내가 자네에게 줄 양식들이 있는데, 그것은 삼 년 동안 먹을 수 있는 통조림들이라네."

그는 통조림들이 있는 곳을 손으로 가리켰다. 정어리가 들어 있는 여섯 개의 작은 통조림들과 오징어가 들어 있는 네 개의 통조림들이었다. 이 통조림들은 오래전에 한 방문객이 가져온 것이었는데 그때 방문객이 놓아두고 간 자리에 그대로 놓여 있었다 (사실 이 통조림들은 나에게 일주일 분도 못 되는 양이었다).

수도사제는 같은 말을 되풀이하였다.

"우리들은 영원히 가치 있는 사랑을 할 걸세. 그리고 나는 해마다 자네를 보러 오겠네."

하염없는 눈물이 그의 눈앞을 가렸다.

그와 함께했던 마지막 열흘은 내가 하느님으로부터 받은 가장 큰 축복의 날들이었다. 그의 곁에 머물면서 그를 더 잘 알 수 있게 된 덕분에 오히려 그 어느 때보다도 나 자신이 더 많은 도움을 받았기 때문이다. 특히 영혼의 구원이라는 주제에 그가 그토록 많은 관심을 가지고 있다는 사실이 매우 인상적이었다.

그의 침대 옆에는 내가 부쳐야 할 많은 서신들이 기다리고 있었다. 그가 세상을 떠나면 그와 알고 지낸 주교들이 그를 위해 기도할 수 있도록 미리 준비된 것들이었다. 티혼 수도사제는 주교가 장례식을 진행해 주었으면 하고 뜻을 전했다. 그리고 예수께서 강림[44]하실 때까지 자신의 무덤을 이장하지 말아 달라는 부탁도 하였다.

나는 곧 티혼 수도사제가 속한 수도원에 연락하여 그에게 이 세상에서의 삶이 얼마 남지 않았음을 전하였다. 그러자 수도사제의 사후 문제를 논하기 위해 바실리오스 수도사가 왔다. 기름이 떨어져 심지만 남은 채 꺼져 가는 등불처럼 티혼 수도사제 역시 그렇게 고요히 이 세상과 작별하였다.

그의 거룩한 영혼은 떠났지만 그는 우리에게 자신의 육체와 커다란 빈자리를 남겨 놓았다. 나와 바실리오스 수도사는 육신만 남은 티혼 수도사제의 장례 절차를 준비하면서 동이 트자마자 다른 수도사들에게 그의 죽음을 알렸다. 그와 친분이 있었던 사제들이 모인 가운데 엄숙하게 장례 예식이 진행되었다. 평소에 티혼 수도사제를 보면서 걱정과 아픔을 잊었고, 또 수도사제에게서 직접 위로받았기 때문에 모두들 그와의 이별을 마음 아프게 생각하였다. 그러나 나는 이제부터는 티혼 수도사제가 하늘나라에서 우리를 찾아올 것이며 더 많이 도와줄 것이라고 믿었다. 더욱이 그는 해마다 나를 보러 오겠다고 약속하지 않았던가.

하지만 그는 3년이 다 되도록 나타나지 않았다. 이로 인해 내 마음은 불안해지기 시작하였다.

'혹시 내가 무엇을 잘못한 것은 아닌가?'

그는 3년 후에 처음으로 나를 찾아왔다. 만일 해마다 나를 찾아오겠다는 말 속에 '3년이 지난 다음부터 나를 찾겠다는 뜻'이 내포되어 있었던 것일까? 만일 그렇다면 내게는 위로가 된다. 왜냐하면 적어도 나의 잘못으로 그가 나를 찾지 않은 것은 아니기 때문이다.

그가 처음 나를 찾은 것은 1971년 9월 10일 밤, 자정이 지나서였다. 기도를 하고 있는데, 티혼 수도사제가 켈리로 들어오는 것이 보였다. 나는 허겁지겁 일어나 그의 발을 잡고 경건한 마음으로 그 발에 입을 맞추었다. 그런데 영문을 알 수 없는 일이 일어났다. 그의 발이 순식간에 내 손에서 빠져나간 것이다. 수도사제는 이미 켈리를 떠나 성당으로 들어가고 있었다. 그러나 성당 안에서 그의 모습을 찾을 길이 없었다. 감쪽같이 사라진 것이다. 이런 시간에 이런 일이 생기면 아무것도 생각할 수 없는 것은 당연하다. 논리적으로 설명하는 것도 불가능하다. 그래서 이것을 기적이라고 말한다.

나는 켈리에 등불만 켜 놓고 있었기 때문에 수도사제가 나를 찾아온 날짜를 기록하기 위해 곧장 촛불을 켰다. 그리고 이날이 바로 수도사제가 이 세상을 떠난 날(9월 10일)이라는 것을 깨닫고서 미리 기억하지 못했던 자신을 자책하며 속상해하였다. 나는 선량한 티혼 수도사제가 나를 용서해줄 것이라고 믿는다. 그날은 동쪽에서 뜬 해가 서쪽으로 넘어갈 때까지 하루 종일 칼리비에서 방문객들을 맞아야 했던 날이었다.[45] 현기증이 날 정도로 피곤했기 때문에 도저히 수도사제가 떠난 날을 기억해 낼 수가 없었던 것이다. 만일 그러지 않았다면 수도사제에게 작은 기쁨이나마 줄 수 있도록 밤새워 기도를 하였을 것이며, 나 자신을 위해서도 무엇인가를 하였을 것이다.

나를 찾아오기 전에 그가 먼저 다른 이를 방문했는지 아닌지는 알 수가 없다. 그러나 확실한 것은 그가 생전에 일면식조차 가진 적 없는(카라칼로스 수도원에서 지냈던) 안드레아스 수도사 앞에 모습을 드러냈다는 것이다. 자세한 이야기는 다음과 같다.

그날 안드레아스 수도사는 나에게 도움을 요청할 일이 있어서 나의 켈리로 찾아왔다. 물론 그도 나도 서로에 대한 안면은 전혀 없는 터였다. 마침 나는 작업실에서 작은 성화들을 칠하느라 여념이 없어 주위의 인기척을 눈치 채지 못하였는데, 안드레아스 수도사는 내가 부재중인 것으로 생각하고 올리브나무 밑에서 나를 기다리고 있었다. 마침내 일을 마치고 "거룩한 하느님이시여"라고 성가를 부르면서 밖으로 나가자 당황하는 안드레아스 수도사의 모습이 눈에 들어왔다. 수도사는 감탄하며 말하였다.

"올리브나무 그늘 밑에서 수도사님을 기다리는 동안 저는 눈을 감고 있었습니다. 그런데 어떤 느낌이 들어서 눈을 떠 보니 저쪽 숲에서 연세가 많으신 수도사님이 나오시는 것이었습니다. 그 수도사님은 제게 물으셨습니다.

'누구를 기다리는가?'

저는 대답했습니다.

'파이시오스 수도사님을 기다립니다.'

그러자 그분께서 '여기 있네.' 하시더니 손으로 켈리를 가리키셨는데, 바로 그 순간 수도사님(작가 파이시오스)께서 '거룩한 하느님이시여' 성가를 부르며 나오시는 것이 아니겠습니까?

수도사님! 이분은 틀림없이 성인이실 겁니다. 저는 성인들을 알아볼 수 있기 때문입니다. 전에도 이 같은 광경을 여러 번 보았습니다."

나는 안드레아스 수도사에게 티혼 수도사제님에 대한 이야기들을 들려주었다. 그리고 티혼 수도사제님의 산소가 어떤 수도사가 나오는 것을 보았던 그 숲에 있다고 알려 주었다. 티혼 수도사제가 그리스도께서 강림하시기 전에는 산소를 이장하지 말 것을 부탁하였기에 나는 사람들이 그의 산소를 밟지 못하도록 산소 주위에 나무를 심었었다. 그 결과 지금은 나무들이 자라서 산소가 보이지 않게 되었다.

존경하는 수도사제님의 삶에 대해 제대로 언급하지 못했지만 그래도 영적인 삶을 살아가는 사람들은 많은 것을 이해하리라고 믿는다. 물론 자신을 낮추면서 초야에 묻혀 사는 사람들은 알고 있을 것이다. 우리가 겉으로 드러난 성인들의 선과 덕만 보고 있음을. 즉, 우리는 성인들이 감추고자 했으나 감추지 못했던 부분들만 보면서 기록하고 있는 것이니 성인들은 얼마나 부당한 취급을 받고 있는 것인가. 성인들의 보이지 않는 영적인 부는 거의 알려져 있지 않다. 우리는 성인들에게서 받은 것, 또는 성인들 자신도 모르게 드러난 것들만 표현할 수 있을 뿐이다. 그조차도 성인들은 감출 수 있었다면 감추었을 것이다. 하지만 그들의 큰 사랑이 영적인 자비를 베풀도록 강요하였기에 그들이 완전히 숨기는 것은 불가능했다.

물론 하느님께서는 성인들의 영적 깊이를 알고 계신다. 하지만 성인들은 자신들의 영적인 깊이를 알지 못하였다. 그것은 그들이 자신들의 영적인 깊이를 생각하며 기도한 것이 아니라, 자신들의 죄만 생각하며 기도하였기 때문이다. 나는 성인들을 향해 온갖 찬미를 늘어놓아도 성인들은 결코 기뻐하지 않는다는 거룩한 관례를 참작하여 되도록 꼭 필요한 것들만 쓰려고 노력하였다.

티혼 수도사제 역시 나의 이 같은 노력에 아무런 불평 없이 만족할 것이라고 믿는다. 티혼 수도사제가 살아 있을 때의 일이다. 소프로니오스 수도사가 처음으로 실루아노스 수도사의 생애에 대해 글을 썼는데, 실루아노스 수도사가 친구였던 티혼 수도사제 앞에 나타난 적이 있었다. 그는 티혼 수도사제에게 이렇게 말하였다고 한다.

"축복받은 소프로니오스 수도사는 나에 대한 찬양을 많이 하였는데, 나는 이것을 원치 않네."

그래서 그들은 또한 성인들인 것이다. 이렇게 성인들은 인간적인 영광을 회피하였기 때문에 하느님께서 그들을 영광되게 하신 것이다.

티혼 수도사제의 기도 그리고 우리가 알고 있는 성인들과 우리가 모르는 성인들의 기도는 우리가 살고 있는 어려운 시대에 우리를 도와준다. 아멘.

(다음은 쓰라린 마음과 눈물로 쓴 티혼 수도사제의 기도문이다. 그는 러시아에서 고통 받고 있는 사람들을 위로하기 위해 성모 마리아의 정원에서 이를 써 보냈던 것이다).

– 그리스도께서 십자가에 못 박히셨던 곳 골고다에 영광을 드리며 –

"그리스도의 피로 물들여져 거룩하게 된 골고다여[46]! 그리스도의 은총과 회개와 눈물로 얼마나 많은 죄인들의 수많은 죄를 사해 주셨으며, 천국의 얼마나 많은 부분들을 채웠는지 말씀하여 주십시오. 아! 임금이신 그리스도여! 당신의 참사랑과 당신의 은총으로 하늘나라에 있는 성전을 회개한 죄인들로 가득 채우셨나이다. 또한 당신께서는 이 땅 위에 있는 모든 사람들을 불쌍히 여기시며 구원하여 주십니다. 천사와 같은 마음과 정신을 지닌 사람이라 할지라도 주님이신 당신께 감히 무슨 말로 감사를 표현할 수 있단 말입니까? 죄인들이여! 빨리 이곳으로 오십시오. 거룩한 골고타는 열려 있으며, 그리스도께서는 자비로우신 분이십니다. 그리스도를 향하여 미리 엎드려 그의 거룩한 발에 입 맞추십시오.

그리스도 하느님께서는 자비로우신 분으로서, 그분만이 당신들의 마음의 상처를 아물게 할 수 있습니다. 첫째, 우리가 우리 자신을 깊이 낮추면서 하느님에 대한 경외함을 가짐으로써 자애로우신 그리스도께서 우리들을 가치 있게 하여 주실 때, 둘째, 우리가 뜨거운 눈물로 그리스도의 순결한 발을 씻을 때, 셋째, 우리가 사랑으로 그리스도의 발에 입을 맞출 때 우리들은 행복해질 것입니다. 그때 자비로우신 그리스도께서는 우리들의 죄를 씻어 주시기를 원하실 것이며, 천국의 문을 우리들에게 열어 주실 것입니다. 그곳에서 우리는 천사장들과 헤루빔단과 세라핌단에 있는 천사들, 그리고 모든 성인들과 함께 환희와 희열에 차서 성부와 성령이신 구분되지 않는 성삼위[47]와 함께 하느님의 어린 양 자애로우신 구세주 예수 그리스도 하느님을 영원히 찬양하게 될 것입니다."

아토스 성산 수도 사제 티혼

사도 카르포스 성인의 축일인 5월 26일 탄생한 티혼 수도사제의 생애가 1977년 스타브로니키타 수도원의 티미오스 스타브로스 켈리에서 쓰여지다.

하느님께 영광!

에블로기오스 수도사

하찌-예오르기스 수도사의 제자

카리에스[48]*에서 조금 위쪽으로* 바토페디 수도원 방면으로 가다 보면 성 예오르기오스 파네로메노스 켈리가 있다. 그곳에는 6명의 하찌-예오르기오스 수도사의 제자들이 수도생활을 하고 있었는데, 그중 가장 연로한 수도사는 에블로기오스 수도사였다. 나중에 파호미오스 수도사와 예오르기오스 수도사가 오게 되는데, 이 두 수도사는 하찌-예오르기오스의 손자들이었다.

거룩한 전통이 거룩한 수도사들에 의해 하찌-예오르기스 수도사에게 이어지고, 다시 하찌-예오르기스에서 그의 제자들로, 그리고 계속해서 다음 제자들로 이어지는 것은 참으로 마음 뿌듯한 일이다. 특히 에블로기오스 수도사를 비롯하여 이들의 고고한 행적에 대해 기록한다는 것은 참으로 가치 있는 일이다. 다만 에블로기오스 수도사에 대해서는 같은 시모노메트라 출신의 동향 수도사가 글로 남긴 바가 있다. 그래서 나는 그리스도를 향해 영적으로 무수한 투쟁을 했던 그가 말년에 악마들과 겪었던 사건만을 언급하고자 한다.

그는 나이 백 살이 넘어 생의 막바지에 다다랐을 때에도 소파에 앉아서 기도하는 생활을 하였다. 어느 날 그의 제자 파호미오스 수도사와 에르기오스 수도사는 올리브 열매를 모으러 가고 켈리에는 에블로기오스 수도사 혼자 남아 있었다. 그날도 그는 소파에 기대어 기도를 하고 있었는데, 난데없이 켈리 안에서 엄청난 소음이 일어나자 그는 기도를 멈추었다. 그 순간 삼십 명이나 되는 악령들이 그를 덮쳤다. 악령들은 수도사를 바닥에 내팽개치더니 달려들어서 마구 때리기 시작했다. 그는 일어설 수조차 없을 만큼 매를 많이 맞았다.

점심때가 가까워서야 두 수도사가 켈리로 돌아왔다. 그들은 에블로기오스 수도사에게 문을 열라고 소리쳤다. 그러나 가엾은 수도사는 이들이 부르는 소리를 들을 수조차 없었다. 아니 들을 수 있었다고 하더라도 이런 상황 속에서 어떻게 일어나 문을 열 수가 있었겠는가? 걱정이 된 예오르기오스 수도사가 창문을 열고 들어가 문을 열었다. 그들은 불안과 걱정에 휩싸인 채 스승에게 갔다. 과연 그들의 눈앞에는 어떤 광경이 펼쳐져 있었을까? 온몸에 끔찍한 상처를 입은 에블로기오스 에블로기오스 수도사가 바닥에 쓰러져 있었다. 그러나 그는 침착한 목소리로 말하였다.

"들어 보게. 나를 때리려고 한두 명이 아니고 삼십 명이나 되는 악령들이 모였다네!"

또 이런 일도 있었다. 에블로기오스 수도사의 켈리에는 나무로 만든 십자가가 하나 있었는데, 수도사는 주로 그 십자가 앞에서 기도를 하였다. 한번은 수도사의 기도를 방해하려고 악마가 창문으로 들어왔다. 그 순간 놀라운 광경이 펼쳐졌다. 갑자기 벽에 걸린 십자가가 움직이더니 악마에게로 가까이 가는 것이었다. 그러자 악마는 바깥으로 도망쳐 버렸다. 십자가는 이번에도 저절로 움직여 원래 걸려 있던 자리로 돌아갔다.

이렇게 에블로기오스 수도사는 영적인 투쟁을 하면서 백팔 세까지 살았다. 영적으로 성숙되고 이미 많은 영적인 부를 이룩하였으므로 마침내 그에게 영원한 세상을 향해 떠나야 할 시간이 다가왔다. 하느님께서는 그가 이 세상과 하직할 준비를 하게하고, 제자들에게 축복과 마지막 충고를 할 것을 계시하셨다. 그리고 제자들에게 마음의 준비를 시킬 것도 말씀하셨다.

"나의 제자 수도사들이여! 나는 이곳을 떠나 안토니오스 성인[49]의 곁으로 간다네. 머지않아 자네들도 그곳 천국으로 올 것이네. 예오르기오스 수도사! 자네는 팔십 살까지 살 것이라네."

하느님의 축복을 받은 에블로기오스 수도사는 성체성혈을 받기를 희망하였다. 그리고 성체성혈을 받은 후, 1948년 4월 11일 하늘나라를 향하여 떠났다.

세월이 흘러 예오르기오스 수도사가 팔십 세가 되는 날이 코앞에 다가왔다. 그는 말하였다.

"에블로기오스 수도사께서 올해 내가 이 세상과 작별할 것이라고 말씀하셨다네."

　그러자 의사가 아직도 정정한 수도사를 보고 웃으며 말하였다.

　"수도사님은 앞으로 30년은 더 사실 것입니다."

　그러나 예오르기오스 수도사는 팔십 세가 되었을 때 눈을 감았다. 모두들 에블로기오스 수도사의 예언에 감탄하였다.

파호미오스 수도사

하찌-예오르기오스 수도사의 제자인 에블로기오스 수도사의 제자, 즉 하찌-예오르기오스의 손자

에블로기오스 수도사와 마찬가지로 축복받은 제자였던 파호미오스 수도사에 대해서도 그의 생애의 마지막에 있었던 일만을 이야기하고자 한다. 맑은 생각으로 경외심을 갖고서 살려고 노력하는 사람이라면 파호미오스 수도사의 정화된 영혼을 이해할 수 있을 것이다.

파호미오스 수도사가 세상을 떠나기 3일 전은 목요일이었다. 그날 수도사는 예오르기오스 수도사를 불러서 말하였다.

"자네, 꼴레추[50]에 가서 월요일에 있을 예오르기오스 성인[51]의 축일에 쓰일 생선들을 사 오게나. 이번에는 잔치가 두 번 있을 것이니 전보다 더 많이 사야 하네. 하지만 그날 나는 하늘나라에서 예오르기오스 성인과 축일을 맞을 거라서 자네들과 함께 있지는 못할 걸세."

예오르기오스 수도사는 곧장 꼴레추에 가서 생선들을 사 가지고 와서 생선들이 상하지 않도록 준비하였다.

　금요일이 되자 파호미오스 수도사는 예오르기오스 수도사에게 두 번의 잔치에 수도사들을 초청할 것을 부탁하였다.

　"앞으로 나의 장례식과 예오르기오스 성인의 축일, 이렇게 두 번의 잔치가 치러질 것이네. 그러니 수도사들이 이 두 잔치를 준비할 수 있도록 해주게."

　예오르기오스 수도사는 다른 수도사들에게 이 사실을 알렸다. 토요일 아침에는 예오르기오스 수도사에게 성체성혈을 위해 디미트리오스 수도사를 불러 달라고 부탁하였다. 파호미오스 수도사는 사제를 보자마자, 기쁨에 차서 성 대 목요일의 최후의 만찬에 부르는 성가를 부르기 시작하였다. 성체성혈을 받은 후 "하느님께 영광을 바칩니다."라고 말한 다음, 그의 곁에 있던 수도사들과 이 세상에서의 영원한 작별 인사를 나누었다. 축복받은 그의 영혼은 1974년 4월 22일 하늘나라를 향해 떠났다.

　일요일에 장례식과 식사를 곁들인 추도식이 있었고, 월요일에는 예오르기오스 성인에 대한 축일 잔치가 있었다. 그의 말대로 두 번의 잔치가 벌어진 것이다. 파호미오스 수도사는 그의 말처럼 하늘나라에서 예오르기오스 성인과 함께 축일을 맞으며 천국의 아름다움을 만끽하였다. 그리고 예오르기오스 성인과 함께 하느님의 사랑이 가득한 영적인 술에 취하였다.

　선하신 하느님께서 그 영적인 술을 우리가 맛볼 수 있도록 우리들도 축복하여 주시기를 바란다. 아멘.

세라핌 수도사

아토스 성산의 은둔자

그리스 아테네의 부유한 가정에서 태어나고 자란 한 청년이 중병에 시달리던 어머니를 잃었고, 얼마 지나지 않아 아버지와도 영원한 작별을 하고 말았다. 부모의 죽음은 경건한 청년에게 많은 영향을 미쳤다. 그는 인생의 덧없음에 대하여 깨닫게 되었다. 그는 자신이 경영하던 무역회사를 직원들에게 양도하고 재산을 가난한 사람들에게 나누어 준 다음, 아토스 성산으로 떠났다.

그는 네아 스키티를 지나 성 디미트리오스[52] 칼리비에 살고 있는 네오피토스 수도사를 만나 고해를 하였다. 그곳에 머무는 동안 네오피토스 수도사는 그에게 고행 수도사들에 대하여 많은 이야기를 들려주었다. 아토스 성산의 정상에 살고 있는 은둔자들의 이야기는 청년의 마음을 하느님에 대한 열망으로 들끓게 하였다.

그리하여 그는 네오피토스 수도사에게 자신을 그의 수사단에 받아들여 달라고 부탁하였고, 아토스 성산의 정상에서 수도하는 것을 허락해 줄 것을 요청하였다. 네오피토스 수도사는 그가 스스로 매우 겸손하고 경외심으로 충만함을 알고 이를 허락하였다. 하지만 그는 곧바로 수도사 착복식을 치르지는 않았다. 수도사는 아무도 그 거룩한 목적을 알아차리지 못하도록 5년 동안 속세인으로 데리고 있으면서 조용히 그를 영적으로 준비시켰다. 그는 스키티에 있는 수도사들과의 접촉 또한 피하게 하였다. 그렇게 5년간 교육을 받은 뒤에야 네오피토스 수도사는 그가 수도사가 되게 하였다. 그의 이름은 세라핌으로 정하였다. 그렇게 세라핌 수도사는 사람들과의 접촉을 피한 채 아토스 성산 높은 곳에서 수도생활을 시작하게 되었다.

세라핌 수도사의 동료인 디오니시오스 수도사는 이때 세라핌 수도사가 겪었던 이야기를 들려주었다. 3년이 지나 세라핌 수도사는 처음으로 수도원에 들렀는데, 정상에서 수도를 하는 동안 많은 악령들의 유혹을 겪었다고 했다.

한번은 비바람이 몹시 부는 날이었는데, 악령들이 비바람을 막으려고 동굴 앞에 막아 둔 양철판을 그에게 집어던진 적이 있었다. 세라핌 수도사는 겁에 질려 놀라기는커녕 웃으면서 말하였다.

"하느님께서 너희들을 용서하여 주시기를 바라노라. 안 그래도 그 양철판 때문에 동굴이 아주 흉하게 보였었는데, 양철판을 치워 주어서 고맙구나."

5년이 지나 세라핌 수도사가 다시 수도원에 들렀을 때 네오피토스 수도사는 그에게 축성된 빵이 담긴 상자를 주었다. 세라핌 수도사는 아토스 성산의 꼭대기를 향해 다시 떠났는데 이후로 다시는 나타나지 않았다. 그는 천사 세라핌이 된 것이다. 세라핌 수도사가 그리스도를 위해 세상의 온갖 것을 버렸는데, 어찌 하늘로 날아가지 않을 수 있었겠는가?
　그가 우리를 축복하여 주기를 바란다. 아멘.

이름 모를 은둔자

아토스 성산 은둔자들 중의 한 사람

1950년 내가 아토스 성산에 처음 왔을 때의 일이다. 당시 나는 성 안나 스키티로 가려고 카프소칼리비아 스키티[53]에서 올라가다가 그만 길을 잃고 말았다. 성 안나 스키티로 가는 길이 아닌 정상으로 오르는 길로 들어섰던 것이다. 한참을 오른 후에야 내가 너무 높이 올라왔다는 사실을 깨닫고 서둘러 내려가는 오솔길을 찾았다. 나는 불안한 마음으로 성모 마리아께서 나를 도와주시기만을 기도하였는데, 갑자기 한 은둔자가 내 앞에 나타났다. 그는 칠십 세 정도 되어 보였는데, 입고 있던 옷차림으로 보아 굉장히 오랫동안 사람들과 접촉한 적이 없어 보였다. 그러나 그의 얼굴은 환한 광채로 빛나고 있었다. 그는 돛을 만들 때 쓰는 천으로 만든 수단을 입고 있었는데, 그것조차도 매우 낡아서 여기저기 구멍이 나 있었다. 그 구멍들은 나뭇가지로 만든 꼬

챙이로 꿰매어져 있었다. 그것은 농부들이 실과 바늘이 없을 때 궁여지책으로 자루를 꿰매는 것과 같은 방법으로 되어 있었다. 그는 또 가죽 자루를 하나 가지고 있었는데, 이 역시 매우 낡아서 구멍투성이였으며 그가 입은 수단처럼 꿰매어져 있었다. 그는 끝에 조그마한 곽이 매달린 굵은 쇠사슬을 목 주위에 걸치고 있었다. 아마도 그 곽 속에는 거룩한 무엇인가가 들어 있는 것 같았다.

그는 내가 묻기도 전에 먼저 말을 꺼냈다.

"자네, 이 길은 성 안나 스키티로 가는 길이 아니라네."

그러더니 내게 성 안나 스키티로 가는 작은 길을 가르쳐 주었다.

그 모습과 정황으로 보건대 그는 아마도 성인인 것 같았다.

나는 그에게 물었다.

"수도사님! 어디에 사십니까?"

그는 내게 대답하였다.

"저곳 어디엔가 살고 있다네."

대답하면서 그는 아토스 산의 정상을 가리켰다.

당시의 나는 내가 하고자 하는 일이 하느님의 뜻이라는 것을 확인시켜 줄 수도사를 찾아 헤매느라 제정신이 아니었기 때문에 날짜와 요일조차 까마득히 잊고 있었다. 나는 그에게 오늘이 며칠이고 무슨 요일이냐고 물었다. 그러자 그는 금요일이라고 말해 주고 나서 모직으로 짠 작은 주머니에서 금이 가있는 나무로 된 무언가를 꺼내 본 다음 오늘이 며칠인가를 알려 주었다.

나는 그의 축복을 받고 나서 그가 알려 준 길을 따라 성 안나 스키티로 내려갔다. 하지만 그 은둔자의 환하게 빛나던 얼굴은 끝내 잊혀지지 않았다.

훗날 아토스 산의 정상에 살고 있다는 열두 명의 은자들에 대한 이야기를(어떤 이들은 일곱 명이라고 하기도 한다) 들었을 때 그날 만났던 은둔자가 생각나서 연륜이 많은 수도사들에게 물어보았다. 그들은 조용히 말하였다.

"아마도 그 또한 모습을 드러내지 않고 아토스 성산의 정상에서 초야에 묻혀 살아가는 거룩한 은둔자들 가운데 한 명일 것일세."

안티모스 수도사

그리스도를 향한 무한한 영적인 노력

안티모스 수도사의 고향은 불가리아의 소피아였다. 그는 원래 그곳에서 결혼한 주임 사제[54]로서 교회를 위해 봉직하고 있었다. 그러나 1841년에 부인이 세상을 떠나자 성모 마리아의 정원으로 와서 좋은 씨앗이 되었으며 마침내 향기로운 꽃으로 활짝 피어나게 된 것이다. 이제부터 언급하게 될 내용들은 바로 그가 꽃으로 피어나기까지의 행적들에 관한 것들이다.

그는 시모노스 페트라 수도원[55]에서 수도사가 되었다. 하지만 아토스 성산 전체를 휘젓고 돌아다니며 기도를 하면서 그리스도에 미친 사람처럼 행동하기 시작하였다. 이것은 모두 자신의 영적인 부를 감추기 위함이었다. 그는 계속해서 인적이 없는 곳을 돌아다녔는데, 어떤 때엔 동굴에 머물기도 하였고, 가끔 속이 빈 나무 둥치 속에 머물기도 하였다. 그는 가끔 성 판텔레이몬 러시아 수도원에 나타나곤 하였는데, 그곳에서는 러시아어로 예식이 진행되어 그가 예식들을 이해할 수 있었기 때문이었다. 하지만 대부분은 성당의 나르티카[56]에 숨어서 예식에 참여할 때가 많았다. 만일 누군가가 성당에 숨어든 그를 경건한 눈으로 바라보면 그는 곧장 혼잣말을 중얼거리거나 이상한 농담을 하는 등 어리석은 행동을 하였다. 그러면 잠시나마 그를 경건한 수도사로 여겼던 주위 사람들은 생각을 다시 바꾸곤 하였다.

어쨌든 그의 행적은 종잡을 수가 없었다. 어느 때에는 수도원에 며칠 동안 머물기도 했는데 그렇게 머물다가도 다시 아토스 성산으로 홀연히 사라져 두세 달 동안 나타나지 않을 때도 있었다. 그리고 다시 성 판델레이몬 러시아 수도원에 나타나곤 하는

시모노스 페트라 수도원

것이었다.

처음 하느님에 대한 열망으로 수도사 생활을 시작했을 때 그는 5년 내내 낡은 수도사복 하나만 입고 다녔다. 그러다 옷이 더욱 낡으면 헝겊을 대어 꿰매어 입고 다녔으며 나중에는 푸대를 입고 다니게까지 되었다. 즉, 푸대로 머리 부분과 손 부분에 구멍을 내어 옷처럼 입고 다닌 것이다. 그는 이런 차림으로 사방 천지에 나타났다. 사람들은 그를 '푸대 사람'이라고 불렀다. 하지만 그는 이 푸대조차 소중히 여겼다. 심지어 숲을 돌아다닐 때에는 나뭇가지에 긁혀 푸대가 찢어지느니 차라리 자기 몸에 상처를 낼 정도였다. 물론 그의 이런 행적들이 영적인 깊이가 없는 사람들의 눈에는 단순히 미친 사람으로 비칠 따름이었다. 하지만 안티모스

판텔레이몬 수도원

수도사가 상대방의 생각을 읽고서 이야기하는 것을 들으면 사람들은 생각에 잠기지 않을 수가 없었다. 이렇게 그는 다른 사람들의 생각을 알아내어 이야기하면서 긍정적인 의욕을 지닌 사람들을 영적으로 도와주었다.

그리스도에 대하여 열정을 가진 사람들은 자기 자신을 매우 낮추며 마음 역시 깨끗하기 때문에, 즉 영적으로 건강하기 때문에 사람들의 마음을 꿰뚫어 보고 하느님의 거룩한 신비에 대해서도 알게 된다. 안티모스 수도사 역시 이 같은 경우로, 그는 낡은 푸대로 자신의 깨끗한 마음을 감추었던 것이다.

안티모스 수도사는 성 판델레이몬 수도원[57]에 가더라도 수도원 안에서 머문 적이 없었다. 그는 수도원에서 일하는 노동자들이 지내는 곳에 머물면서 그들과 함께 식사를 하였다. 그러자 수도원장은 수도사에 대해 무슨 말을 들었는지 주방 담당 수도사를 불러 앞으로는 안티모스 수도사를 돌보아 주라고 하였다. 그때부터 노동자들을 맡아 보살피던 주방 담당 수도사가 안티모스 수도사까지 돌보게 되었으며 그를 경건하게 대하게 되었다. 그리고 이를 통해 그동안 감추어져 있던 수도사의 영적인 장점들을 이해하게 되었으며 그에 대해 특별한 믿음을 갖게 되었다.

안티모스 수도사가 지닌 많은 덕목 중 하나는 금식[58]에 관한 은총이었다. 그는 매우 여러 날을 금식할 수 있었던 것이다. 한번은 안티모스 수도사가 성 사도들의 금식 기간을 앞두고 매우 지친 모습으로 러시아 수도원에 나타난 적이 있었다. 주방 담당 수도사는 매우 반갑게 그를 맞이하면서 그에게 식사를 대접하였다.

그러자 그는 게걸스럽게 먹어 대기 시작했다. 주방 담당 수도사는 그가 끊임없이 먹는 모습을 보고 주위를 왔다 갔다 하면서 '비쩍 마른 수도사가 어떻게 저렇게 많이 먹을 수가 있나?' 하고 내심 그를 비난하였다. 그리고 잔뜩 화가 난 마음으로 자신의 켈리로 돌아갔다. 식사를 마친 그는 주방 담당 수도사의 켈리를 찾아갔다. 비난의 마음이 가득 찬 그를 가엾게 여겼기 때문이기도 하고, 자신이 게걸스럽게 먹어야 했던 이유를 해명하여 수도사가 더 이상 어리석음을 범하지 않도록 세 가지 깨우침을 주어야 했기 때문이었다. 그 깨우침은 첫째, 다른 사람을 대할 때 더욱 조심할 것, 둘째, 남을 비난하지 말 것, 셋째, 이 일을 거울삼아 다른 사람들도 타인을 비난하는 데 조심해야 한다는 것이었다.

안티모스 수도사는 주방 담당 수도사의 손을 잡으면서 물었다.

"자네, 혹시 자기를 낮춘다는 것이 무슨 뜻인지 아는가?"

주방 담당 수도사는 수줍어하면서 대답하였다.

"아니오. 모릅니다."

안티모스 수도사가 그에게 말하였다.

"자기를 낮추는 것은 다음 두 가지에서 기인한다네. 즉 남을 비난하지 않는 것이며, 자기 자신을 모든 사람들 중에 가장 못났다고 생각하는 것일세. 자네는 조금 전에 내가 많이 먹었다는 이유 하나로 착각하고 나를 비난하였네. 하지만 자네는 내가 며칠이나 금식을 했는지 전혀 모르고 있네. 자네, 내가 마지막으로 이곳에서 식사한 날이 언제인지 기억하는가?"

주방 담당 수도사는 대답하였다.

"네, 기억합니다. 그날은 토마스 성인 축일[59]인 일요일이었고, 이곳에서 식사를 하셨습니다. 그날 이후로 수도사님은 이곳에 오지 않으셨습니다."

안티모스 수도사는 그에게 말하였다.

"그러면 내가 며칠 동안이나 음식을 입에 대지 않았는지 알 수 있겠지? 그럼에도 단순히 조금 전에 내가 많이 먹었다는 사실 하나만으로 자네는 나를 비난한 것이라네. 자네, 이것을 알아두게. 하느님께서 주시는 은총에는 여러 종류가 있다는 것을. 우리 모두는 하느님에게서 각자 무엇인가를 받는다네. 그런데 하느님께서 나에게는 추위와 배고픔에 견딜 수 있는 힘을 주셨지. 자네라면 그렇게 오랫동안 먹지 않고 견딜 수 있겠는가? 자네라면 자신을 낮추고, 수도사복조차 벗고서 인근의 수도원을 찾아갈 수 있겠는가? 게다가 이 옷으로 아토스 성산의 정상에서 겨울을 보낼 수 있겠는가? 더욱이 자네는 성가 대원인데 하느님께 성가를 부를 때 어떻게 부르고 있는가? 내가 볼 때 자네의 생각은 하느님께 있는 것이 아니라, 유혹에 더 많이 빠져 있다네. 내가 성가 부르는 것을 한번 들어보게나."

안티모스 수도사는 하늘을 향해 팔을 번쩍 치켜 올리더니 울먹이는 목소리로 커다랗게 "알릴루이야"를 불렀다. 노래를 부르는 동안 그의 눈에서는 눈물이 그칠 줄 모르고 흘러내렸다. 주방 담당 수도사는 이 광경을 보면서 커다란 충격을 받았다. 그리고 부끄러움에 어찌할 바를 몰랐다. 노래를 마치고 안티모스 수도사는 그에게 말하였다.

"자네는 하느님께서 한 사람 한 사람에게 어떤 은총을 주시는지 전혀 모르고 있네. 그러니 함부로 남을 비난하지 말고 자기 자신에 대해 더 조심하게나."

주방 담당 수도사는 앞날을 내다보는 안티모스 수도사의 능력에 감탄하면서, 정중하게 고개를 숙여 그에게 용서를 빌었다.

한번은 안티모스 수도사의 곁에 있던 사람이 수도사가 자신의 미덕을 감추기 위해 지어낸 핑계를 곧이듣고 의심을 한 적이 있었다.

"이 수도사는 어떻게 앞을 내다볼 수 있단 말인가? 앞을 내다보는 사람들은 모두 이렇게 많이 먹는다는 말인가?"

안티모스 수도사는 그의 생각을 꿰뚫어 보고 다음과 같이 말하였다.

"자네는 수도사가 되기를 원하지만, 마음은 항상 러시아로 달려가고 있네. 그럴 바엔 러시아로 가서 원하는 것을 한 다음에 다시 오게나. 자네는 그때서야 비로소 수도사가 될 수 있을 걸세."

안티모스 수도사의 말처럼 결국 그는 이 생각 저 생각으로 방황하다가 수도원을 떠나 러시아로 가고 말았다. 그리고 1년 후에 다시 아토스 성산에 있는 수도원으로 돌아와서 수도사가 되었다.

주방 담당 수도사는 안티모스 수도사를 성인으로 여기고 매우 존경하였다. 하지만 그가 칭찬을 달가워하지 않는다는 것을 알고 있었기 때문에 그에게 마음껏 찬사를 표현할 수가 없었다. 한번은 안티모스 수도사가 다시 수도원을 찾아오자 주방 담당 수도사는 매우 반가워하며 정성껏 그를 위해 식사를 준비하였다. 하지만 거룩한 수도사에 대한 존경심 때문에 차마 그의 곁에 앉지를 못하였다. 주방 담당 수도사는 그가 눈치 채지 못하도록 테이블 주위를 왔다 갔다 하기만 하였다. 안티모스 수도사는 식사를 마치고 일어서더니 말하였다.

"됐네, 됐어! 자네, 계속 왔다 갔다 하지 말고 한 군데 서 있게나. 하느님께서 불쌍히 여기시어 자네를 한 곳에 서 있게 하시기를 바라네."

러시아인 수도 사제 가운데 조국에 대한 향수로 괴로워하던 이가 있었다. 그는 아토스 성산을 떠나 러시아로 돌아가고 싶다는 뜻을 동료 수도사에게 털어놓았다. 그런데 갑자기 안티모스 수도사가 이 수도사의 켈리에 나타났다. 물론 안티모스 수도사는 그가 동료에게 자신의 속마음을 털어놓을 때 그 수도원에 없었다. 안티모스 수도사는 그에게 말하였다.

"하느님의 어머니이신 성모 마리아께서 자네에게 다음과 같이 말하라고 말씀하셨네. 자네, 러시아에 가지 말게나. 자네가 아토스 성산을 떠나 속세로 나가면 자네는 죄에 빠지게 될 것이네."

언젠가 한번은 안티모스 수도사가 아토스 산의 정상에 올라가서 아주 오랫동안 내려오지 않은 적이 있었다. 그때 주방 담당 수도사의 걱정은 이만저만이 아니었다. 게다가 그는 안티모스 수도사에게서 영적인 도움도 받고 싶던 참이었다. 마침내 그는 안티모스 수도사가 자신의 수도원을 방문하게 해 달라고 하느님께 기도하였다. 그는 생각하였다.

'수도사님께선 인적도 없는 곳에서 고통에 지쳐 쓰러져 계실지도 몰라. 이곳에 계셨다면 내가 수도사님이 드실 음식을 드리고 차도 끓여 드렸을 텐데.'

그런데 다음날이 되자 안티모스 수도사가 수도원에 나타났다. 그는 주방 담당 수도사에게 농담을 하였다.

"자, 자네가 나를 보기를 간절히 원하였기에 고생을 무릅쓰고 자갈에 발을 다쳐 가면서까지 산에서 내려왔다네. 자네의 차는 이런 고통쯤은 감수할 만한 가치가 있거든."

그 수도사는 미래를 내다보는 안티모스 수도사를 경외에 찬 눈으로 바라보며 고생을 무릅쓰고 와 준 안티모스 수도사에게 용서를 빌었다.

한번은 그 수도사가 슬픔을 위로받고 자신을 나태함에서 구해주기를 바라는 마음에서 안티모스 수도사를 보내 달라고 하느님께 기도하였다. 몇 시간도 채 지나지 않아 안티모스 수도사가 그의 앞에 모습을 드러냈다. 슬픔에 잠겨 있던 수도사는 그를 보고 매우 반가워하며 물었다.

"수도사님, 제가 수도사님을 필요로 하는 시간에 맞춰서 오시다니 이게 어찌 된 일입니까?"

안티모스 수도사는 웃으면서 대답하였다.

"자네가 하느님께 나를 보내 달라고 간청하지 않았는가? 그래서 온 것이라네."

10월 1일 전날 밤, 판텔레이몬 러시아 수도원에서 거룩하신 성모 마리아를 기리는 성모보호 축일 철야 예배가 있었다. 그날 밤

안티모스 수도사는 수도원으로 오다가 죽을 뻔한 일을 당했다. 그는 수도원에 도착하여 주방 담당 수도사를 만나자 이렇게 이야기했다.

"나는 아까 조그라푸 수도원[60] 근처의 인적 없는 곳에서 기도를 하고 있었다네. 바위 위에 서서 한참 기도를 하고 있는데, 하느님의 어머니께서 하늘로부터 이 수도원으로 내려오시는 게 보이지 뭔가. 나는 가슴 가득히 기쁨이 차올라 도저히 주체할 수가 없었네. 나는 성모 마리아께서 이 죄인과 당신을 공경하는 종들을 불쌍히 여기셔서 당신의 옷자락으로 우리들을 덮어 주시도록 간청하려고 서둘러 이곳으로 오려 했다네. 그런데 내가 이곳을 향해 내달리려는 순간 갑자기 뱀 한 마리가 덤벼들어 나를 물지

조그라푸 수도원

않겠나. 나는 이것이 악마의 질투가 벌인 방해라고 생각한다네. 그래서 뱀이 나를 문 것에 대해서 더 이상 생각하지 않고 이렇게 서둘러 내려왔다네."

주방 담당 수도사가 안티모스 수도사의 발을 쳐다보았더니 정말 뱀에게 물려 큰 상처를 입고 있었다. 하느님에 대한 더할 나위 없는 사랑이 안티모스 수도사로 하여금 육체의 아픔조차 초월하게 만든 것이다.

1862년 아토스 성산의 겨울은 혹독하게 추웠고 눈도 많이 내렸다. 당시 안티모스 수도사는 인적 없는 아토스 산 꼭대기에 있던 속이 빈 나무 둥치 안에서 기거하고 있었다. 사방이 엄청난 눈으로 덮여 있어서 그가 눈을 헤치고 빠져나오기란 불가능하였다. 수도사는 그렇게 46일간을 빵 하나 없이 그곳에서 지내야 했다. 해마다 겨울 무렵이 되면 안티모스 수도사는 늘 수도원 근처에서 생활했기 때문에 수도원의 수도사들은 이번에도 그가 자신들 가까이에 있는 줄로만 생각하고 있었다. 하지만 안티모스 수도사가 수도원 근처에 없다는 사실을 알게 되자 그가 혹독한 추위와 엄청난 눈 속에서 이 겨울을 어떻게 견뎌낼지 걱정이 되기 시작하였다.

마침내 46일째 되던 날, 안티모스 수도사는 추위에 떨면서 기진맥진한 모습으로 수도원에 나타났다. 주방 담당 수도사는 그를 보자 반가움에 어쩔 줄 몰라 소리를 질렀다.

"아아, 수도사님 아니십니까? 더 이상 수도사님을 못 뵙게 되는 줄 알고 얼마나 걱정했는지 아십니까? 도대체 그동안 어디에 계셨습니까?"

안티모스 수도사는 미소를 지으며 대답하였다.

"속이 비어 있는 나무 둥치 속에서 지냈다네."

주방 담당 수도사는 물었다.

"아니, 거기에 뭔가 드실 거라도 있었습니까?"

"이보게, 빅토르! 내가 악마들과 추위 때문에 얼마나 고통을 당하였는지는 오로지 하느님께서만이 아실 거네. 하지만 세례자 요한께서 나를 죽음에서 구해 주셨다네."

언젠가 안티모스 수도사가 5개월 동안이나 러시아 수도원에 왕래를 끊은 적이 있었다. 수도사들은 그 이유를 알지 못해 불안해하였다.

"혹시 누군가가 수도사님을 괴롭힌 것은 아닐까? 무슨 연고가 생긴 것은 아닐까?"

하는 수 없이 수도원의 고해 사제가 한 은둔자에게 그 까닭을 좀 알아봐 달라고 부탁하였다. 그 은둔자는 안티모스 수도사가 각별히 신뢰하고 있는 사람이었다. 나중에 은둔자는 안티모스 수도사를 만났을 때 넌지시 그 까닭을 물어보았다. 그러자 안티모스 수도사의 대답은 다음과 같았다.

"지금 러시아 수도원에서는 나를 칭찬하다 못해 성인으로 취급하고 있네. 나는 절대로 그곳에 가지 않을 걸세. 저번에 그 수도원에 갔을 때 무슨 일이 있었는지 아는가? 한 수도 사제가 내 발밑에 엎드리더니 '성인이신 수도사님, 수도사님의 기도로 죄인인 제가 구원받을 수 있도록 하여 주십시오.' 이러지 않겠나? 이렇게 성인 취급 하는 데를 내가 찾아갈 수 있겠나?"

하지만 안티모스 수도사가 러시아 수도원에 일절 발길을 끊은 것은 아니었다. 그는 가끔 남몰래 러시아 수도원을 찾아갔는데 그것은 주방 담당 수도사인 빅토르를 신뢰했기 때문이었다. 그는 빅토르를 만나 자신의 삶의 비밀들을 이야기해 주곤 하였던 것이었다.

하루는 안티모스 수도사가 빅토르 수도사를 몰래 찾아왔다. 그가 즐거운 마음으로 안티모스 수도사를 위해 식사를 준비하고 있는 동안 안티모스 수도사가 말하였다.

"어제 요아니스 엘레이몬 성인[61]이 자네가 있는 이 수도원에 오셨었다네."

그날은 일요일이었고 은둔자들, 수도사들, 그리고 꽤 많은 일반인들이 찾아온 날이었다. 그리고 수도원은 그들에게 식사를 제공하였으며 돌아가는 길에도 먹을 것을 주었다.

안티모스 수도사에게는 정해진 거처가 없었다. 아토스 성산 전체가 바로 그의 집이었다. 하지만 생의 마지막에는 조그라푸 불가리아 수도원 가까이에 머물렀다. 그곳에서 수도사는 돌과 물을 나르며 수도원의 건축과 수리를 도와주었다.

1867년 8월, 안티모스 대 고행 수도사는 살아서 마지막으로 자신이 사랑했던 판델레이몬 러시아 수도원을 방문하였다. 그는 곧장 수도원의 외부인들을 위한 숙소로 가서 자신의 친구 빅토르 수도사를 만났다. 그리고 어떻게 하면 악한 마음과 나약한 생각들을 쫓아낼 수 있는지에 관해 오랜 시간을 들여가며 그 수도사에게 이야기해 주었다. 그러더니 마침내 마지막 인사를 하였다.

"조만간 나는 이 세상을 떠날 것이니 다시는 이곳에 오는 일이 없을 것이네."

안티모스 수도사는 자신이 예언한 대로 그해 11월 하순경에 조그라푸 수도원에서 병이 들었다. 사람들은 그를 수도원에 있는 병원에 입원시켰다. 그는 그곳에서 12일간 머물렀다.

그리고 1867년 12월 9일, 안티모스 수도사는 착실하게 수도생활을 했던 성모 마리아의 정원을 등지고 이 세상을 떠났다. 그의 축복이 우리에게 있기를 바란다. 아멘.

* 참조 : 〈현 시대의 아토스 성산의 수도사들〉, 제9출판, 모스크바, 1900, 31-40페이지.
이 책에 거룩한 안티모스 수도사에 대하여 기록되어 있다. 나는 아르세니오스 수도 사제가 쓴 것을 변경하지 않고 요약하여 적었다. 또한 거룩한 안티모스 수도사에 대하여 사람들이 잘못 이해하지 않도록 하기 위해 정성을 다해 쓰려고 노력했다.

다니엘 수도사

하찌-예오르기스 수도사와 같은 시대에 사람들을 감탄케 했던 다니엘 수도사도 살고 있었다. 그는 수도사가 된 지 얼마 지나지 않아서부터 기적을 일으키곤 하여서 그 시대의 경건한 순례자들에게 깊은 인상을 남겼다. 그가 일으킨 몇몇 기적 이야기들은 경건한 러시아인들에 의해 종교 잡지에 실리기도 하였다.

그 거룩한 수도사에 대하여 내가 들은 이야기들이 있는데 참으로 큰 도움이 되었기에 다른 사람들도 역시 도움을 받을 수 있도록 이 지면을 통하여 밝히고자 한다.

내가 듣기로 그는 그리스에서 태어나 그리스 독립 운동이 일어났던 1821년에 아토스 성산으로 왔다고 한다. 이 경건한 젊은이

포르타이티사 성모 마리아 성화

는 이비론 수도원에 있는 포르타이티사 성모 마리아의 성화[62]에 경배를 한 다음, 메기스티 라브라 수도원에 있는 아타나시오스 성인에게도 경배를 하였다. 그는 성모 마리아께 자신을 덕망 있고 청렴한 수도사 밑에서 수도할 수 있게 인도해 달라고 간절히 기도하였다. 기도를 마친 다음, 그는 더 이상 걱정하지 않고 오로지 하느님에 대한 믿음 하나로 길을 나섰다. 그런데 케라시아[63] 지역을 거쳐 성 안나 스키티로 가던 중 그만 오솔길을 잘못 들어 성 아르테미오스 켈리[64]로 가고 말았다. 그곳에는 선과 덕을 갖춘 수도사가 오랫동안 경건한 마음가짐으로 수도를 하면서 살고 있었다. 수도사는 이 젊은이를 맞이하여 마음 편안하게 해 주었다. 그리하여 젊은이는 그 수도사를 스승으로 삼아 수도생활을 시작하게 되었다.

인근의 켈리에서 살고 있던 수도사들은 그 젊은이가 스승 수도사를 그대로 따라 수도를 하는 것을 보고 걱정하기 시작하였다. 수도생활이 처음인 데다 나이도 젊은 예비 수도사가 너무 지나친 수도생활을 한다고 생각했기 때문이었다. 그래서 스승 수도사에게 그 젊은이를 좀 더 신경 써서 보살피는 게 좋겠다고 말하였다. 그러나 그는 태연하게 대답하였다.

"나는 그가 어떤 사람인지 알고 있으니 걱정하지 말게나."

짧은 수도 기간 끝에 그는 다니엘이라는 이름의 수도사가 되었다. 그는 항상 좋은 생각만 했기 때문에 몸과 영혼뿐 아니라 정신 역시 순결하였다. 그리고 영적으로도 높은 단계에 도달했으며, 이미 그의 정결한 마음속엔 그리스도께서 자리 잡고 계셨다.

어느 날 그는 딱딱하게 구운 빵을 만들기 위해 가마[65]에 불을 지폈다. 그는 가마 전체에 골고루 불길이 가게 하려고 끝이 쇠로 된 기다란 부지깽이를 집어넣어 나무들을 이리저리 헤쳐 놓았다. 그런데 불길이 너무 세서 그만 나무로 된 손잡이 부분은 홀랑 타 버리고 불 속에 쇠 조각만 덩그러니 남게 되었다. 다니엘 수도사는 그대로 두면 빵 굽는 것이 늦어질 것 같아 서둘러 스승을 찾아가 이 사실을 알렸다. 그러자 스승이 말하였다.

"왜 나를 쳐다보고 있는가? 일이 늦어지지 않도록 성호를 긋고 그것을 꺼내게나."

다니엘 수도사는 성호를 긋고 뜨거운 가마 속으로 들어가 빨갛게 달구어진 쇠 조각을 꺼냈다. 놀랍게도 그는 전혀 화상을 입지 않았고 심지어 수염 한 올도 타지 않았다. 하지만 놀랍게도 그에게는 이때 자신이 엄청난 일을 해냈다는 교만한 생각이 전혀 들지 않았다.

또 한번은 근처의 블라히카 켈리에 사는 수도사가 병을 앓고

성 파블로스 수도원

있었는데 그는 맛이 쓴 오이를 먹으면 통증이 다소 줄어들곤 했었다. 겨울이 되자 수도사는 다시 병이 도져서 고통이 심해졌다. 그는 생각다 못해 오이 피클이라도 얻을 수 있을까 싶어 성 파블로스 수도원[66]을 찾아갔는데 불행히도 구할 수가 없었다. 그는 고통이 심해 괴로워하면서 성 안나 스키티에서 스타브로스 지역을 향해 힘겹게 걸어 올라갔다. 그런데 갑자기 어디선가 다니엘 수도사가 나타나 겨울이라 오이 피클도 구하기 힘든 마당에 신선한 오이 대여섯 개를 쥐어 주더니 그냥 떠나 버리는 것이었다. 수도사는 하느님을 찬양하고, 하느님께 감사를 드렸다. 놀랍게도 그가 오이들을 먹자마자 통증은 고사하고 병이 다 나아버렸고, 그 후로 다시는 그 병을 앓지 않았다. 다니엘 수도사는 한겨울에 축복의 선물인 오이들을 따뜻한 먼 나라로부터 가져온 것이다(당시 그리스에는 온실 재배가 없었다).

블라히카 켈리의 다른 수도사도 놀라운 일을 체험했다. 혹독한 한겨울에 그는 성 안나 스키티에서 자신의 켈리로 돌아가는 중이었다. 하지만 정상이 눈앞에 보이자 거센 눈보라가 몰아치기 시작했다. 이미 날은 저물어 이대로 눈보라 속을 헤치고 걸어갈 수는 없는 노릇이었다. 그렇다고 다시 성 안나 스키티로 돌아가기에는 너무 먼 길을 온 터였다. 어쩔 수 없이 그는 커다란 바위가 있는 곳으로 내려가 그곳에서 하룻밤을 묵기로 했다. 그 바위는 계속 내리는 눈과 거센 바람을 막아 줄 수 있을 것 같았다. 하지만 한겨울의 추위는 막을 길이 없었다. 그는 바위에 기댄 채 벌벌 떨면서 밤을 새워야 했다. 그런데 한밤중에 놀라운 일이 일어났다. 어느 순간 누군가가 자신을 포옹하는 것을 느꼈던 것이다. 그와 동시에 포근하고 따뜻함이 찾아와 그는 자신도 모르는 새 달콤한 잠에 빠졌다. 그는 꿈속에서 커다란 사랑으로 자신을 포옹하고 있는 다니엘 수도사를 보았다.

날이 밝아 그는 달콤한 잠에서 깨어났다. 눈보라는 멈추어 있었다. 그는 다시 길을 떠나기 위해 일어났다가 깜짝 놀라고 말았다. 그는 무엇을 보았던 것일까? 사방이 온통 눈으로 덮여 있었지만 다니엘 수도사의 거룩한 사랑과 따스함으로 바위 근처의 눈들만은 모두 녹아 있던 것이었다. 영적으로 충만해진 수도사는 하느님을 찬양하면서 기쁜 마음으로 자신의 켈리를 향해 떠났다.

다니엘 수도사는 그리스도에 대한 사랑으로 사람들을 따뜻하게 해 주었다. 그의 축복이 우리와 함께하기를 바란다. 아멘.

코즈마스 수도사

판도크라토로스 수도원의 포도 재배자

1897년 코즈마스 수도사는 그리스의 트라키아 지역의 앙겔로호리에서 태어났다. 수도사가 되기 전의 이름은 클레안티스였다. 그의 삶은 속세에서 살 때나 수도사로서 살 때나 별반 다를 바가 없었다. 속세에 있을 때에도 과수원을 가꾸었던 것처럼 수도사로서도 여전히 과수원을 가꾸면서 영적으로 수도를 하였기 때문이다. 그는 수도원에서도 속세에 있을 때와 마찬가지로 다른 사람들을 위해 사랑으로 일하였고, 그리스도께서 말씀하신 대로 사랑을 베풀며 살았다. 자선을 많이 베풀었고, 어쩔 수 없이 도둑질에 빠질 가능성이 있는 사람들을 도왔다. 그것은 도둑질이나 그보다 더 나쁜 짓을 해서 빠질 수 있는 치명적인 죄로부터 사람들을 보호하려고 했기 때문이었다.

이 이야기는 지금은 다 커서 어른이 된 어떤 사람이 내게 들려준 것이다. 그 사람이 어렸을 때에 어머니의 심부름을 하게 되었다. 아이는 가게에서 필요한 것들을 사기 전에 먼저 채소부터 사려고 채소밭을 찾아갔다고 한다. 그런데 채소밭에 도착했을 때 가지고 있던 돈을 몽땅 잃어버린 것을 알게 된 것이다. 아이는 어머니에게서 벌을 받고 매를 맞을 생각을 하니 눈앞이 캄캄해져서 울기 시작하였다. 하지만 울고 있으면서도 이 문제를 해결할 방법을 찾느라 그 아이의 머릿속에는 나쁜 생각들이 재빠르게 스치고 지나갔다.

그때 마침 채소밭에서 일하고 있던 클레안티스가 아이를 보고 안심시키며 말하였다.

판도크라토로스 수도원

"애야, 울지 말거라. 혹시 어머니가 네게 얼마를 주었는지 기억하고 있니? 그리고 무엇을 사 오라고 했는지 기억하니?"

"네."

아이의 대답을 들은 클레안티스는 아이가 사야 할 채소를 그냥 주면서 돈까지 주었다. 그리고 아이에게 말하였다.

"이제 걱정하지 말거라. 하지만 다음부터는 조심하려무나."

그는 이처럼 고향에서 살 때부터 착한 행동을 했던 것이다.

1914년, 그는 자신의 형과 채소밭, 그리고 속세를 뒤로하고 영적인 형제들과 수도생활을 하기 위해 성모 마리아의 정원으로 갔다. 그리고 1915년에 수도사가 되었다. 그는 1924년까지는 스타브로니키타 수도원에서 머물렀고, 나중에 판도크라토로스 수도원[67]으로 거처를 옮겼다. 그 뒤로는 수도사 서품을 받았던 수도원 근처에 있는 포도밭을 가꾸면서 수도원 밖에서 살게 해달라고 요청하였다. 그는 아토스 성산의 다른 곳에서 수도생활을 하다가 1939년이 되어서야 계속 영적인 노력을 하면서 포도밭을 가꿀 수 있게 되었다. 그는 하루 종일 일을 하면서도 끊임없이 영적인 기도를 계속 하였다. 그는 자신의 모든 노력을 영혼을 갈고 닦는 데 주력하느라 자신을 전혀 돌보지 않았다. 항상 그의 옷은 땀과 흙으로 범벅이 되어 있었다. 방바닥 한구석에는 낡은 담요 같은 것들이 놓여 있었는데 거기에서 잠을 잤다. 그 낡은 담요들은 진흙투성이여서 거기다 씨를 뿌리면 싹이 날 것 지경이었다.

그는 매우 열심히 일을 하였고 영적으로도 착실하게 투쟁을 하였다. 그는 나물이나 마른 열매, 딱딱한 빵만 조금 먹으면서 살았다. 수도사들은 자유롭게 일하는 수도원에서 일을 한 대가로 받은 돈으로 생활을 꾸려 나갔는데, 코즈마스 수도사는 이 돈을 전혀 받지 않았다. 그는 말하였다.

"수도사님들, 제 돈을 대신 간직하고 계십시오. 저는 나중에 한꺼번에 다 받을 것입니다."

수도사들은 그가 돈을 늙었을 때 받으려고 하는 줄로만 생각하였다. 하지만 코즈마스 수도사는 이 세상이 아닌 다른 세상에서 받겠다고 하는 말이었다. 그는 또 수도원에서 자신의 몫으로 주는 양식이나 다른 물품들조차 모두 캅살라의 수도사들에게 거저 주곤 하였다. 만일 어떤 수도사가 그걸 받지 않으면, 코즈마스 수도사는 그다음에 그를 찾아가서 다음과 같이 말하곤 하였다.

"수도사님, 제가 물건들 몇 개를 팔려고 가지고 왔습니다."

하지만 이것은 말뿐일 뿐이었지 실제로는 그 물건들을 거저 주다시피 하였다. 이런 식으로 그는 자신이 받은 얼마 안 되는 최소한의 돈조차 남들에게 주었으며, 그마저도 상대가 부담을 느끼지 않게 해 주었다.

그는 이렇게 수도사들과 접촉함으로써 그들로부터 유익한 충고를 들을 기회도 가졌는데, 그에게 영적으로 도움이 되었다. 그는 교회에 가서 성체성혈을 받는 것 말고는 일절 다른 접촉은 없었다. 어떤 수도사는 그가 포도 덩굴 아래에서 끊임없이 기도하며 잡초를 뽑으며 흘러내리는 눈물로 자신의 영혼을 깨끗이 하는 것을 보기도 했다. 그는 키가 작고 얼굴이 햇빛에 그을려 있었지만, 가끔씩 그의 얼굴이 환하게 빛나곤 하였다. 이것은 다른 수도사들이 말해 준 것일 뿐 아니라, 내 눈으로 직접 본 것이기도 하다. 지금도 나는 코즈마스 수도사를 마지막으로 보던 날의 모습을 잊을 수가 없다. 그날 그는 특별히 더 인상적이었는데, 그의 얼굴에서 광채가 흘러넘쳐 눈이 부실 지경이었던 것이다.

이것이 그와 나의 마지막 만남이었다.

1970년 4월 13일, 그리스 트라키아의 앙겔로호리 출신인 코즈마스 수도사는 성모 마리아의 정원에서 천사처럼 하늘나라로 날아갔다. 그가 우리를 축복하여 주기를 바란다. 아멘.

필라레토스 수도사

콘스타모니티스 수도원장

콘스타모니티스 수도원[68]**의 수도사들이** 자신들의 수도원장에 대해 기록할 것이 많은 것은 지극히 당연한 일일 것이다. 오랜 세월을 수도원장 곁에서 함께 보냈기 때문이다. 하지만 비록 내가 그를 먼발치에서만 보았고 그에 대해 아는 게 얼마 없다 하더라도 그 수도원장에 대해 아무 말도 하지 않는다면 이 또한 잘못된 일일 것이다. 왜냐하면 그는 당대의 수도사들과 수도원장들 사이에서 선량하고 덕망이 높기로 명성이 자자했었기 때문이다.

1950년경에 한 명의 장교가 콘스타모니티스 수도원을 방문한 적이 있었다. 필라레토스 수도사는 멀리서 그 장교를 보더니 그 전까지 한번도 본 적도 없는 그의 이름을 불렀다. 그리고 그 장교가 지금까지 겪은 시련들에 대해 이야기하면서 충고와 위로의 말을 건네는 것이었다. 잠시 어리둥절했던 장교는 앞날을 내다보는 수도사의 은총에 이내 깊이 감동하였다. 그는 경건한 태도로 수도사에게 말하였다.

"수도사님, 제대하고 나면 저도 수도사가 되고 싶습니다."

그러자 수도사가 대답하였다.

"뜻대로 하게. 하지만 이 수도원에서 되지는 말게. 만일 이 수도원에서 수도사가 된다면 자네는 3년 후에 총무 담당 수도사와 함께 유혹에 빠지게 될 걸세."

수도사는 3년 후에 그가 받을 유혹을 미리 보았던 것이다.

장교는 제대 후에 필라레토스 수도사의 충고에 따라 다른 수도

콘스타모니티스 수도원

원에서 수도사가 되었다. 하지만 그는 달마다 이 거룩한 수도사를 찾아가서 영적 충고를 청해 듣곤 하였다.

한번은 그가 수도사를 방문했더니 수도사가 머리를 손으로 감싸고서 켈리의 한쪽 구석에 웅크리고 있는 게 보였다. 아나니아스(장교가 수도사가 되면서 받은 이름) 수도사는 함께 슬퍼하며 수도사를 껴안았다.

"수도사님, 왜 그러십니까? 무슨 일이 있습니까?"

그러자 수도사는 괴로워하면서 대답하였다.

"아나니아스 수도사! 오늘 아무런 유혹도 없었다네. 하느님께서 내 곁을 떠나셨다네!"

그리스도의 자녀인 필라레토스 수도사는 그리스도로부터 화관을 받기 위해 날마다 유혹과 투쟁하기를 원하였던 것이다.

한번은 필라레토스 수도사가 병으로 고통 받는 사람을 보았을 때의 일이다. 수도사는 그를 보고 말하였다.

"가엾은 이 같으니! 사실 자네는 아무런 병도 없다네. 쓸데없이 의사들에게 돈만 버린 셈이네. 지금 자네가 고통스러운 것은 악령들 때문일세. 악령들이 자네를 괴롭히고 있다네."

환자는 수도사에게 부탁하였다.

"그럼 제가 악령에게서 벗어날 수 있도록 저를 위해 기도하여 주십시오."

필라레토스 수도사는 대답하였다.

"물론 나는 기도를 할 것이네. 그렇지만 자네 역시 금식을 하게나. 오로지 금식과 기도로만 악령들을 내쫓을 수 있기 때문일세. 이것은 우리의 그리스도께서 말씀하신 것일세."

그는 수도사의 말에 순종하였다. 그 결과 수도사와 자신이 행했던 금식과 기도의 힘으로 고통에서 벗어날 수 있었다.

필라레토스 수도사는 말년에는 영적으로 더 성숙해져서 사람들의 마음과 생각을 읽을 수 있는 능력뿐 아니라, 사람들의 주머니 속에 무엇이 들어 있는지까지 알 수 있게 되었다. 하루는 한 성직자가 필라레토스 수도사에게서 축복을 받고 영적 충고도 듣기 위해 콘스타모니티스 수도원을 찾아갔다. 이 성직자는 당시 아토스 성산에서 머물기를 원하고 있었는데, 필라레토스 수도사는 이 문제에 대하여 성심껏 답을 하여 주었다. 그러더니 성직자가 먼저 이야기를 꺼내기도 전에 성직자의 주머니 속에 든 돈의 액수를 알아맞히고 그 돈을 어떻게 쓸 계획인지에 대해서까지 말하는 것이었다. 성직자는 지금 같은 시대에도 옛 수도사들처럼 앞을 내다볼 수 있는 수도사를 만나는 영광을 누렸기 때문에 매우 놀라워하면서 하느님을 찬양하였다.

필라레토스 수도사는 연로해지자 육체가 쇠약해져서 병을 앓게 되었다. 수도사를 사랑했던 수도원 수도사들은 그가 사양하는 데도 테살로니키에 있는 병원으로 그를 옮겨 치료받을 수 있도록 하였다. 수도사는 기진맥진한 데다 여행으로 정신이 산란하여 자신이 병원으로 옮겨졌다는 사실을 알아차리지 못하였다. 그가 간신히 정신을 차렸을 때 그를 치료하는 간호사들의 모습이 보였다. 흰 가운을 입고 머리에 하얀 모자를 쓴 간호사들의 복장은 영락없는 천사들이었다. 그는 간호사들을 성광관(聖光冠)[69]이 있는 천사들인 줄만 알고 경외하는 마음으로 자신의 얼굴을 침대보로 가렸다. 이 광경을 지켜보던 많은 사람들은 그의 순수함에 감탄하며 놀라움을 금치 못하였다. 이 이야기는 당시 그 광경을 옆에서 지켜보았던 필로테오스 수도원[70]의 수도원장이었던 시메온 수도사가 내게 들려준 것이다.

   수도사들은 필라레토스 수도사를 그가 처음 수도사가 되었던 수도원으로 데려갔다. 그는 그곳에서 이 세상을 떠났다. 필라레토스 수도사의 축복이 우리와 함께 하기를 바란다. 아멘.

필로테오스 수도원

페트로스 수도사

페트로스 수도사는 1891년 그리스의 림노스 섬에서 태어났다. 그는 가난한 가정에서 태어났으나 마치 훌륭한 가문에서 자란 사람처럼 품위 있어 보였다. 비록 글을 읽을 줄도 몰랐으나 착실하고도 열심히 수도를 하여 마침내 하느님의 은총을 받게 되었다. 수도사가 되기 전의 이름은 예오르기오스였는데, 그때에도 그는 이미 수도사와 다를 바 없는 생활을 하고 있었다. 그는 서른 살이 지나서 성 닐로스[71]의 켈리에 있는 경건한 수도사로부터 수도사가 되는 축복을 받았다. 그리고 아토스 성산에 살았던 성 페트로스 성인의 이름도 그때 함께 받았다.

누구나 영적인 행진을 시작하던 처음 몇 해 동안 가지게 되는 꾸밈없는 소박함과 큰 믿음을 페트로스 수도사도 갖게 되었다. 다음의 이야기는 그가 내게 직접 들려준 것이다.

수도사가 된 지 얼마 되지 않았을 때, 그의 스승 수도사가 중병을 앓게 되었다. 그는 마치 엄마의 젖을 빠는 아이가 엄마를 잃게 될 위험에 처한 것 같았다. 그는 두려움으로 매우 괴로워하였지만 지체하지 않고 성당으로 달려갔다. 그는 어린 시절의 순수함과 소박함, 그리고 경건한 마음을 담아 닐로스 성인에게 간절히 기도하였다.

"닐로스 성인이시여! 제 스승이신 수도사님을 어서 낫게 해주십시오. 만일 제 청을 들어주시지 않는다면 저는 앞으로 다시는 당신의 성화를 밝히는 등에 불을 켜지 않을 것입니다."

이게 웬 기적이란 말인가! 놀랍게도 그의 스승 수도사는 곧 병이 나았고 그와 스승 수도사는 함께 성당으로 가서 성인에게 감사를 드리며 등에 불을 켰다. 이후 그의 스승 수도사는 오래도록 살면서 그를 영적인 길로 인도하였다.

하지만 후에 그가 혼자 지내게 되었을 때에는 분별력 없는 열성 수도사 몇 명에게서 영향을 받아 얼마간 고생을 하였다. 사람들이 예오르기오스 2세[72] 왕이 반그리스도교인이라고 말한 것을 곧이곧대로 믿고, 예오르기오스 2세에 대한 항의의 표시로 메기스티 라브라에서 국기대를 쓰러뜨렸던 것이다. 이 일로 그는 중상모략죄로 3년간 나병 환자들을 보살피라는 형을 언도받고 스피나롱가 섬[73]으로 추방당하였다. 그는 자신이 한 행동을 매우 후회하며 나에게 다음과 같은 말을 하였다.

"파이시오스 수도사! 그때 나는 수도사로서 행동하지 않고 속세에 있는 사람들처럼 행동하였네. 추방 기간 동안 나는 영적으로 많이 상처를 입었다네. 그 이유는 수도사로서 해야만 하는 의무를 다할 수 없었기 때문이었지."

형을 마치고 섬에서 돌아오는 길에 그는 한 수도사와 동행하게 되었는데, 그 수도사의 말에 의하면 페트로스 수도사는 만나는 사람들마다 회개할 것을 강조하였다고 한다.

"하느님께서 우리들에게 벌을 내리실 것이므로 회개를 하여야 합니다. 그러지 않으면 하느님께서는 하느님을 믿지 않는 공산주의자들이 우리를 참살하도록 내버려 두실 것입니다."

그는 하느님의 계시로, 우리가 지은 죄로 인하여 커다란 재난이 닥칠 것, 즉 내란[74]에 의한 학살이 일어날 것임을 미리 알고 있었던 것이다.

그는 다시 아토스 성산에 돌아왔지만 이번에는 성 닐로스 켈리로 가지 않았다. 그곳에는 많은 사람들이 찾아왔기 때문에 마음의 평온을 찾기 힘들었던 탓이었다. 그래서 그는 켈리들이 모여 있는 카투나키아로 가서 성 안나 스키티의 끝에 자리 잡은 한 칼리비에 머물렀다. 그가 머물렀던 이 작은 칼리비는 길에서 전혀 보이지 않을 뿐만 아니라 사람들이 울타리로 여기는 긴 나무토막 하나를 제외하면 문도 없었다.

그는 항상 경건하게 행동하였기 때문에 주위의 수도사들도 그를 경건하게 대하였다. 그는 키가 작고 마른 데다 어린아이 같은 순진함과 풍부한 감수성을 갖고 있었다. 그래서 모든 이들이 그를 '페트라키스'[75]라고 불렀다. 비록 야위었지만 빛나는 얼굴로 고개를 숙이며 말을 할 때에는 정말 순진무구한 어린아이처럼 보였다. 67세에 하느님의 곁으로 가기 전까지 그는 그 어린아이 같은 면모를 고스란히 간직하고 있었다.

수도사들이 페트로스 수도사에게서 영적인 도움을 받기 위해 가까이 가면 그는 수도사들을 피하기 일쑤였다. 그는 얼굴이 빨개질 정도로 부끄러움을 많이 타기 때문이었다. 어쩌다 수도사들을 피하기 어려우면 그는 간단하게 대답만 하였다. 하지만 그 대답들은 하느님의 은총으로 매우 의미심장한 것들이었다. 이처럼 사람들과 접촉하는 데 어려움을 겪다 보니 대신 그는 끊임없는 기도로 하느님과 대화하였다.

그는 수도사들이 켈리를 찾아가 문을 두드려도 문을 열지 않았다. 수도사들이 문 앞에 먹을 것을 두고 가면 이것조차도 밖에 내버려 두었다. 그러면 사람들은 문 밖에서 썩어 가고 있는 음식물을 보고는 더 이상 그에게 음식을 두고 가는 일은 하지 않게 되었다. 그래서 그의 몫이었던 음식들은 전부 다른 수도사들에게 돌아갔다. 함께 지내는 수도사들은 무척 걱정이 되어 말하였다.

"먹을 것을 받지 않으시는 것은 잘하시는 일이 아닙니다."

그러면 그는 다음과 같이 대답하곤 하였다.

"축복받은 자네, 하느님께서 나를 보호하시어 나에게는 먹을 것이 꽤 있다네. 다른 수도사에게 필요한 것들을 왜 내가 가로채야 하는가?"

페트로스 수도사는 오랜 고행과 수도를 통해 인간의 육체가 필요로 하는 것을 거의 전부 끊다시피 한 상태였다. 그는 겉으로만 수도사였던 것이 아니라 실제로도 인간의 몸을 한 천사처럼 살았던 것이다. 그는 항상 오후 3시까지는 먹는 것을 삼갔다. 오로지 저녁에 만과[76] 후 딱딱한 빵 한 조각만을 먹을 뿐이었다. 그러고도 밤낮으로 쉬지 않고 기도를 하였고, 절하면서 기도하였다. 그는 잠을 자는 동안에도 기도하였고 잠에서 깨어나는 순간에도 기도하였으므로, 그의 기도는 한 번도 쉬는 법이 없었다. 그가 누워 있을 때에도 몸은 비록 잠자고 있지만 혼은 기도를 하느라 여념이 없었다. 그의 기도는 거의 저절로 되는 것이었다. 그는 내게 여러 번 다음과 같이 말하곤 하였다.

"나는 천사들이 부르는 부드럽고 달콤한 찬가를 듣는다네. 그렇게 하늘나라의 달콤한 멜로디를 들으면 나 자신을 지탱할 수가 없다네."

이 달콤한 상태는 그를 영적으로, 그리고 육체적으로 양육하였다. 그래서 삶을 연명하는 데 그리 많은 것들이 필요치 않았던 것이다. 그는 살아가는 데 필요한 최소한의 것들은 수공품을 만들어서 구하였다. 기도매듭을 만들거나 아토스 성산에서 차의 재료 등을 모아서 다른 사람들에게 주었는데 그 대가로 딱딱하게 구운 빵을 받곤 하였다. 만일 누군가가 그에게 기필코 다른 음식을 안겨 주면 겸손하게도 그는 차의 재료나 기도매듭으로 두 배의 보답을 하였다.

그는 자기 자신을 위해서는 아무것도 모으지 않았다. 너무 말라서 그의 뼈에 살가죽만이 뒤덮여있는 형상이었다. 배는 쑥 들어가 있었기 때문에 마치 배에 구덩이가 푹 파인 것처럼 보였다.

셔츠의 단추를 풀면 갈비뼈를 셀 수 있을 만큼 앙상한 가슴이 드러났는데, 꼭 찌그러진 소쿠리에 있는 살들처럼 보일 지경이었다. 그럼에도 그는 영적인 수도를 멈추지 않고 계속하였다. 그리하여 사람들은 그에게 힘을 주시는 하느님의 은총을 명확하게 볼 수 있었다.

나는 많은 고행 수도사들을 만났으나 페트로스 수도사에겐 남다른 무엇인가가 있었다. 그의 얼굴에는 거룩한 온화함이 서려 있었다. 마치 영적인 벌집에서 영적인 꿀들이 가득 차서 흘러내리는 듯했다.

만일 사람들이 "수도사님, 켈리에서 어떻게 지내십니까?"라고 물으면 그는 다음과 같이 대답하곤 하였다.

"하느님께서 나를 어여삐 여기시어 잘 지내고 있다네. 내가 사랑하는 카투니[77]인 나의 켈리는 이 세상 어떤 궁전을 준다 해도 바꾸지 않을 것이라네."

페트로스 수도사는 6개월에 딱 한 번 자신이 사랑하는 카투니에서 나와서 아토스 성산의 수도원으로 갔다. 그동안 자신이 만든 작품들을 6개월간 먹을 딱딱하게 구운 빵들과 바꾸기 위해서였다. 어쩌면 독자들은 페트로스 수도사가 꽤 큼지막한 빵 자루를 가지고 돌아올 것으로 상상할지도 모르겠다. 하지만 그는 구운 빵들을 매우 조금만 먹을 뿐이었으므로 그 양은 얼마 되지 않았다. 이 적은 양의 빵만이 그의 유일한 양식이었다.

그는 6개월 만에 켈리에서 나오면 항상 나에게 들렀다. 그런데 그가 마지막으로 나를 찾던 날, 나는 외출중이어서 마침 수도원에 없었다. 그는 부끄러워 차마 안으로 들어오지 못하고 수도원 밖에서 나를 기다렸다. 내가 밖에서 기다리고 있는 그의 모습을 발견한 것은 그로부터 네 시간이나 지난 뒤였다. 그는 나보다 두 배나 더 많은 나이임에도 불구하고 나를 보자마자 해맑은 어린아이처럼 나에게 달려왔다.

우리는 함께 나의 켈리로 갔다. 나는 그에게 좀 쉴 것을 권했지만, 그는 내가 기분 상하지 않도록 상냥하게 거절하였다. 그는 나에게 따뜻한 물을 부탁하더니 자신이 가지고 온 찻잎을 넣어 차를 만들어 마셨다. 내가 다른 음식들을 대접하려고 하자 그는 내게 말하였다.

"파이시오스 수도사! 나를 용서하게. 내가 이곳에 온 것은 곧 이 세상을 떠나야 하기 때문일세. 나는 6월 12일 아토스 성산의 페트로스 성인의 축일에 성체성혈을 받으려고 한다네. 자네와 영원한 이별을 하기에 서로가 서로를 용서하기 위해 이렇게 온 것이라네. 그래서 나는 자네를 내 제자로 두지는 못할 듯하네. 내가 이 세상을 떠나고 나면 나를 용서하게나."

나는 그의 말들이 이상하게만 여겨졌다. 별일 없고 건강하던 사람이 이 세상을 떠날 거라고 말하다니 그럴 수가 있을까 싶었다. 하지만 두 시간 반 동안 이야기를 나누면서 그의 영적 충고들을 듣는 동안에 나는 세상을 떠난다는 그의 말을 믿게 되었다.

그는 내게 영적 충고를 하는 동안 내내 서 있었다. 그에게 앉기를 권했지만, 그는 9시간이나 많은 짐을 들고 걸어오느라 피곤할 텐데도 내 권유를 거절하였다.

"하느님의 말씀을 앞서서 이야기해서는 안 된다네."

이번에 그가 만든 작품들은 6개월간의 식량을 위한 것이 아니라 모두 마지막 준비를 위한 것들이었다. 즉, 첫째는 자신의 장례예식에 꼭 필요한 것들을 마련하기 위한 것, 둘째는 자신이 수도사 착복식을 했던 성 닐로스 켈리에서의 마지막 성찬예배를 진행하기 위한 것이었다. 그리고 마지막은 아토스 성산에 흩어져 살고 있는 자신의 친구들에게 작별 인사도 하고 용서를 구하면서 줄 것들이었다.

그의 방문은 이번이 마지막이었으므로 그는 여느 때보다 더 많은 이야기들을 들려주었다. 아마도 나를 기쁘게 할 요량으로, 그리고 자신이 떠남으로 인해 내가 슬퍼할 것을 걱정하여 그토록 오랫동안 이야기를 했던 것 같다. 그가 나에게 영적인 충고를 하기 전에, 나는 내가 하는 일에 있는 어려움에 대해서 그의 충고를 구했다. 당시 나는 하루 종일 속세에 있는 사람들과 이야기를 하면서 원하지 않는 사연과 좋지 않은 이야기를 들어야 하는 것 때문에 괴로워하고 있었다. 나의 사정을 듣고 나서 페트로스 수도사가 말하였다.

"파이시오스 수도사! 우리들은 항상 매사를 좋은 생각을 하면서 보아야만 한다네."

그의 마음속에는 더 이상 죄가 들어있지 않았고 그리스도께서 자리 잡고 계셨기 때문에, 마음이 깨끗한 그에게는 모든 것이 깨끗하게 보였던 것이다.

나는 한번 신비로운 사건을 겪은 적이 있었는데, 그것이 나를 현혹시키려고 악마가 꾸민 일인지 아니면 하느님의 뜻으로 일어난 일인지 도무지 알 수 없어 페트로스 수도사에게 물어보았다. 그는 결국 그 사건이 하느님의 뜻으로 일어난 일이라고 대답하더니, 이렇게 말하였다.

"파이시오스 수도사! 나는 언제나 그런 거룩한 경험을 체험하면서 살고 있다네. 거룩한 은총이 나를 찾아오는 시간이면 내 마음은 하느님의 사랑으로 부드럽고 따뜻해진다네. 그 신비한 빛은 나의 켈리를 비추고 그다음으로 나의 몸과 마음을 비추지. 그러면 모자를 벗어 나를 낮추고 고개를 숙인 다음 이렇게 말한다네. '나의 그리스도여, 당신이 지닌 동정의 지팡이로 제 마음을 두드려 주소서.' 그때 두 눈에는 감사하는 마음으로 감격의 눈물이 연신 흘러내리고, 나는 하느님을 찬양한다네. 내 얼굴에서 빛이 나고 있음을 느낀다네. 파이시오스 수도사! 그 시간엔 모든 것들이 멈춘다네. 나의 곁에 그리스도께서 계심을 느끼므로 더 이상 기도매듭도 돌아가지를 않아 기도조차 멈추게 되는 그 순간, 나는 더 이상 아무것도 간구할 수 없다네."

그는 곧 이어 자신이 겪은 경험담을 하나 들려주었다. 내가 하늘나라의 경지에 도달하지 못했음에도 불구하고 혹시나 기도매듭[78]을 손에서 놓을까 봐 걱정했던 것 같다. 그리고 내가 자신에 대해서 오해를 할까 봐 염려가 되었던 탓도 있을 것이다.

"우리는 결코 기도매듭을 손에서 놓아서는 안 되네. 왜냐하면 기도매듭은 수도사의 무기로, 큰 힘을 가지고 있기 때문이라네.

실제로 나는 카리에스 지역에서 마귀 들린 사람을 보았는데, 기도매듭으로 성호를 그어 마귀를 그 사람 몸에서 쫓아낸 적이 있다네."

이 사건에 대해서는 나 또한 현장의 목격자였던 에브메니오스 수도사에게서 들은 바가 있었다. 당시에 페트로스 수도사는 카리에스 지역에서 기도매듭들과 찻잎을 펼쳐 놓은 채 팔고 있었다고 한다. 그런데 한 사람이 마귀 때문에 너무나 고통스러워하고 있었다. 주위의 사람들은 누구도 그 사람을 도와줄 수가 없었다. 페트로스 수도사는 천천히 일어나 펼쳐 놓은 것들을 정리하더니 그 사람에게로 다가갔다. 그는 조용히 다가가 기도매듭으로 성호를 그었다. 그리고 아무도 눈치 채지 못하도록 얼른 자리를 떠났다. 사람들은 그저 마귀 들렸던 사람이 저절로 멀쩡해진 것만 목격했을 뿐이었다. 그들은 이 시대에도 역시 성인이 계시다고 여기고 하느님을 찬양하였다. 두세 명을 제외하고 대부분의 사람들은 페트로스 수도사를 보지 못하였다.

페트로스 수도사는 물론 많은 사람들에게 알려지지는 않았다. 그것은 그가 사람들과 만나지 않았기 때문이었다. 하지만 그가 그토록 자신을 숨기려고 노력하였음에도 불구하고 많은 사람들이 페트로스 수도사에 대한 이야기를 듣게 되었다. 우연히 그와 마주쳐 사람들이 그에게 질문을 하면, 그때마다 그는 「예론티코」를 번역하듯이 은총에 관한 좋을 예들을 들어가면서 대답을 해주었다. 그러면 사람들은 마치 그의 대답이 사막의 교부들이 말한 경구들을 풀이하는 것처럼 느꼈다(이것은 그가 같은 뜻을 가진 여러 가지 예들을 열거했기 때문이다). 만일 설명을 듣는 쪽이 교부들에 대해 영적인 깊이가 없는 사람이라면 쉽사리 그를 오해하는 것은 당연했다. 일례로 그는 이렇게 말했다.

"자신을 낮추는 사람의 기도는 하느님을 설득합니다."

이것은 "자신을 낮추는 사람의 기도는 하느님의 마음까지도 바꾸게 합니다."라는 의미였다.

금식에 대하여도 다음과 같이 말하곤 하였다.

"비가 오지 않으면 땅이 마르고, 땅이 마르면 개구리들이 죽을 것입니다."

다시 말해서 금식하여 뱃속에 음식이 들어가지 않으면 약점들이 사라진다."라는 의미인 것이다. 이처럼 그는 자신만의 경구들을 사용하였다.

그는 여러 덕목 중에서도 특히 뛰어난 분별력을 갖고 있었다. 그 무렵 축일에 관한 교회의 기본적인 입장 차이로 갈등이 고조에 달해 있었는데, 이 일이 나중에는 수도원들에까지 영향을 미쳤다. 그는 이때부터 그 수도원을 떠나 다른 수도원으로 떠돌아다니기 시작하였다. 어쩌다 나를 보러 올 때에도 성당 안으로는 들어오지 않고 성당의 입구에서 예식에 참여할 정도였다. 나는 그에게 물었다.

"왜 성당 안으로 들어가지 않으십니까?"

"축복받은 자네여, 나는 광적인 수도사들이 말하는 축일 문제에 찬성하지 않는다네. 그런데 내가 성당 안에 들어가면 그들은 내가 찬성하는 줄 알 게 아닌가? 그래서 들어가지 않는 것이라네. 내가 성당에는 들어가지 않고 단지 성당 입구에 있는 걸 보면 그들은 별다른 생각 없이 이렇게 말하겠지. '페트로스 수도사가 누군가를 기다리는 모양이군.' 하고 말일세. 반대로 수도원의 수도사들이 나를 본다 해도 입구에서 자루를 들고 서 있는 걸 보면 무슨 별다른 생각을 하겠나."

하느님께서 그에게 지혜의 불을 밝혀 주신 덕에 그는 인간들의 좁은 소견이나 편협함 같은 것들을 초월한 상태가 되어 있었다. 사실 페트로스 수도사는 좋은 의미에서의 광신자였다. 그는 한 주일 동안 축일이 있는 경우 말고는 매주 한 번 성체성혈을 받았다. 뿐만 아니라, 그는 다른 예식에도 참석하기 위해 근처에 있는 칼리비의 성찬예배에도 참석하곤 하였다. 그는 영적으로 거룩한 상태였으므로 자주 성체성혈을 받을 수 있었음에도 불구하고, 단지 축성된 빵만 받았다. 그리고 그 때 성수도 함께 받았다.

앞서도 말했듯이 그는 항상 금식을 하였고, 매일 오후 3시까지 아무것도 입에 대지 않았으며, 사순절에는 3일에 한 번 물과 딱딱한 구운 빵만 먹으며 지냈다. 단지 토요일과 일요일에만 두 번 식사를 하였는데, 이때에는 올리브기름도 먹었다. 그는 기도매듭을 가지고 기도를 하면서 예식을 진행하였다. 그는 자신이 규칙으로 지키는 시간 말고도 일곱 시간을 더 기도하였다. 규칙이란 700번을 절하면서 기도하고, 100개의 매듭이 있는 기도매듭을 33번 돌려가며 기도하는 것이었다. 이때 기도의 3분의 1은 자신을 위한 것이었고, 또 3분의 1은 살아 있는 사람들을 위한 것이었으며, 나머지 3분의 1은 이 세상을 떠난 사람들을 위한 것이었다. 만일 누군가가 시험을 당하고 있다는 말을 들으면 절을 하면서 특별한 기도를 하였다. 그는 만과와 석후과 때에서도 기도 매듭을 돌리며 기도하였다. 또한 그가 수공품을 만들던 그 시간도 역시 기도 시간의 연장이었던 것이다.

다음은 그가 들려준 이야기이다. 성찬예배에서 사제가 복음경을 읽고 있을 때, 페트로스 수도사는 자기 모자를 벗은 다음, 지성소의 아름다운 문[79]으로 가까이 가서 자기 안에 있는 마귀들이 떠나가도록 사제가 읽고 있는 복음경 아래에 머리를 숙였다. 페트로스 수도사는 이토록 거룩하였음에도 불구하고 자신을 낮추다 보니 항상 스스로를 약점 많은 죄인이라 여겼다.

그는 스스로를 매우 보잘것없는 사람이라 여겼기에 밑에 제자 수도사를 두려 하지 않았다. 하지만 내가 그에게 하도 간청을 해서 마침내 나를 제자로 받아들일 것을 허락하였다. 그러나 당시 내가 속해 있던 수도원이 이를 허락하지 않았다. 나중에 페트로스 수도사는 다른 세상으로 떠날 준비를 하기 위해 내게 마지막 인사를 하러 와서는 나를 제자로 받아들이지 못한 것에 대해 용서를 구하였다. 그때 비로소 나는 수도사들의 방해 속에 숨어 있던 하느님의 깊은 뜻을 깨달았다. 하느님께서는 그를 자신의 곁으로 데려가실 계획이었으므로 이 일을 막으신 것이다. 아마도 내게는 거룩한 그의 곁에 머무를 자격이 없었던 것 같다. 나의 죄에 비하면 하느님의 선처로 내가 그를 알게 되어 도움을 받은 것만도 참으로 크나큰 은혜였다. 다른 세상에서도 그를 멀리서나마 볼 수 있도록 하느님께서 선처하여 주신다면, 그것은 하느님께서 나에게 주시는 가장 커다란 선물들 중 하나가 될 것이다.

　그와 영원한 작별 인사를 하던 날, 그가 내게 해준 마지막 영적 충고는 결코 잊을 수 없을 것이다. 아마도 어떤 사람들은 성인들을 통해 나타나는 하느님의 위대함을 페트로스 수도사를 통해서도 또한 발견할 수 있을 것이다. 그의 동료 수도사들은 그가 이 세상을 떠난 것 때문에 슬퍼한 것이 아니었다. 영원한 이별을 생생하게 느끼게 할 만큼 그 자신 혼자서 동료들을 뛰어넘었기 때문에 슬퍼하였던 것이었다.

　그는 나와 헤어진 후 카리에스에 들러 자신의 장례식에 필요한 물건들을 구하였다. 그리고 그의 수도사 착복식이 있었던 성 닐로스 성당으로 갔다. 다음 날, 즉 아토스 성산의 페트로스 성인 축일인 6월 12일에 그는 성찬예배을 집전하였다. 예배에는 수도원 근처에 있는 고행 수도사들도 참례했다. 그는 다른 이들에게 성체성혈을 영하고 나서 자신에게도 성체성혈을 영하였다. 성찬예배를 마친 후에는 밖으로 나와 수도사들을 위하여 젤리와 물을 준비하였다. 그는 수도사들 곁에 앉자마자 눈을 감고 거룩해진 자신의 영혼을 그리스도께 바쳤다. 하지만 수도사들은 그가 졸려서 눈을 감고 있는 줄만 알고, 축일 축하인사를 하기 위해 그가 눈을 뜨기만을 기다렸다. 수도사들은 그를 흔들어 깨우고 나서야 비로소 그가 하늘나라로 떠난 것을 알게 되었다. 그들은 '그의 영혼이 편히 쉴 것'을 기도하였다.

1958년, 거룩한 페트로스 수도사는 아토스 성산의 페트로스 성인 축일인 6월 12일에 이 세상을 떠났다. 그의 축복이 우리들에게 있기를 바란다. 아멘.

아우구스티노스 수도사

아우구스티노스 수도사는 *1882년* 러시아의 알리스코게폴타바스에서 태어났다. 그의 속세 이름은 안토니오스 코라였다. 그의 아버지 니콜라오스와 어머니 에카테리나는 경건한 사람들로 하느님에 대한 공경심과 경외심을 가지고 안토니오스를 길렀다.

안토니오스는 어렸을 때에 러시아의 한 수도원에 간 적이 있었다. 그는 나중에 그곳에서 예비 수도사로 있었는데, 그를 향한 유혹의 손길 때문에 수도원과 조국을 등지고 떠나야만 했다. 그는 그 당시 자신의 영혼을 보호하기 위해 성모 마리아의 정원인 아토스 성산으로 오는 수밖에 없었다.

그의 말에 따르면, 그가 예비 수도사로 있던 러시아 수도원에서는 수도사들이 자신을 물고기 잡는 일을 하던 인부에게 자주 보냈었다고 한다. 그것은 그 수도원이 물고기를 잡은 수입으로 생활하고 있었기 때문이었다. 그는 그곳에 가서 인부들을 도와 함께 물고기를 잡곤 하였다. 하루는 인부의 딸이 오더니 인부에게 집에 급한 일이 생겼으니 어서 집으로 가라고 전했다. 그녀는 인부가 자리를 비워야 하는 대신 자기가 고기잡이를 돕겠다며 남았다. 그러나 유혹이 불쌍한 그녀의 마음을 사로잡고 말았다. 그녀는 어느 순간 정신을 빼앗긴 채 죄를 부르는 자세를 취하며 안토니오스 수도사를 향해 달려들었다. 갑작스레 일어난 일에 당황한 그는 어쩔 줄 몰라 하다가 곧 정신을 차리고 성호를 그으며 말하였다.

"그리스도여! 저는 죄를 짓느니 차라리 강물에 빠져 죽는 쪽을 택하겠습니다."

이 말을 마치고 그는 강물 깊숙한 곳을 향해 뛰어들었다. 그러나 선하신 하느님께서는 젊은 마르티니아노스 성인[80]처럼 행동하는 순결하고 젊은 예비 수도사의 영웅적인 행동을 모르는 체하지 않으셨다. 그래서 물 한 방울 젖지 않은 말짱한 옷차림으로 그가 강물 위에 서 있도록 하셨다. 그는 그때 일을 회상할 때마다 이렇게 말하곤 하였다.

"분명히 강물에 머리를 곤두박질쳤는데도 어떻게 해서 말짱하게 물 위에 서 있게 되었는지 전혀 알 수가 없었다네."

그 순간 그는 말로 표현할 수 없는 그윽함과 마음의 평온을 느꼈다고 했다. 그 그윽함은 인부 딸의 행동으로 느꼈던 죄책감과 정신적인 상처들까지 말끔히 씻어 주었다. 인부의 딸도 마찬가지로 물 위에 서 있는 그의 모습을 보자 자신의 행동을 후회하면서 커다란 기적에 감동하여 눈물 흘렸다.

이후 그는 더 이상 지체하지 않고 수도원으로 가서 수도원장에게 그리스의 아토스 성산으로 보내 달라고 눈물을 흘리며 간청하였다. 영적으로 미숙한 자신이 계속해서 속세에 머무는 것이 두려웠기 때문이었다. 그는 자신을 유혹하려 한 인부의 딸의 입장이 난처해질까 봐 그녀가 한 행동과 자신에게 일어난 기적에 대하여는 일절 입 밖에 내지 않았다. 그리고 수도원장에게는 오로지 자신만을 탓할 뿐이었다.

내 생각에 첫 번째로 가장 큰 기적은 잘못을 저지른 사람을 감싸기 위해 대신 대가를 치른 그의 행동이고, 두 번째 기적 또한 혈기 왕성한 나이에 그 큰 유혹을 뿌리친 그의 영웅적인 행동이다. 왜냐하면 손가락 하나만으로도 우주 전체를 다스리시는 하느님께 있어 예비 수도사가 강물 위에 서 있도록 하는 것쯤은 별 어려운 일이 아니기 때문이다.

그가 간곡히 부탁하였기 때문에 수도원장은 그의 청을 허락하였다. 그러나 그의 뜻을 들어주어야 했기 때문에 모범적인 예비 수도사를 떠나보내야 하는 것을 가슴 아파했다.

1908년 안토니오스는 아토스 성산으로 왔다. 그는 먼저 성모 마리아의 정원에 있는 수도원들과 켈리들을 모두 돌아보았다. 그러고 나서 카라칼로스 수도원[81]에 속하는 티미오스 스타브로스 켈리에서 평온을 찾았다. 그리고 1910년 그곳에서 아우구스티노스라는 이름으로 수도사가 되었다. 1943년에는 더 큰 평안을 얻으려고 필로테오스 수도원에 속하는 '성모 마리아 입당' 켈리로 거처를 옮겼다. 이후 말년이 될 때까지 속세로 나오지 않고 착실하게 영적인 투쟁을 계속하며 살았다.

내가 그에 관한 이야기를 처음 듣게 된 것은 1950년이었는데, 그전에는 그를 가까이서 보게 될 기회가 없었다. 사람들은 모두 그의 거룩하다고 말하였다.

1955년 내가 필로테오스 수도원에 간 지 이틀째 되던 날, 나는 그를 만나러 그가 사는 켈리를 방문하였는데 하필이면 그는 켈리에 없었다. 나는 문 앞에 가져간 물건들을 남겨 두고, 아무도 나를 보는 이가 없도록 조심하면서 수도원으로 돌아왔다. 내가 물건들을 가지고 켈리를 돌아다니는 것을 수도사들이 보고 괜한 억

카라칼로스 수도원

측들을 하게 될까 걱정이 되었기 때문이었다. 다음 날 오후에 그가 수도원으로 와서 나를 찾았다.

"파이시오스라고 하는 수도사가 어디 있는가?"

수도사들은 이상하게 여기면서 물었다.

"저희들도 아직 그에 대해 잘 모르고 있는데, 수도사님께선 그를 어떻게 알고 계신 겁니까?"

수도사들은 이상하게 생각하며 내가 지내는 켈리를 가르쳐 주었다.

내가 문을 열자 그는 먼저 인사를 하며 말하였다.

"나를 축복하여 주기를 바라네. 그리고 내게 물건들을 남기고 간 자네를 하느님께서 용서하시기를 바라네."

그는 자루에서 보자기에 싸인 7개의 작은 복숭아들을 꺼냈다. 복숭아들은 크기가 서양 자두와 별로 차이가 나지 않았다. 모두 그의 켈리 옆에 있는 반은 말라 죽은 복숭아나무에서 딴 것이었다. 나는 켈리 앞에 두고 온 물건들이 부끄러워서 숨고만 싶었다. 그는 내게 말하였다.

"나는 예언자 일리아스의 스키티에서 자네를 보았다네."

예언자 일리아스의 스키티는 아우구스티노스 수도사의 켈리에서 걸어서 네 시간 정도 떨어진 곳에 있었다. 그에겐 앞을 내다보는 은총이 있었던 것이다. 물론 하느님께는 거리가 가깝고 먼 것이 아무 문제도 아니지만 말이다.

지금 말할 수 있을 때 앞을 내다보는 은총에 관한 다른 사례를 더 이야기 하는 것이 좋을 것 같다. 아우구스티노스 수도사의 이

옷에 살던 베냐민 보제도 앞을 내다보는 은총을 입고 있었는데, 그는 러시아 황제 가족이 살해당하는 장면을 텔레비전 보듯이 생생하게 보았던 것이다. 나중에야 사람들은 베냐민 보제가 환영을 보던 바로 그날에 러시아 황제 가족이 공산주의자들에게 피살되었다는 보도를 접할 수 있었다.

아우구스티노스 수도사에게는 영적인 텔레비전(앞을 내다보는 은총)이 있었기 때문에 그는 먼 곳에서 일어나는 일들도 볼 수 있었음에 틀림없다. 분명 그의 영혼이 순결하고 스스로를 낮추면서 사는 데다 마음속에는 사랑이 가득했기 때문일 것이다.

그는 특히 일에 시달리며 고생하는 가축들을 불쌍하게 여겼다. 그의 이런 마음을 아는 사람들은 늙은 짐승이나 다쳐서 일을 못하게 된 짐승들을 끌고 와서 허락도 받지 않고 그가 사는 켈리에 버리고 갔다. 그러다 보니 아우구스티노스 수도사의 켈리는 그 지역 짐승들의 양로원이 되어 버렸다. 가엾은 수도사는 그 짐승들에게 겨울에 먹일 건초를 준비하기 위해 여름 내내 풀을 베어야만 하였다. 그가 짐승들을 관리하는 지역은 엄청 넓어서 카라칼로스 수도원과 필로테오스 수도원 지역에서부터 이비론 수도원 지역에까지 이르렀다. 그럼에도 불구하고 그는 길을 가다 버려진 늙은 짐승을 발견하면 기꺼이 자신의 지역으로 데려와서 보살피곤 하였다.

그는 길에서 사람을 만나면 항상 몸을 구부려 손을 땅바닥에 대고 다음과 같이 말하였다.

"하느님께서 당신을 축복하여 주시기 바랍니다."

그 사람이 사제든 수도사든 세속인이든 상관하지 않았고, 그 사람의 나이가 많든 적든 신경 쓰지 않았다. 그는 모든 사람들을 자기보다 높은 사람으로 여겼고, 그 누구보다도 자신을 낮은 사람으로 여길 만큼 자신을 매우 낮추며 살았다. 한번은 속세에 사는 사람에게 땅을 짚고 몸을 구부려 인사하는 것을 본 어느 신학자가 이상하다는 듯이 물었다.

"속세에 있는 사람들에게까지 몸을 구부리고 땅에 짚어 가면서 인사를 하십니까?"

아우구스티노스 수도사는 다음과 같이 대답하였다.

"그렇습니다. 그 이유는 이들 역시 세례 받을 때, 하느님의 은총을 받았기 때문입니다."

그가 사람들을 사랑하고 사람들 앞에서 자기 자신을 낮추는 데에는 제한이 없었다. 심지어는 악마에게조차도 그러하였다. 다음 이야기는 그가 내게 직접 들려준 것이다.

한번은 악마가 사나운 개로 변신하여 입에서 불을 내뿜으며 그 앞에 나타났다. 악마는 그의 기도 때문에 몸이 달아오르고 있다면서 그를 질식시키기 위해 달려들었다. 아우구스티노스 수도사는 악마를 움켜쥐고 벽에 내동댕이치면서 말하였다.

"이 나쁜 악마야! 너는 어찌하여 하느님의 창조물들을 못 살게 구는 것이냐?"

그때의 일을 회상하며 아우구스티노스 수도사는 이렇게 말하였다.

"악마도 힘이 셌지만 내 힘도 강했기에 나는 악마를 벽에 내동 댕이쳤다네. 하지만 지나고 나니 악마를 내팽개친 일이 양심에 몹시 걸렸네. 나는 그 일을 고해 신부에게 털어놓기 위해 불안한 마음으로 날이 밝기만을 기다렸지. 날이 밝자마자 길을 떠나 한 시간 반을 걸어서 프로바타에 있는 고해 신부에게 모든 것을 이야기하였네. 신부는 나의 생각에 찬성해 주었다네. 그리고 나에게 성체성혈을 받으라고만 하고 그 외에 다른 말은 하지 않았다네. 그날 나는 기쁨에 차서 밤새도록 기도매듭으로 기도를 하였네. 그리고 성찬예배에도 참여하여 성체성혈을 받았지. 사제가 성체성혈이 담긴 성 수저를 내 입에 넣었을 때, 나는 성체 조각과 성혈[82]을 보았다네. 그런데 성체와 성혈을 삼키려고 씹는 순간 주체할 수 없는 커다란 기쁨과 환희가 차올라 그만 감사의 눈물을 흘리고 말았다네. 그때 나의 머리는 마치 전등불처럼 밝게 빛나고 있었네. 나는 다른 수도사들이 볼까 봐 얼른 그 자리를 떠났네. 그리고 켈리에 돌아와 나 혼자 성체성혈에 대한 감사의 기도를 드렸네."

하느님의 은총이 덮고 있었으므로 그의 모습은 눈부시게 빛나고 있었다. 그의 얼굴은 마음에서 우러나는 자비심과 기쁨으로 넘쳤기 때문에 사람들은 그를 보는 것만으로도 모든 시름을 잊었다. 그리고 그는 언제나 낡은 수도복을 입고 있었는데, 그 옷은 새 떼를 쫓기 위해 허수아비에게 입혀 놓은 옷보다도 더 낡았을 정도였다. 만일 누군가가 그에게 좋은 물건을 주면 그는 이것을 다른 사람에게 주어 버렸다.

그의 켈리는 항상 노동자들이 북적였는데, 이는 그곳이 수도원들에 쓰일 장작들을 부두[83]로 나르는 길목에 있었기 때문이었다. 그런데 노동자들은 일하다가 무언가 필요해지면 아우구스티노스 수도사의 켈리에 들어와서 물건들을 허락 없이 가져가기 일쑤였다. 이런 일이 있었기 때문에 아무것도 먹지 못해서 지쳐 쓰러진 그의 모습이 발견되기도 하였다. 유일한 해결책은 그가 죽이라도 만들어 먹을 수 있도록 수도원에서 약간의 밀가루를 보내 주는 것뿐이었다. 아우구스티노스 수도사에겐 낡은 프라이팬이 하나 있었는데, 그는 수도원에서 보내 준 밀가루를 물과 소금으로 반죽하여 둥글게 구웠다. 이 빵이 그의 유일한 양식이었다. 올리브기름을 먹을 수 있는 기간에는 빵을 조금 떼어 기름에 적신 다음, 그 빵에 성호를 그으며 기쁨에 찬 날들을 보냈다. 어떤 수도사들은 그에게 농담 삼아 다음과 같이 묻곤 하였다.

"아우구스티노스 수도사님! 요즘은 무얼 드십니까?"

그러면 그는 다음과 같이 대답하였다.

"나는 항상 튀긴 것을 먹는다네."

어쩌다 수도사들이 소금에 절인 정어리라도 주면 그는 이것을 손님에게 대접하려고 먹지 않고 간직하였다. 손님과 함께 식사를 할 때에도 몸통은 손님에게 대접하고 자신은 생선의 머리를 먹었다. 하지만 그는 손님에게 생선을 대접할 수 있었던 것을 매우 기뻐하였다.

이렇게 자신의 것을 남에게 주어서 자기 자신은 아무것도 가진 것이 없었지만, 대신 그리스도께서는 거룩한 은총을 내려 그를 배부르게 하셨다. 또한 그 지역에 있는 수도사들과 속세에 있는 사람들도 모두 그를 사랑하였다. 노년에 이르러 그가 앞을 잘 보지 못하게 되자, 필로테오스 수도원의 수도사들은 자신들이 보살펴 줄 테니 수도원으로 거처를 옮기라고 말하였다. 그러나 그는 자신이 이곳을 떠나면 지금까지 보살펴 온 늙고 상처 입은 짐승들을 내팽개치는 결과가 되기 때문에 그 청을 거절하였다. 하는 수 없이 수도사들은 그와 함께 짐승들까지도 모두 수도원으로 데리고 갔다. 그러자 그는 비로소 안심할 수 있었다.

  수도원의 수도사들은 그를 각별하게 잘 보살펴 주었다. 그는 이것을 성모 마리아가 내리신 큰 축복으로 여기고 감동과 기쁨의 눈물을 흘리곤 하였다. 그는 자주 감사의 마음으로 인해 계속해서 악시온 에스틴 성가[84]를 불렀다. 이처럼 아우구스티노스 수도사가 수도원에 머무는 것이 수도원으로서도 큰 축복이었고, 양로원의 수도사들에게도 많은 도움이 되는 일이었다. 그 이유는 사람들뿐 아니라, 성인들, 천사들, 그리고 성모 마리아까지 아우구스티노스 수도사를 찾아왔기 때문이었다. 그는 성모 마리아나 성인들이 양로원을 방문하였는데도 수도사들이 편안하게 앉아 있는 것을 보면 매우 가슴 아파하였다. 그래서 마침내 수도사들이 일어나도록 그들의 몸을 흔들면서 성모님을 보고 있을 때는 "성모 마리아여!"라고 외치고, 천사를 볼 때는 "천사여!"라고 외쳤다. 물론 그가 이렇게 해도 수도사들은 아무것도 볼 수 없었다. 하지만 무슨 일이 일어나고 있음을 직감하고서 자리에서 일어나 경건한 자세를 갖추었다. 물론 양로 담당 간호사는 이 일을 전혀 이해하지 못하였다. 도리어 이를 허황된 것으로 여겨 그에게 화를 냈다.

"노인 수도사들께서 편히 쉴 수 있도록 가만히 놔두십시오. 어째서 수도사님의 허황된 말씀을 우리가 들어야 하는 것입니까?"

하지만 그의 마음은 경외심으로 가득 차서 참을 수 없었기 때문에 계속하여 수도사들에게 일어나기를 재촉하였다.

수도사들이 아우구스티노스 수도사를 만나러 올 때면 그는 수도사들이 안부를 묻기도 전에 먼저 궁금한 것부터 물었다.

"나의 노새들과 돼지들은 어떻게 지내는가?"

"매우 잘 지내고 있습니다."

이 말을 듣고서야 그는 만족해하였다.

"아우구스티노스 수도사님! 어떻게 지내십니까?"

"하느님이 보호하시어 매우 잘 지낸다네."

그는 착한 마음으로 기쁨에 가득 차서 하느님을 찬양하고, 끊임없이 기도하면서 살았다. 어쩌면 그는 이미 성모 마리아의 정원에서 '천국에서의 삶'을 살았다고 말하는 것이 더 옳을지도 모른다. 그의 마음속엔 그리스도께서 자리 잡고 계셨으니 그 마음은 천국이었던 것이다. 더욱이 하느님께서 그를 어여삐 여기셔서 천사와 성인들, 성모 마리아까지 보게 하신 까닭에 그는 계속되는 환희와 기쁨을 느끼지 않았던가.

아우구스티노스 수도사가 이 세상을 떠나던 시각에, 그의 얼굴은 세 번 환하게 빛났다. 하느님께서는 그 자리에 양로원 담당 간호사가 있게 하셨다. 이 간호사는 수도사의 얼굴이 빛나는 것을 보고서 비로소 생전에 그가 말했던 천사와 성인들, 성모 마리아가 방문하셨던 것이 진실이었음을 알게 되고서 감탄하였다.

 아우구스티노스 수도사는 1965년 3월 27일, 83세를 일기로 영면하였다. 그가 우리를 축복하여 주기를 바란다. 아멘.

은둔자 예오르기오스 수도사

예오르기오스 수도사는 *1922년* 그리스에 있는 시토니아의 시키아에서 태어났다. 그가 속세에 있었을 때의 이름은 요아니스였다. 그는 자신이 태어나고 자란 곳 가까이에 있는 아토스 반도의 성모 마리아의 정원에서 영적으로 다시 태어났다. 그리하여 수도사가 되었을 때의 이름은 예오르기오스로 바뀌었다.

그는 다른 수도사들처럼 칼리비가 따로 없었다. 대신 하느님의 보호 아래 아토스 성산에서 하늘의 새처럼 자유롭게 살았다. 아무것도 소유하지 않았기에 삶의 덧없음에서 해방되었고, 게다가 하느님께서 내리신 사랑의 종이 되어 그리스도의 '선한 부랑자' 생활을 하면서 아토스 성산을 돌아다녔다. 그의 전 재산은 입고 있던 구멍 뚫린 옷뿐이었는데, 그는 여름이나 겨울이나 같은 옷을 입고 있었다. 그는 항상 서서 기도를 하였을 뿐만 아니라, 초야에 묻혀 살기 위해 산의 정상과 골짜기들을 돌아다니곤 하였다. 그리고 양말 대신 다 떨어진 천으로 자신의 발을 묶고 다녔다. 그의 영혼이 하느님과 깊이 결합되어 갈수록 옷은 점점 더 낡아 가고 있었다. 그러나 그에겐 항상 하느님의 은총이 머물러 있었기에 오히려 그 낡은 옷은 날개처럼 보였다. 심지어 어떤 이는 멀리서 나무 위에서 멍석딸기를 따 먹고 있는 예오르기오스 수도사를 큰 독수리로 착각한 적도 있었다.

예오르기오스 수도사는 여름에는 멍석딸기를 따 먹거나 야생 무화과로 연명하였다. 하지만 아무것도 먹을 것이 없는 겨울에는 형편이 어려웠다. 11월경이면 쿠마라와 야생 밤나무들이 없어지고 도토리와 약간의 풀들만 남기 때문이었다. 그러면 그는 아토스 성산의 북동쪽에 있는 수도원들의 축일 때에만 나타나서 가끔 식사를 할 수 있을 뿐이었다. 보통은 축일 이틀 전에 가서 주방 일을 도와주거나 수도원 청소를 맡아 하였다. 예오르기오스 수도사를 잘 모르는 사람들 중에는 정신지체인 취급을 하며 함부로 일을 시키는 이도 있었다. 하지만 가까이에서 보면 그가 오히려 정신지체인인 듯이 보이고 예오르기오스 수도사는 하느님의 빛을 받아 지혜롭게 보였다.

그는 사람들이 원하는 것이면 무엇이든 기꺼이 받아들이고 심부름을 하였다. 누군가 "예오르기오스, 이리 와." 하고 부르기 무섭게 또 누군가가 "에오르기오스, 이리 오게." 하고 부르는 일이 허다했다. 그럴 때마다 그는 "하느님께서 축복해 주신 것이기를…" 하고 말하고 나서 달려가곤 하였다. 이런 일이 아침부터 저녁까지 계속되었다. 아무도 그를 '예오르기오스 수도사'라고 부르지 않고 '예오르기오스'라고 불렀다. 그리고 일 때문에 매우 피곤할 텐데도 저녁에도 외부인들을 위한 숙박소에 가서 쉬는 일이 없었다. 그 대신 그는 성당 입구 밖의 대리석 위에 십자가처럼 양 팔을 쭉 펼치고 죽은 사람처럼 드러누워 있곤 하였다. 그에게 이것은 계절 내내 같은 옷을 입는 것과 마찬가지로 항상 지켜야 할 규칙 같은 것이었다.

사실 예오르기오스 수도사에게 이 세상은 이미 천국과도 같았기 때문에 사시사철이란 게 아무 의미도 없었다. 하느님의 사랑으로 겨울에는 따뜻하게 지냈고, 여름에는 시원하게 지냈다. 만일 누군가가 자신의 누워 있는 모습을 본다 싶으면 그는 마치 경보기가 울리기라도 한 양 벌떡 일어나서 동상처럼 선 채 꼼짝하지 않고 기도를 계속했다.

내가 수도사가 된 지 얼마 되지 않았을 때, 수사단에서 예오르기오스 수도사를 처음 보았다. 그때 나는 아직 세속적인 사고방식을 버리지 못한 터라 세속인들이나 몇몇 수도사들과 마찬가지로 나 또한 그를 미친 사람으로 생각하였다. 그러다 한번은 그 생각을 입 밖에 낸 적이 있었는데, 수도원에서 오래되고 덕망 있는 예르마노스 수도사가 나를 엄하게 타일렀다.

"그는 성인이라네. 다만 그리스도에 대한 사랑을 위해 미친 사람 행동해서 우리를 혼돈케 할 따름이네."

이후부터 나는 매우 경건한 마음으로 그를 대하였다. 그리고 그를 주의 깊게 바라보면서 정말로 그에게는 거룩함이 있음을 혼자 확신하게 되었다.

그는 수도원에서 성체성혈을 받고 나면 수도원을 도우면서 축일 오후까지 머물렀다. 떠날 때에는 어떤 음식도 갖지 않고 빈손으로 떠났다. 그래서 그에겐 자루도 없었고 주머니도 없었다. 하지만 그는 한 마리 새처럼 성모 마리아의 정원을 자유롭게 돌아다니며 살았다. 나는 일찍이 그와 같은 자기희생을 다른 수도사들에게서 본 적이 없었다.

예오르기오스 수도사는 자신을 완전히 하느님의 손에 맡겼다. 그로 인해 그는 그리스도께서 주시는 커다란 확신과 감당하기 어려울 정도의 충만한 기쁨을 느낄 수 있었다. 날개 달린 그의 마음은 거룩한 사랑으로 가득 차 그를 이산 저산으로 돌아다니게 만들었다. 다시 더 좋게 이야기하자면, 그는 "하느님에 대한 사랑 때문에 사람들과 멀리 떨어져 기꺼이 홀로 지냈다."라고 말할 수 있다. 그는 항상 기쁨에 넘쳐 있었다.

그는 사람들에게 여러 차례 몇 가지 사항에 대해 언급한 적이 있었다. 하지만 그의 말을 이해하지 못하는 사람들은 그 말을 하찮게 여겼다. 그러나 그가 영적인 수도를 하고 있다는 것을 알고 있는 사람들은 그가 하는 말에는 깊은 의미가 있다고 말하였다. 일례로 그는 이런 식으로 말을 하곤 하였다.

"밥은 삶이며, 금식은 죽음입니다. 밥은 삶이며, 금식은 죽음입니다."

이 말은 사람들에게 대식가라는 인상을 주었다. 그런데 식탁에서 식사를 하는 그의 모습을 보게 되면 대식가라는 인상이 확신으로 굳어지기 일쑤였다. 그가 일부러 굶주린 이리처럼 게걸스럽게 식사를 하였기 때문이다. 한 번도 씻은 적이 없어서 지저분한 데다 달걀을 먹고 나면 항상 입 주위에 달걀을 묻혔기 때문에 마치 달걀만 탐식하는 것처럼 보이기도 했다.

하지만 누군가가 영적인 주제에 대하여 질문하면 그는 매우 영적인 방법으로 대답을 하여서 주위 사람들을 놀라게 했다. 그러나 그것도 잠시뿐으로, 사람들이 자신에게 감탄하고 있음을 깨달으면 그때부터 횡설수설하기 시작하여 상대방의 생각을 다시 바꾸어 버렸다.

그는 자신을 낮추고 순종하는 것을 매우 강조하였다. 그래서 하느님의 뜻과 사람들의 뜻에 그토록 순종하였음에도 불구하고 그는 여전히 더 거룩한 순종의 필요성을 느끼고 있었다. 마침내 그는 뇌막염을 앓고 있던 한 수도사를 찾아가 그를 보살폈다. 그리고 그 수도사의 무분별한 행동이 자신의 뜻을 더 많이 꺾게 하여 순종하게 만든다고 생각하여 그 수도사의 제자가 되었다. 예오르기오스 수도사는 아픈 수도사의 제자로 지내는 동안에 처음으로 자루를 가지고 다녔다. 나로서는 처음 보는 광경이었다. 나중에 스승이었던 수도사는 예르기오스 수도사를 쫓아내고 말았다. 그는 순종에 대한 보상을 받은 것이며, 다시 혼자서 자유롭게 돌아다니던 예전 생활로 되돌아갔다.

세월이 흐르면서 예오르기오스 수도사가 더 성숙해지자 일부 사람들은 그에게서 향기를 맡기 시작하였다. 그러나 그럴수록 그는 더욱 더 공공연하게 소동을 부려댔다.

한번은 예오르기오스 수도사가 산을 순찰하던 산림 경비원을 발견하고 두세 대 때린 일이 있었다. 이 사건은 사람들이 예오르기오스 수도사를 미친 사람이라고 여기기에 충분하게 만들었다. 그는 마침내 정신병원에 가게 되었다. 하지만 의사들은 진찰 결과 아무 이상도 발견할 수 없었으므로 그를 정신병원에서 내보내고 말았다. 하지만 이 일로 사람들은 예오르기오스 수도사가 미친 게 분명하다고 여기게 되었고, 덕분에 그는 더 자유분방하게 곳곳을 돌아다닐 수 있었다.

이처럼 거룩한 방법으로 하느님의 사람은 세상의 덧없음을 이겨 나갔다. 지금 우리는 그가 어디에 있는지 모른다. 그의 종적을 수소문하였지만 알 수가 없었다. 하늘나라로 떠났을까? 아니면 아직 어딘가에 살고 있을까? 여하튼 그의 발자취는 사라졌다. 어디에서든 그가 우리를 축복하여 주기를 바란다. 아멘.

필라레토스 수도사

    자신의 소원, 즉 영혼의 구원을 이루기 위해 성모 마리아의 정원에서 착실하게 분투하며 초야에 묻혀 사는 수도사들을 언급할 때 빼놓을 수 없는 사람이 있다. 바로 '선의 친구'라고도 불리는 필라레토스 수도사이다. 그의 조국은 루마니아 트란실바니아로 1892년에 태어났다. 그의 아버지 이름은 요아니스, 어머니 이름은 마리아였으며, 그의 성은 두사스, 세례명[85]은 니콜라오스였다.

    니콜라오스 두사스는 1912년 그의 나이 20세 때 아토스 성산으로 왔다. 바토페디 수도원[86]에 속하는 성 이파티오스 켈리에서 수도사가 되면서 필라레토스로 이름이 바뀌었다. 그곳에서는 8년간 머물렀다. 이후 1920년에 캅살라로 갔다가 스타브로니키타 수도원에 속하는 성 안드레아스[87] 켈리로 옮겼다. 이곳에서 그는 모데스토스 수도사의 노후를 보살폈고, 그의 축복을 받았다. 그 후 수도사가 세상을 떠나자 여생을 마칠 때까지 홀로 켈리에 남아 영적 투쟁을 계속하였다.

  나는 1956년부터 많은 수도사들에게서 이 존경스러운 수도사의 영적인 거룩함에 대한 소식들을 전해 듣게 되었다. 특히 소식을 제일 많이 전해 준 것은 필로테오스 수도원을 오갔던 그의 제자 바르톨로메오스 수도사였다. 그러다 1968년에는 그와 같은 스타브로니키타 수도원의 티미오스 스타브로스 켈리로 거처를 옮기면서 필라레토스 수도사를 직접 만나게 되었다. 그를 찾아가면 그가 밖에 나와서 어깨를 계단 난간에 기댄 채 한 손으로 기도 매듭을 쥐고 서 있는 모습을 자주 볼 수 있었다. 그는 호흡 곤란

바토페디 수도원

으로 고생하고 있었기 때문에 자주 그렇게 밖에 나와 있곤 하였다.

"수도사님, 어떻게 지내십니까?"라고 물으면 그는 "하느님이 나를 보호하시어 잘 있네."라고 대답하였다.

"수도사님! 제가 무엇 좀 가져다 드릴까요?"

"아닐세. 내가 필요로 하는 것을 성모 마리아께서 다 보살펴 주신다네."

그는 아무것도 받으려 하지 않았다. 그렇기에 누군가가 그를 위해 무언가를 몰래 두고 가면 이것은 착실한 수도사에게 상당한 부담이 되었다. 그에겐 영적인 확실성이 있었기 때문에 물건의 가치보다 그 같은 행동을 더 높이 평가하였다. 그리하여 그는 훨씬 더 많은 기도를 하여야 했던 것이다. 만일 두고 간 것이 5드라크마의 가치를 지닌 것이라면 그는 이것을 20드라크마로 값을 매겼다. 그리고 물건을 두고 간 사람을 위하여 절을 하면서 하는 기도를 하고 100개의 기도매듭을 20번이나 돌려가면서 기도를 하였다.

언젠가 내가 어떤 물건을 주고 싶어 한 적이 있었는데, 그때도 그는 이것을 거절하였다.

"받아들일 수 없네. 결코 받아들일 수 없네. 나는 더 이상 기도매듭을 가지고 기도를 하고, 절을 하면서 기도를 할 여유가 없다네. 나는 나의 영적인 의무를 다해야 하네. 게다가 바르톨로메오스 수도사의 것까지 해야 한다네. 지금 그는 매우 아프니까 그리스도께서도 그에게는 단지 인내로써 참아내기만을 바라실 것이 아니겠는가."

그의 제자인 바르톨로메오스 수도사는 파킨슨병 때문에 오래 전부터 몸 전체를 떨면서 극심한 고통에 시달리고 있었다. 필라레토스 수도사는 자신이 이미 78세의 노인이었음에도 불구하고 영적인 의무를 다하였을 뿐만 아니라, 자신이 몸져누울 때까지 15년 동안 바르톨로메오스 수도사를 간호하였다.

그는 항상 선 채로 끊임없이 기도를 하였다. 그러다 보니 그의 다리에 있는 핏줄이 터지고 진물이 흘러나왔는데, 진물이 흐르다 못해 양말과 신발, 심지어 바닥까지 적실 정도였다. 그는 또 호흡 곤란도 겪고 있어서 행여나 넘어지지는 일이 없도록 낡은 담요를 덮고서 구석에 앉아 있을 때도 있었다. 수도사들은 그의 켈리를 자주 방문하였다. 하지만 여러 수도사들이 동시에 그를 찾는 날이 있는가 하면, 반대로 아무도 방문하지 않는 날도 있었다. 그런 날은 모두들 자기 대신 누군가가 찾아가 보겠거니 하면서 아무도 들여다보지 않는 날이었다. 그런 때엔 아무의 도움도 받지 못한 채 켈리에는 그들 둘만이 남겨졌다. 하지만 누구도 찾지 않아서 인간의 도움을 받을 수 없는 힘겨운 날일수록 두 사람은 하느님으로부터 더 많은 거룩한 위로를 느꼈음에 틀림없다. 서로를 위하는 두 사람 사이의 고귀한 사랑만으로도 하늘이 내리는 거룩한 위로를 받을 자격이 충분하였다. 그리하여 그리스도와 성모 마리아께서는 그 둘을 신성한 차원에서 생각하여 위로해주셨다.

다른 수도사들은 필라레토스 수도사와 거의 움직이지 못하는 바르톨로메오스 수도사를 제대로 보살피기 위해 다른 수도원에 있는 켈리로 옮길 것을 권하였다. 하지만 이 두 사람은 이를 거절하였다. 내 생각에는 그들이 자신들의 켈리에서 늘 충만한 거룩함을 느끼고 살았기에 그 신성한 장소와 작별하는 것을 양심이 허락하지 않은 게 아닐까 한다. 또 그들의 고귀한 영혼은 자신들이 다른 사람들에게 불편을 끼치는 것을 원치 않았을 것이다.

그 후 언젠가 내가 다시 필라레토스 수도사의 켈리를 향해 가고 있는데 어디선가 형용하기 힘든 향기가 나고 있었다. 그 향기는 그의 켈리의 문을 열자마자 더욱 짙어졌다. 그런데 그때 내 눈앞에는 어떤 광경이 전개되고 있었을까? 가엾은 필라레토스 수도사가 넘어져서 꼼짝을 못하고 있었다. 그는 일어나지도 못하였고, 숨도 제대로 쉬지 못하고 있었다. 내가 그를 부축하여 일으키자 그때서야 그는 천천히 숨을 내쉬었다. 그는 손짓으로 자신을 덮어 달라는 부탁을 하였다. 그의 몸에는 피가 모자랐기 때문에 심한 한기를 느꼈던 것이다. 현실적으로 생각하면, 그의 발에서 흐르는 진물 때문에 켈리의 바닥과 그의 몸에서는 악취가 나야 하는 게 당연하였다. 그러나 그의 몸과 켈리 어디에서든 향기가 풍겨 나오고 있었다. 바로 그가 향기로운 영혼의 소유자였기 때문이다.

이 같은 상황을 보자 더 이상 지나칠 수가 없었다. 그래서 나는 바르톨로메오스 수도사에게 내가 도울 수 있도록 그들의 켈리에 머물게 해 달라고 부탁하였다. 하지만 그는 내 청을 거절하고는 다음에 다시 들르라고 말하였다. 나는 어쩔 수 없이 발길을 돌려야만 했다.

그러나 그날 밤 무슨 일이 일어났던가? 한밤중에 기도매듭으로 기도를 하던 나는 어떤 광경을 보았던가? 그날 밤, 나는 필라레토스 수도사가 환하게 빛나는 열두 살가량 된 소년의 모습으로 광채에 휩싸여 하늘나라로 떠나가는 것을 보았다. 나는 그의 정화된 영혼이 잠들었음을 깨달았다. 그날은 1975년 6월 1일이었으며 그의 나이 83세였다. 그가 우리를 축복하여 주기를 바란다. 아멘.

그 후 홀로 남은 바로톨로메오스 수도사는 스타브로니키타 수도원에서 보살폈다. 그는 그런 보살핌을 받을 만한 가치가 있는 훌륭한 수도사였다. 그 첫 번째 이유는, 그가 15세 소년이었을 때 또래 아이들은 자기 나라에서 한가로운 시간을 보내고 있었지만 그는 영적 수도생활을 하기 위해 루마니아에서 성모 마리아의 정원으로 왔기 때문이다. 두 번째 이유는, 그가 이비론 수도원 지역에 있을 때 그 수도원 관할의 병원에서 오랫동안 나병 환자들을 돌보았기 때문이다.

마찬가지로, 나병 환자들을 돌보셨던 포르타이티사 성모 마리아께서 영적인 나병 환자인 나 또한 구원하여 주시기를 바란다. 아멘.

에프렘 수도사

그리스도를 향한 끊임없는 영적 투쟁

카투나키아 지역 위에는 블라히카 켈리들이 있다. 이곳에 있는 이파티오스 수도사의 켈리 맞은편에는 동굴이 하나 있다. 덕망 높은 수도사들의 말에 따르면, 이 동굴은 그리스가 터키의 지배하에 놓여 있었을 때 강도들의 은신처였다고 한다. 하지만 에프렘 수도사는 자신의 거룩한 삶으로써 동굴도 함께 거룩하게 되도록 하였으니, 마치 베들레헴의 거룩한 동굴과 같다 할 것이다.

에프렘 수도사는 그리스의 테살리아 출신이다. 그의 영혼은 감수성이 풍부하였다. 그는 자신을 낮추는 겸손함도 갖추었지만, 용감한 투쟁 정신도 갖고 있었다.

케라시아의 이에로테오스 수도사와 마카리오스 수도사는 에프렘 수도사가 이집트 니트리아와 티바이다 지역에서 살았던 옛 시대의 아바스들과 닮았다고 말하곤 하였다. 성 바실리오스 켈리에 있는 경건한 수도사들이나 인근의 수도사들도 같은 생각이었다. 그는 자신을 가리켜 처량한 사람이라고 했지만, 사람들은 그의 선과 덕망을 인정하였다. 특히 자신을 낮추는 겸양의 미덕을 갖고 초야에 묻혀 사는 모습을 높이 평가하였다. 앞으로 이야기할 한두 가지 사건들은 모두 그가 겪은 일들이다. 에프렘 수도사처럼 모습을 드러내지 않고 영적 투쟁을 하는 의욕 넘치는 사람들이라면 많은 부분을 이해할 수 있을 것이다.

수도사들은 양식을 사거나 딱딱하게 구운 빵, 과일 따위를 받아 가려고 수도원에 가는 일이 종종 있다. 그런데 에프렘 수도사는 밤중에 남몰래 수도원으로 가서 구덩이에 버려진 빈 깡통들을 자루에 주워 담은 다음, 날이 밝으면 그 자루를 어깨에 짊어지고 고행실로 돌아오곤 하였다. 이렇게 함으로써 자신도 남들처럼 수도원에서 양식을 받아 간다는 인상을 심어 주기 위한 것이었다. 그의 기이한 행동은 여기에서 그치지 않았다. 동굴에 도착하면 자루 속에 가득 담아 온 빈 깡통들을 동굴 앞에 가득 쏟아부었다. 그가 오랫동안 금식을 하였음에도 불구하고, 방문객들이 자신을 대식가라고 여기게 하기 위함이었다.

에피렘 수도사는 습기가 많은 동굴에서 수도를 너무 많이 한 탓에 폐결핵에 걸려 건강이 나빠지고 말았다. 그래서 그는 동굴에서 조금 떨어진 양지바른 곳에 돌을 쌓아 겨우 혼자 들어갈 만한 크기의 작은 켈리를 지어야 했다. 그곳에서도 그는 한밤중에 빈 깡통들을 자루에 담아 와 켈리의 문밖에 쏟아 버리는 일을 그만두지 않았다. 그래서 진실을 모르는 사람들은 이렇게 말하곤 하였다.

"이 수도사는 도대체 여기서 무엇을 하는 거야? 아마 남들이 먹을 통조림까지 다 먹어 치우는 모양이지?"

가끔 수도사들이 그에게 양식을 줄 때가 있었는데, 그는 이것을 매우 기쁜 마음으로 받았다. 그러나 밤이 되면 양식이 필요한 다른 수도사를 찾아가 몰래 칼리비 밖에 놓아두거나 자신이 돌보는 아픈 사람들에게 주었다.

그는 하느님의 손에 자신을 맡긴 채 스스로를 희생하였다. 한번은 눈이 많이 와서 동굴에 갇힌 일이 있었다. 선하신 하느님께서는 한 사람을 보내어 에프렘 수도사에게 양식을 건네주었다. 그런데 에프렘 수도사가 양식이 담긴 자루를 받자 그 사람은 수도사의 눈앞에서 홀연히 사라져 버린 것이었다. 그는 하느님께 깊은 감사를 드렸다. 하느님이 보내 주신 양식을 그는 겨울 내내 먹으며 지냈다.

그는 영적으로 매우 높은 경지에 도달해 있었음에도 불구하고 항상 남들에게 자신을 비난하는 말을 하였다. 불행하게도 몇몇 사람들은 그 말을 곧이곧대로 믿었다.

그는 이렇게 자신을 감춘 채 한없이 스스로를 낮추었다. 그리고 끊임없이 그리스도를 향한 사랑으로 영적 투쟁을 계속하다가 1962년에 이 세상을 떠났다. 그가 우리를 축복하여 주기를 바란다. 아멘.

콘스탄티노스 수도사
그리스도의 열광자

　콘스탄티노스(앙겔리스) 수도사는 선량하고 말이 없었지만, 그리스도를 향해 수많은 영적 투쟁을 했던 사람이었다. 그는 1898년 2월 10일 그리스의 이피로스에 있는 도도니의 칼렌치에서 태어났다. 아버지 이름은 스타브로스였고, 어머니 이름은 안툴라였다.

　그의 수도생활 초기에 대하여는 자세하게 알려진 바가 없다. 다만 초창기에는 디오니시오스 수도원에 있었다고 한다. 이후로 그는 카리에스 지역 주위에 계속 나타났고, 쿠트루무시 수도원에 속하는 폐허가 다 된 켈리(예전에 성 예오르기오스 수사단이 살고 있었음)에서 살고 있는 것이 목격되었다.

　폐허가 된 건물 구석에는 다 낡은 담요 같은 것들이 뒹굴고 있었다. 지붕에서는 물이 떨어지고, 부서진 창문들과 문으로 들어온 바람이 건물 안을 휭휭 돌아다녔다. 사람이 사는 건물이라기보다 차라리 독수리가 사는 둥지라고 보는 편이 나을 것이다.

콘스탄티노스 수도사는 모자와 수염만 빼면 도무지 수도사처럼 보이지 않았기 때문에 사람들은 매우 헷갈려 하였다. 항상 낡은 외투를 입고 끈으로 허리를 꽉 조였는데 이 때문에 더욱더 속세 사람처럼 보였다. 그러나 내면은 수도생활에 의한 은총으로 가득 차 있어서 얼굴에까지 은총이 서려 있는 것을 볼 수 있었다.

콘스탄티노스 수도사를 가까이에서 접해보지 않았던 사람들은 그를 불행하고 가난한 사람이나 미친 사람으로 취급하였다. 그러나 그의 빛나는 얼굴을 가까이에서 보게 되면 이 축복받은 사람에게 감추어진 신비를 느낄 수가 있었다. 그러면 사람들은 더 이상 그를 미친 사람으로 취급하지 않았다. 오히려 콘스탄티노스 수도사를 미쳤다고 말하는 사람을 미친 사람으로 취급하게 되었다.

코스타스 수도사(사람들은 그를 이렇게 불렀다)는 이처럼 폐허가 된 켈리에서 자신을 전혀 돌보지 않고 하늘을 날아다니는 새처럼 살았지만, 그 때문에 씻지 않고 살았음에도 오히려 항상 깨끗하였다.

사람들과는 말을 거의 하지 않았고, 대부분의 시간은 끊임없이 기도하며 하느님과 대화했다. 어쩌다 하느님을 향한 정신이 현실로 돌아오면 불현듯 정신 나간 사람처럼 손을 흔들거나 아무 말도 하지 않고 있다가 그 자리를 떠나 버렸다. 이렇게 함으로써 자신에 대해 사람들이 가지게 된 인상을 바꾸고자 했던 것이다. 물론 이 같은 행동이 속세에 사는 사람들에게는 효과가 있었다. 그래서 사람들은 그가 예언을 하여도 비웃으며 어리석은 말로 치부해 버렸다.

사람들은 콘스탄티노스 수도사를 넋 나간 사람으로 간주하기도 하였다. 그것은 주위 사람들이 말을 건네도 그가 기도를 하느라 정신을 온통 하느님께 쏟는 바람에 그들의 말을 귀담아듣지 않기 때문이었다. 그에게서 답을 얻기 위해 끈질기게 계속해서 질문을 해야 하는 때도 있었다. 그러면 간신히 중얼중얼하는 몇 마디 말을 알아들을 수 있었는데, 그는 앞날을 내다보고 대답하는 것이었다.

하루는 수도사가 되기를 원했던 젊은이가 그를 찾아온 적이 있었다. 그러나 악마가 방해하는 바람에 이 젊은이가 하는 일은 제대로 되는 일이 없었다. 콘스탄티노스 수도사는 멀리서 젊은이를 보고 말하였다.

"요아니스! 성 요아니스 다마스키노스[88]에 관한 책을 읽어 보게나. 그러면 성 요아니스 다마스키노스가 얼마나 고통에 시달렸는지 알게 될 걸세."

젊은이는 이 말을 듣고 매우 의아하게 생각하였다. 그러나 훗날 성 요아니스 다마스키노스에 관한 책을 읽고서야 성인 또한 모질고 분별력 없던 그의 스승인 수도사에게서 얼마나 극심한 수모를 당하였는지, 또 하느님께서 말씀해 주실 때까지 얼마나 오랫동안 참고 기다렸는지를 알게 되었다. 그리하여 그도 인내하면서 수도사의 길을 가는 이로서 발판을 닦고 모범을 보였다.

한번은 세 명의 수도사들이 우연히 길을 가다 콘스탄티노스 수도사를 만난 일이 있었다. 그들은 콘스탄티노스 수도사에게 자신들이 모두 같은 수도원으로 가는 것이 좋은지 의견을 물었다. 그는 대답을 하지 않았다. 하지만 세 수도사 중 한 사람이 끈질기게 물어 대자 그는 마지못한 듯 중얼거리면서 몇 마디를 하였다. 당시에는 그 말이 이치에 맞지 않는 엉터리처럼 들렸으나 몇 년 후 그 말은 사실로 밝혀졌다.

콘스탄티노스 수도사에게는 내면적인 정결함이 있었기 때문에 미래에서 일어날 일들을 볼 수 있었다. 그러나 변변치 못한 우리 수도사들 중에서도 불쌍한 영혼을 가진 이들은 '하느님의 사람'인 그를 단지 처량하고 가련한 사람으로 여기고 있었다. 오로지 그가 영적으로 황폐한 곳에 살면서 그 가운데서 영혼을 갈고 닦았기 때문이었다. 그러나 일찍이 그리스도께서는 사람의 영혼은 이 모든 세상보다 더 가치가 있다고 하지 않으셨던가.

앞서 언급했듯이, 황폐의 언저리에 그의 둥지가 있고 둥지 속엔 다 낡은 담요들과 시편, 교회 용어집밖에 없었다. 그것 외에 그가 가진 것이라고는 철사로 된 손잡이가 달린 빈 깡통뿐이었는데, 이것들이 그의 전 재산이었다.

그는 토요일마다 카리에스에 있는 두 곳의 코나키아[89]에 들렀는데, 그러면 수도사들은 남은 음식을 빈 깡통에 담아 주곤 하였다. 하지만 그가 직접 무언가를 요청한 적은 없었다. 그는 매우 점잖아서 소리 없이 들렀다가 갈 뿐이었다. 만일 사람들이 바쁘게 일하고 있으면 그는 아무것도 받지 않고 떠났다. 어쩌다 식료품 상점에 들러서 올리브 열매 대여섯 개를 가져갈 때가 있었다. 하지만 상점 주인들은 화내지 않고 이를 축복으로 여겼다. 그만큼 그들은 콘스탄티노스 수도사를 사랑하였다. 심지어 어떤 이들은 그의 주머니에 몰래 돈을 넣어주기도 하였는데, 그는 몰래 식료품 상점으로 가서 그 돈을 남겨 두고 떠났다.

이처럼 콘스탄티노스 수도사는 성모 마리아의 정원에서 순한 양처럼 성실하게 살았다.

그러나 1969년에 불행한 일이 일어났다. 그해에 많은 세속인(유럽인)들이 아토스 성산으로 왔는데, 형편없는 모습을 하고 카리에스에 나타난 그를 미친 사람으로 여기고 당국에 신고를 하고 말았던 것이다. 당국에서는 하느님의 사람인 콘스탄티노스 수도사를 정신병원으로 보냈다. 하지만 의사들은 그에게서 아무런 이상도 발견할 수 없었다. 겉모습만 보고 사물을 판단하는 우리들, 즉 현대인들은 그의 머릿속에 생각과 지식이 풍부했음에도 불구하고 그를 잘못 판단하였다. 그리하여 그에게 아무 이상이 없음을 알면서도 이번에는 양로원으로 보내 버렸다. 그는 난데없이 속세인 테살로니키에 내던져진 것이다. 양로원 구석에서 끊임없이 기도를 하던 그의 눈에서는 눈물이 계속 흘러내렸다.

나는 콘스탄티노스 수도사가 양로원에서 고통 받고 있다는 소식을 듣고 마음이 아팠다. 그래서 양로원 사무실의 여직원에게 연락하여 그를 잘 보살펴 달라고 특별히 당부하였다. 물론 정신병원보다는 양로원이 더 좋은 환경이었다. 하지만 아무리 좋은 환경이라 한들 조용함을 좋아하는 콘스탄티노스 수도사에게 성모 마리아의 정원보다 더 좋은 곳이 있었을까. 그에겐 그곳은 이 세상 어떤 궁전에도 비할 수 없는 곳이었다.

자기가 처한 상황을 이해할 수 없었던 이 가엾은 수도사는 의아해하면서 여직원에게 이렇게 물었다고 한다.

"왜 나를 이곳으로 데려왔습니까?"

그리스도를 향해 수많은 영적 투쟁을 했던 수도사는 여생을 양로원에서 보내야 했고 영악한 사람들로 인해 시련을 겪으며 살았다. 그가 어느 곳에서 세상을 떠났는가는 중요하지 않다. 아토스 성산이 아닌 양로원에서 생을 마쳤다고 할지라도 말이다. 중요한 것은 영리했던 수도사, '하느님의 어린 목동' 콘스탄티노스 수도사는 천국에서 잠에서 깨어날 것이라는 점이다. 그가 우리를 축복하여 주기를 바란다. 아멘.

사바스 수도사

에스피그메노스 수도원

사바스 수도사는 경건한 사람으로 티혼 수도사가 가장 사랑했던 친구들 중 한 사람이었다. 그는 끊임없이 기도를 하였으며 영적으로도 매우 높은 단계에 도달해 있었다. 사바스 수도사는 자신의 부모와 고향 필리피아다를 뒤로한 채, 겨우 열네 살의 어린 나이에 아토스 성산의 성모 마리아 정원으로 왔다. 물론 그는 놀기 위해서 온 것은 아니라, 영적으로 투쟁하기 위해 온 것이었다. 이후 그는 진정 용감하게 투쟁을 하였으며, 그리스도를 향해 무수한 영적 투쟁을 한 결과 마침내 영광의 월계관을 쓰게 되었다.

그가 나에게 한 말에 따르면, 그가 속세를 떠난 것은 성 요아니스 칼리비티스[90]의 성스러운 생애 때문이었다고 한다. 이 성인이 어린 마음속에 그리스도를 향한 부드러운 사랑의 불을 지폈던 것이다. 그리하여 그는 아토스 성산에 있는 에스피그메노스 수도원으로 오게 되었다.

사바스 수도사는 자기 자신은 전혀 돌보지 않고 늘그막까지 매우 착실하게 영적인 투쟁을 하였다. 그는 항상 다른 사람들을 생각하면서 그들의 마음을 편안하게 해 주려고 노력하였다.

하지만 그는 오랫동안 열심히 영적인 수도생활을 하다 보니 건강을 해치게 되어 병에 걸리고 말았다. 하지만 그리스도를 향해 무수한 영적 투쟁을 벌였던 성인 순교자들을 생각하면서 육체적 아픔을 참고 극복하며 하느님을 찬양하였다.

내가 "수도사님, 건강은 어떠십니까?"라고 물으면 그는 매양 다음과 같이 대답하였다.

"하느님께서 어여삐 여기시어 나의 건강 상태는 매우 좋다네. 성인 순교자들에 비하면 나는 아무런 고통도 겪지 않고 있는 것이지. 하긴, 성인들에 비하면 나는 아무것도 한 게 없다네."

그러나 사실 그는 늙을 때까지 영적인 의무를 결코 게을리한 적이 없었다. 기운을 잃고 아픔이 더 심해져도 사바스 수도사는 아픔조차 기쁘게 받아들여 "하느님께 영광을!" 하고 말하곤 하였다.

그를 사랑한 수도원 수도사들은 개인병원에서 진찰을 받을 수 있도록 그를 아테네로 데려갔다. 이때 그는 선량한 수도사로서 동료 수도사들의 뜻을 존중하여 따랐다. 하지만 조용함을 좋아하던 그는 병으로 인한 고통보다 속세의 왁자지껄한 소리 때문에 더 고통스러워하였다. 참다못한 수도사는 자신이 서품을 받았던 수도원이 있는 성모 마리아의 정원으로 데려다 달라고 부탁하였다.

수도사들은 그의 부탁을 받아들였다. 하지만 아토스 성산으로 떠나기 전에 그가 기운을 좀 차릴 수 있도록 잠시 흐리소발란도스 수도원에서 머물기로 하였다.

어느 날 저녁, 그가 머물고 있던 수도원 전체가 형용할 수 없는 향기로 가득 찼다. 수녀원장조차 향기의 원인을 설명할 길이 없었다. 그들은 사바스 수도사가 머물고 있는 켈리에서 향기가 새어 나오고 있음을 알게 되었다. 켈리의 문을 열자, 켈리 전체가 향기로 가득했다. 그와 동시에 수녀들은 이미 하늘나라를 향해 영혼이 떠나간 사바스 수도사를 발견하였다.

그 후 아토스 성산에서 온 수도사들이 그가 처음 수도사가 되었던 수도원으로 유해를 옮겼다. 그가 우리를 축복하여 주기를 바란다. 아멘.

교만한 생각으로 악마에게 시달렸던 수도 사제

　한 수도원에 겉보기에는 매우 독실하지만 내면에 교만한 마음을 품고 있던 수도 사제가 있었다. 그는 수도사가 해야 할 일들을 규칙적으로 수행하는 등 수도생활을 열심히 하였다. 또, 매우 친절한 데다 언변이 뛰어나 사람들에게 곧잘 영적인 충고도 해주곤 하였다. 그러다 보니 사람들은 그에 대한 존경심만 나타낼 뿐 아무도 영적 충고를 하려 들지 않아 정작 본인은 남들에게서 도움을 받지 못하였다. 수도원에서 가장 선하고 덕망 높은 수도사라는 그릇된 생각은 남들뿐 아니라, 수도 사제 자신에게도 좋지 않은 영향을 미쳤다.
　하루는 사람들이 악령 들린 사람을 수도원으로 데리고 왔다. 그러자 수도원장은 악령을 쫓아내는 예식을 그에게 위임하였다. 수도사들은 하느님의 창조물에게서 악마를 쫓아낼 수 있게 기도매듭을 가지고 기도를 하라고 일러 주었다. 물론 이 같은 의식이 악마를 막다른 골목으로 몰아넣는 방법임은 두말할 나위가 없다. 악령이 소리를 질렀다.

"인정머리 없는 인간아! 나를 어디로 쫓아내려는 것이냐?"

수도 사제가 악령을 몰아내고 있다는 착각에 빠뜨리기 위해 악령이 책략을 쓴 것이었다. 자만에 빠진 사제는 악령에게 대답하였다.

"나에게 오라."

그 순간부터 악령은 수도 사제의 몸으로 옮겨가 사제를 마음대로 휘둘렀다.

수도 사제가 한 말은 예전에 파르테니오스 성인[91]이 악령을 쫓아낼 때 한 말이었다. 같은 말이지만 그는 진짜 성인이었기 때문에 결과는 전혀 달랐다. 당시 악령은 성인에게 "파르테니오스! 네 이름만 들어도 내 몸이 달아오르는구나."라고 말하였던 것이다.

몸 안에 악령을 받아들인 사제는 어디에서도 안정을 취하지 못하였고, 오랫동안 고통을 당하였다. 이리저리 속세를 떠돌기도 하였고, 때로는 아토스 성산을 돌아다니기도 하였다. 이로 인해 몸을 떨어 대는 육체적 고통뿐 아니라, 정신적으로도 극심한 피로를 느껴야 했다.

악령은 그의 삶이 막바지에 이르렀을 즈음에야 떨어져 나갔다. 그의 인격이 더 이상 떨어질 곳이 없을 만큼 떨어졌기 때문이었다. 사제는 자신의 인격이 떨어지는 것을 원하지 않았지만, 결국

이 일은 도리어 그에게 큰 도움이 되었다. 이후부터 그는 스스로를 낮출 줄 알게 되었고, 사람들에게 자신을 위해 영적 충고를 해 줄 것을 요청하게 되었던 것이다.

준비 없이 성찬예배를 집전하다가 하느님의 방해를 받은 수도사들

　언젠가 성 아나타시오스 동굴에서 한 수도사가 두 명의 제자와 함께 생활하고 있었다. 제자 중 한 명은 수도 사제였고, 다른 한 명은 보제 수도사였다. 하루는 이 두 제자들이 예배를 집전하기 위해 근처에 있는 작은 성당으로 갔다. 수도 사제는 보제 수도사가 더 영리하고 매사에 능숙하였기 때문에 보제 수도사를 시기하고 있었다. 보제 수도사 역시 이기적이었기 때문에 수도 사제를 도와주지 않았다.
　사제는 성체성혈을 영하는 기도를 하고 형식적으로 필요한 절차를 빠짐없이 하는 등 외적인 준비를 완벽하게 갖추었다. 하지만 불행하게도 가장 중요한 내적인 준비를 하지 않았다. 마음에서 질투와 시기를 쫓아내기 위한 과정, 즉 자신을 낮추면서 고해를 하지 않았던 것이다. 질투와 시기는 옷을 갈아입는다고 해서 없어지는 것이 아니며, 머리를 감는다고 해서 없어지는 것도 아니다.

외적인 준비를 모두 마치자 사제는 예배를 집전하기 위해 봉헌대로 나아갔다. 그런데 봉헌이 시작되자마자 이변이 일어났다. 갑자기 덜컹덜컹하는 소리가 들리더니, 성 쟁반이 봉헌대를 떠나 사라져 버린 것이었다.

두 사람이 더 이상 예배를 계속할 수 없었던 것은 물론이다. 만일 선하신 하느님께서 예배를 막지 않으셨다면, 그리고 수도 사제가 질투심을 지닌 채 예배를 집전하였다면, 아마 그는 큰 불행을 당하였을 것이다.

위에 언급한 이야기는 비글라[92]의 바를라암 신부가 내게 들려준 것으로, 그도 나와 같은 생각을 하고 있었다.

아바쿰 수도사

아바쿰 수도사는 *1979년에* 세상을 떠났다. 그는 여러 은총 중에서도 특히 성경에 있는 모든 구절들을 자세히 기억할 수 있는 은총을 지니고 있었다. 전에 그는 비글라의 인적 없는 곳에서 수도를 하였으나, 그를 겁먹게 한 어떤 사건을 겪은 뒤로 메기스티 라브라 수도원[93]에서 머물렀고, 진정한 삶이 있는 곳, 즉 하늘나라를 향해 떠나기 며칠 전까지도 그곳에 있었다.

그가 겪었던 사건의 경위는 다음과 같다. 아바쿰 수도사가 비글라에서 지내던 때의 일이다. 하루는 그가 바위 위에서 기도매듭을 가지고 기도를 하고 있는데, 갑자기 악마가 '빛나는 천사'의 모습을 하고서 그의 앞에 나타났다. 악마가 말하였다.

"아바쿰, 너를 천국으로 데려오라고 하느님께서 나를 이곳에 보내셨다. 그건 네가 이미 천사가 되었기 때문이다. 그러니 어서

메기스티 라브라 수도원

함께 하늘을 날도록 하자."

겁에 질린 아바쿰 수도사는 다음과 같이 말하였다.

"당신은 날개가 있어서 날 수 있겠지만, 제가 어떻게 하늘을 난단 말입니까?"

천사로 변장한 악마가 말하였다.

"아바쿰! 너는 천사가 되었기 때문에 이미 날개를 가지고 있다. 다만 그 날개를 네가 볼 수 없을 뿐이다."

그러자 아바쿰 수도사는 자신을 낮추면서 성호를 긋고서 말하였다.

"성모님! 제가 누구이기에 하늘을 날 수 있단 말입니까?"

자신을 낮추는 말이 채 끝나기도 전의 일이었다. 그 순간 천사는 검은 박쥐의 날개가 달린 염소의 모습으로 변하더니 절벽에서 뛰어내려 바다 위로 날아가 버렸다.

아바쿰 수도사는 그를 보호하여 주신 성모님께 감사를 드렸다. 그리고 겁에 질려 칼리비로 가서 자루를 챙긴 다음 메기스티 라브라 수도원으로 갔다. 이후로 그는 다른 수도사들과 함께 그곳에서 안전하게 살았다. 자신의 고행실인 비글라에는 매년 서너 번 정도만 갔고, 거기서 성찬예배를 마치면 다시 메기스티 라브라 수도원으로 돌아왔다.

그는 하느님의 계시를 통해 자신이 세상을 떠나는 날이 언제인지 미리 알고 있었다. 영면할 날이 가까워오자 그는 수도생활을 하는 곳에서 영면하기 위해 자신의 고행실인 비글라로 되돌아갔다. 그리고 그곳에서 세상을 떠났다.

비글라는 그가 젊었을 때 수도사로서의 의무를 다하기 위해, 그리고 인간적인 경지를 벗어나기 위해 엄청난 영적 투쟁을 하였던 곳이다. 세상을 뜨기 며칠 전, 수도사들이 아바쿰 수도사를 보기 위해 비글라를 방문한 일이 있었다. 수도사들은 아바쿰 수도사가 매우 즐거워하는 것을 알았다. 기쁨에 겨운 그의 모습이 이상해서 한 수도사가 물었다.

"아바쿰 수도사님! 돌아가실 날이 얼마 남지 않았는데, 즐거워하시는 표정이 역력하십니다."

그러자 아바쿰 수도사가 대답하였다.

"내가 어찌 기뻐하지 않을 수 있겠는가? 나는 젊었을 때부터 하느님의 은총으로 할 수 있는 모든 투쟁을 하였다네. 이제 나는 그리스도 하느님 곁으로 갈 것이니 매우 기쁠 수밖에."

 이렇게 그리스도의 착실한 투쟁자들은 기쁜 마음으로 이 세상을 떠난다.

철부지 수도사들

언젠가 세속에서 아주 사이가 좋던 두 젊은이가 아토스 성산으로 찾아와 수도사가 되었다. 하지만 그들은 불행히도 선배 수도사들이 하는 충고를 무시하고 귀담아듣지 않았다. 그들은 영적인 주제에 관해 논의할 때에도 성숙되지 않은 생각들을 주고받으며 서로 맞장구를 칠 뿐이었다. 그들은 한계에 다다를 때까지 무작정 금식을 하였다가 한꺼번에 폭식을 해댔다. 또, 철없는 생각으로 사람들과의 발길을 일절 끊고 수도생활을 하다가 어리석은 생각을 늘어놓을 심산으로 사람들을 찾아 돌아다니기도 하였다. 즉, 세속에 있었을 때의 철부지 생각들을 수도생활을 하면서도 버리지 못했던 것이다. 결국 이 수도사들은 악마의 생각대로 이리저리 휘둘리게 되었다.

이 둘은 서로 친형제처럼 사랑하였다. 하지만 이것이 무슨 소

용이 있단 말인가? 그들은 나이 많고 경험 있는 수도사의 말을 듣지 않은 탓에 이기적인 생각이 가득 차 영적으로 눈이 멀어 있었다. 하고 싶은 일이 있으면 어느 한 사람 이의를 제기하지 않고 서로 동의하며 거리낌 없이 하였다. 사이가 좋았던 두 사람은 이 세상뿐 아니라 다른 세상에서도 서로 절대로 헤어지지 말자고 약속하였다. 그런데 악마가 이것을 이용하여 엄청난 사건을 꾸몄다.

어느 날 한 수도사가 말하였다.

"우리는 서로 같은 날 죽기로 약속했지 않나? 그런데 아무래도 그게 지켜지기 어려운 일 같단 말일세. 곰곰이 생각해 보니 제일 확실한 방법은 우리가 함께 죽음을 택하는 길만이 그 약속을 지킬 수 있게 할 것 같아. 죽은 사람을 자루에 묶어서 바다에 던지듯 우리 둘 다 자루 속에 함께 들어가 바다에 뛰어드는 것일세. 그것만이 우리가 약속을 지킬 수 있는 유일한 길이라는 생각이 든다네."

불행하게도 다른 수도사는 이 제안을 기꺼이 받아들였다. 그들은 담요 한 장과 끈, 대바늘을 가지고 즐거운 마음으로 바닷가의 바위 위로 올라갔다. 그리고 담요 속에 들어간 다음, 대바늘로 둘레를 잘 꿰매고서 바다로 뛰어들었다. 담요에 둘둘 말린 채 바다에 뛰어들었으니 죽는 것은 당연한 일이었다. 꽤 오랜 세월이 지난 뒤, 볼로스 해변에서 그들의 시신이 발견되었다(이것은 1912년에 일어난 일이다).

세상을 놀라게 했던 이 슬픈 사건은 우리 수도사들은 언제나 조심해야 한다는 것을 다시 한 번 더 일깨워주는 교훈으로 남게 되었다. 우리는 하느님께서 이들이 저지른 일을 자살로 간주하지 않고, 부디 어린이의 철없는 행동으로 여기셔서 눈감아 주시기를 간구해야 할 것이다. 아멘.

자기 뜻만 고집하던 수도사

카프소칼리비아 스키티에 매우 고집이 센 제자 수도사가 있었다. 그는 자신이 원하는 것을 하기 위해 언제나 스승에게 허락해 주시기를 강요하곤 하였다.

하루는 제자가 스승을 도와 일을 하고 있었다. 그는 그 일이 수도사로서 반드시 해야 하는 의무였음에도 불구하고 스승을 도왔다는 핑계로 또다시 떼를 쓰기 시작하였다.

"제가 10분만 잘 수 있도록 허락하여 주십시오."

스승 수도사는 대답하였다.

"조금만 참고, 내가 만드는 이것을 좀 잡고 있게나. 30분 후면 일이 다 끝날 것이니 그때 잠을 자게."

그렇지만 제자 수도사는 허락을 받기 위해, 스승 수도사를 계속 졸랐다. 스승 수도사는 그에게 다시 말하였다.

"축복받은 이여, 도대체 자네가 원하는 10분 동안에 무슨 잠을 잘 수 있단 말인가?"

그러나 제자는 막무가내였다.

"부디 제가 잠을 잘 수 있도록 허락하여 주십시오."

제자 수도사의 끈질긴 요청에 결국 스승 신부는 허락을 하고 말았다. 허락이 떨어지자마자 제자는 잠을 자러 갔다.

그러나 제자는 침대에 눕자마자 엄청난 일을 당하였다. 미친 듯이 날뛰는 사탄이 제자를 덮쳤던 것이다. 사탄은 제자를 쥐고는 빨래를 짜듯이 그의 몸을 비틀었다. 고집불통 제자는 이 상황에서 벗어나려고 무진장 노력하였으나 헛된 노력일 뿐이었다. 마침내 그는 초조해진 마음으로 외쳤다.

"예수 그리스도 하느님이시여! 제 스승 수도사의 체면을 생각하시어 부디 저를 불쌍히 여기소서!"

제자는 스승의 말을 듣지 않았던 자신이 참으로 가치 없는 인간임을 깨달았다. 도움을 요청할 면목조차 없었지만 그렇게 되면 스승의 체면이 서지 않으므로 그리스도께 스승을 위해서 자신을 불쌍하게 여겨 달라고 간청하였던 것이다. 이 기도는 위력을 발휘해서 사탄은 불길에 휩싸였다. 그러나 화가 난 사탄은 제자 수도사를 창문 밖으로 50미터쯤 되는 곳으로 던져버렸다. 다행히 그는 하느님의 보호로 전혀 다치지 않았다.

잔뜩 겁에 질린 수도사는 스승인 수도사에게로 달려가 자신이 겪은 일을 이야기하였다. 하지만 스승은 10분 동안에 벌어졌다고 하는 이 엄청난 일들이 도무지 이해가 되지 않았다.

사탄의 공격과 하느님의 선처로 자신의 잘못을 깨달은 제자는 그 후 스키티에서 가장 순종을 잘하는 수도사가 되었다. 그리고 영적으로도 많은 이들에게 모범이 되었다.

경건하게 순종하는 제자 수도사

　　에스피그메노스 수도원의 한 젊은 수도사는 성당에서 하는 예배에 참여하지 않고 자신의 켈리에서 혼자 기도하였다. 기도에 정신을 집중하다 보면 감격에 사로잡혀 울먹이거나 울음이 솟구쳤기 때문이었다. 그는 하느님에 대한 이 같은 감정이 사람들 앞에 고스란히 드러나는 것이 신경 쓰여 혼자서 기도하였던 것이다.

　　하지만 그가 몇 번 예배에 참석하지 않는 것을 알게 된 수도원장이 그를 사무실로 불렀다.

　　"자네는 왜 다른 수도사들처럼 예식에 참여하지 않는 건가?"

　　수도사는 대답하였다.

　　"그것은 제가 아무도 보는 이 없는 제 켈리에서 정신을 더 집중할 수 있기 때문입니다. 그곳에서는 감동에 젖어서 더 오랜 시간을 기도할 수 있지만, 성당에서는 아무래도 그렇게 기도하기가 힘이 듭니다."

그러자 분별력 뛰어난 소프로니오스 수도원장이 말하였다.

"자네 말이 옳네. 하지만 계속 그러면 안 좋은 소문이 돌 수 있으니 성당에 와서 예배를 드리게나."

수도사는 수도원장의 충고를 받아들였다. 그래서 이후로는 제일 먼저 성당에 가서 예배에 참석하였다.

그러나 얼마 후 수도원장이 그에게 수도원 밖에서 해야 하는 일을 맡김으로써 그가 마음 편하게 기도할 수 있도록 배려한 것이었다. 덕분에 수도사는 영적으로 큰 도움을 받았고, 더 깊은 경건함을 갖추게 되어 마음에서 우러나는 기도를 하게 되었다.

자기 뜻만 내세운 게으른 수도사

카프소칼리비아 스키티에 한 젊은 수도사가 있었다. 그는 스승으로 모시는 수도사도 없이 자기 뜻대로 살고 있었다. 그러다 보니 자연스레 악마가 멋대로 조종하여 그는 마침내 게으름에 빠지고 말았다. 처음에는 금식도 많이 하였으나 나중에는 중지하고 더 많이 먹어 댔다. 포도주도 마셨다. 또 젊은 나이에 치미는 욕정을 제어하지 못한 탓에 잠잘 때에는 수단을 벗고 속옷만 입은 채 잤다.

그의 행동을 보신 성모께서는 어느 날 그를 흔들어 깨운 다음, 인자한 어머니로서 자애롭게 말씀하셨다.

"이제부터는 음식에 주의를 하여라. 그리고 잘 때에는 수단을 입고 조심해서 자려무나."

이후부터 그가 영적으로 인간의 경지를 초월하기 위해 늘 경건하게 투쟁하였음은 두말할 나위가 없다.

태만한 젊은 수도사

필라레토스 수도사가 콘스타모니티스 수도원의 원장으로 있었을 때의 일이다. 한 젊은 수도사가 있었는데, 어찌나 게으른지 예배에도 참여하지 않은 것은 물론이요, 자신이 해야 할 영적인 의무조차 다하지 않았다.

경건한 필라레토스 수도원장은 그를 계속 영적으로 타이르고 충고하였지만, 그는 여전히 모든 것에 무관심하였다. 수도원장은 젊은 수도사를 성모님께 맡기는 수밖에 없다고 판단하였다. 그리하여 이 젊은 수도사를 도와주십사고 밤낮으로 성모님께 기도를 드렸다.

그러던 어느 날 젊은 수도사의 앞에 성모 마리아께서 나타나셨다. 성모께서는 슬픈 표정으로 말씀하셨다.

"차마 눈 뜨고 볼 수 없는 이 비참한 상황이 참으로 안쓰럽구나! 건강하고 젊었을 때에 기도하러 가지 않고, 하릴없이 켈리에 앉아서 나쁜 생각들로만 머리를 채우고 있다니! 참으로 처량한 일이로구나! 언제 성당에 갈 것이냐? 늙은 뒤에 갈 것이냐? 아니면 병들었을 때 갈 것이냐?"

이후 젊은 수도사는 그동안의 습관을 모두 버리고 제일 먼저 성당에 가서 예배를 드렸다. 그리고 마음에서 우러나는 영적 투쟁을 계속해 나갔다.

태만한 늙은 수도사

한번은 카리에스 근처에 있는 한 켈리에 나이 많은 사람이 와서 수도사가 된 일이 있었다. 하지만 그가 수단 착용 예식을 치른 것은 오로지 편안하게 살려는 목적에서 한 일일 뿐이었다. 당연히 수도사로서 지켜야 하는 최소한의 규칙조차 지키는 일이 없었고, 영적인 노력은 더욱 할 리가 없었다. 그러면서도 입으로는 "정식으로 수도사가 되면 그때부터 규칙을 지키고 영적으로도 노력할 거야."라고 말하곤 하였다. 이렇게 함으로써 양심의 가책에서 벗어나 마음 편히 살 수 있었던 것이다.

그러는 사이에 그가 이 세상을 떠날 날이 가까워 오고 있었다. 그는 이 사실을 전혀 모른 채 지내다가 마침내 인생의 종말을 맞이하였다.

몸져누운 몸에서 영혼이 빠져나가려는 순간, 악령들이 그의 주위를 에워쌌다. 그는 악령들과 몸서리치는 대화를 나누다가 괴로움을 참지 못하고 도와달라며 소리를 질렀다. 소리를 들은 켈리 담당 수도사가 달려와서 물었다.

"무슨 일입니까?"

나이 많은 수도사는 말하였다.

"내가 지키지 않은 규칙들 때문에 악령들이 나를 괴롭힙니다."

켈리 담당 수도사는 다음과 같이 말하면서 떠났다.

"제가 대신 할 거라고 악마들에게 말하십시오."

얼마 후 늙은 수도사는 또다시 소리치기 시작하였다. 켈리 담당 수도사는 다시 달려와서 물었다.

"무슨 일입니까? 제발 소리 지르지 마십시오. 다른 수도사들이 모두 깨겠습니다."

늙은 수도사가 말하였다.

"수도사님, 내가 예배에 참석하지 않았기 때문에 악마들이 나를 못살게 군답니다. 괴로워서 참을 수가 없습니다."

켈리 담당 수도사 대답하였다.

"제가 예배하러 성당에 대신 내려갈 것이라고 대답하십시오."

이렇게 해서 게을렀던 늙은 수도사의 영혼은 편히 쉬게 되었으며, 하늘나라로 떠나게 되었다.

크시로포타모스 수도원의
자유로운 규칙을 지적한 천사

크시로포타모스 수도원[95]에서는 수도사들이 저마다 자율적으로 수행을 하던 때가 있었다. 그러던 어느 날 수

크시로포타모스 수도원

도원의 관리 책임자 앞에 하느님의 천사가 나타났다.

"이곳 수도원에 있는 당신들은 도대체 무얼 하는 것인가? 하느님의 부름으로 영적으로 높은 단계에 있는 영혼을 이 수도원에서 데려간 지 무려 30년이나 지났도다."

당시 그 수도원의 신부들은 영적 투쟁을 게을리하였으며, 신부로서 지켜야 하는 규칙도 제대로 지키지 않은 채 속세에 있는 사람들처럼 생활하기 시작하였던 것이다.

남을 비난하지 않음으로써
수고 없이 구원된 사람

어떤 사람이 수도사가 되기 위해 카프소칼리비아 스키티를 찾아왔다. 그러나 스키티의 수도사들은 그를 받아들이지 않았다. 그것은 그가 매우 게으르고 나태할 뿐만 아니라, 매사에 말썽을 일으켜서 문제를 만들었기 때문이었다. 그러나 그는 마음의 평온을 느낄 수 있는 스키티가 아주 마음에 들었다. 그래서 자신이 비록 수도사는 아니더라도 그곳에 머물면서 가끔 일이나 할 수 있게 해 달라고 부탁하였다.

이렇게 해서 그는 속세 사람이지만 스키티에서 지내게 되었다. 그는 죽음이 임박할 때까지 게으르고 나태하게 지냈다. 마침내 죽음의 시간이 다가왔을 때 수도사들은 그를 불쌍히 여기고 곁에 있어 주었다. 그 순간 그는 몸은 아직 이 세상에서 살아 있으나 영혼은 다른 세상에 머무는 기이한 경험을 하였다. 정신이 돌아오자 그는 수도사들에게 자신이 본 엄청난 일을 말하였다.

"제가 무엇을 보았는지 아십니까? 제 앞에는 마하엘 천사장이 저의 죄목이 낱낱이 적힌 종이를 손에 들고 서 있었습니다. 그분께서는 제게 이렇게 말씀하셨습니다.

'이것이 보이느냐? 네가 한 모든 일들이 여기 적혀 있노라. 그러니 너는 지옥에 갈 준비나 하여라.'

그래서 저는 천사장에게 말하였습니다.

'천사장님, 혹시 제가 지은 죄 중에서 사람들을 비난하고 험담한 일이 있는지 살펴보십시오.'

천사장은 종이를 자세히 들여다보더니 말하였습니다.

'아니, 그런 죄는 적혀 있지 않다.'

그래서 나는 다시 천사장에게 말씀드렸습니다.

'하느님께서 '남을 판단하지 말라. 그러면 너희도 판단 받지 않을 것이다.' 라고 말씀하시지 않으셨습니까? 그러니 그 말씀대로라면 저는 지옥에 가서는 아니 됩니다.'

그러자 미하엘 천사장은 제 죄가 적힌 종이를 찢어 버리셨습니다.

수도사님들! 저는 이제 천국에 갈 것입니다. 스키티에서는 제가 수도사가 될 자격이 없다고 말씀하셨지요? 그래서 저는 하는 수 없이 속세 사람의 자격으로 스키티에서 일하게 되었습니다. 하지만 축일에는 본성당[96]에 나가 예배를 드렸습니다. 그러던 어느 날 예배 도중에 '남을 판단하지 말라. 그러면 너희도 판단 받지 않을 것이다.'[97]라는 성경 구절을 듣게 되었습니다. 그때 저는 마음속으로 '불쌍한 인간아, 적어도 이것 하나만큼은 꼭 지켜라.' 하고 생각하였던 것입니다. 이후 저는 이 말씀을 지켰습니다. 덕분에 저는 다른 고생을 하지 않고도 구원을 받게 된 것입니다."

말을 마친 후, 그는 미하엘 천사장에게 자신의 영혼을 바쳤다.

메토디오스 수도사와 요아킴 수도사의 죽음에 대한 계시

1978년 9월 14일, 카리에스의 성 테오도리 켈리에서 지내던 메토디오스 수도사는 카리에스 더 아래쪽에서 살고 있던 흐리스토포로스 수도사를 불렀다. 그러고는 쿠트루무시 수도원에서 지내는 요아킴 수도사(이 세 수도사는 같은 루마니아 출신이다)에게 가서 곧 이 세상을 떠나게 되니 준비를 해 두라는 전갈을 전해 달라고 부탁하였다. 아울러 자신과 요아킴 수도사는 다음 날 함께 이 세상을 떠날 것이라고 덧붙여 말하였다.

흐리스토포로스 수도사는 쿠트루무시 수도원으로 가서 요아킴 수도사를 만났다.

"요아킴 수도사님, 안녕하십니까? 메토디오스 수도사께서 내일 같은 시간에 두 분이 함께 이 세상을 떠날 것이니, 준비를 하시라고 말씀하셨습니다. 그리고 그간의 잘못들에 대해 부디 용서를 해 달라고 말씀하셨습니다."

요아킴 수도사는 메토디오스 수도사와 함께 세상을 떠난다는 말을 듣자 흐뭇해하면서 말하였다.

"이 말이 축복이기를 바라네! 메토디오스 수도사가 이같이 말을 할 때는 무엇인가 알고 있을 것이네."

그날 요아킴 수도사는 성체성혈을 받았다. 그는 아나스타시오스 보제 수도사에게 말하였다.

"내 인생에 이런 기쁨은 처음 느끼네."

요아킴 수도사는 켈리로 돌아가 기쁜 마음으로 죽음의 시간을 기다렸다.

그는 기다리는 동안 쉬지 않고 루마니아어로 "내 어머니 성모여! 내 어머니 성모여!"라고 말하였다. 요아킴 수도사는 열여섯 살의 어린 나이에 자신을 낳아 준 어머니와 아버지를 떠나 성모 마리아의 정원으로 와서 수도사가 되었으니, 성모 마리아를 어머니라 부르지 못할 까닭이 어디 있겠는가?

그는 그리스도를 향한 사랑과 영원으로 자신을 채우기 위해 혈육과의 관계를 끊고서 아토스 성산에서 90세까지 영적으로 격리된 생활을 하였다. 즉 16세 때 이미 속세를 지워 버리고 '생명의 책'에 등록된 것이다.

그는 "나의 어머니 성모님! 나의 어머니 성모님!"을 되풀이하다가 오전 11시에 어린아이처럼 고요하게 눈을 감고 성모의 품에 안겨 편안히 영원한 잠에 들었다.

정확히 같은 시각에 메토디오스 수도사 역시 70세의 나이로 거룩하게 영면하였다. 두 수도사는 평소에도 서로를 매우 사랑하여 이 세상뿐 아니라 다른 세상에서도 헤어지지 않기를 하느님께 간구하였는데, 선하신 하느님께서 그들을 어여삐 여기시어 소원을 들어주신 것이다. 이들이 축복받은 영혼이 되어 함께 이 세상을 떠났으니 이 또한 하느님께서 우리에게 주신 도움이리라. 아멘.

스승에게는 순종하지 않았으나 하느님께 희망을 걸어 구원된 제자 수도사

카리에스의 성 테오도리 켈리에서 지내는 메토디오스 수도사는 고인이 된 자신의 스승에 대하여 간혹 언급하곤 하였다. 스승의 뜻에 너무나 순종적이었던 자신의 태도를 제자들과 비교하면서 제자 수도사들의 영적인 발전에 대하여 매우 걱정했다고 한다. 그리하여 이 세상을 떠나는 순간까지도 매우 괴로워했다고 한다.

몇 년 후에 메토디오스 수도사는 환영을 통해 자신의 스승이었던 수도사를 만났다. 제자 수도사는 스승에게 직접 물었다.

"스승님! 어디에서 어떻게 지내십니까?"

스승 수도사가 대답하였다.

"잘 지낸다네. 나는 구원을 받았네. 사실 중요한 건 내가 어떻게 구원받았냐 하는 거지. 실은 나는 나의 스승 수도사에게 순종을 하지 않았기에 구원 받기가 어려웠다네. 내가 죽고 나서 천사는 엄한 모습을 하고 나에게 물었다네.

'자네는 죽기 전에 좋은 일을 했는가? 했다면 무슨 일을 하였는가?'

나는 대답하였네.

'저는 아무것도 잘한 것이라곤 없습니다. 저는 죄를 저지른 것 말고도 제 스승이었던 수도사에게 순종하지 않았습니다. 단지 제가 가지고 있던 것이라면 하느님에 대한 희망이었고, 그것은 하느님의 사랑이 제게 주셨던 것입니다.'

천사가 그리스도께 여쭈러 가더니 잠시 후에 돌아와서 다음과 같이 말하였네.

'자신을 낮추면서 스스로 잘못을 인정하였고 오로지 하느님께만 희망을 걸었으므로, 그리스도께서 자네를 구원 받은 사람들이 있는 곳으로 보내라고 말씀하셨네.'

그러자 메토디오스 수도사는 지금은 고인이 되었지만 한때 잘 알고 지냈던 톱질을 하던 사람에 대하여 스승에게 물었다.

"스승님! 톱질을 하던 사람은 어떻게 되었습니까?"

스승 수도사는 대답하였다.

"그는 나보다 더 좋은 곳에 있다네. 그는 평생을 아주 고생하며 살았고, 자신의 모든 주인들에게 스스로를 낮추면서 복종하며 살았지. 게다가 한 번도 힘들다고 한숨을 쉬거나 한탄하지 않고 자신의 주인들을 위해 일하였기 때문에 좋은 곳에서 살게 되었네."

메토디오스 수도사는 이번엔 악령에게 시달리다 괴로움 속에서 죽어 간 사람은 어디로 갔는지 스승에게 물었다. 그러자 스승 수도사는 대답하였다.

"이 사람은 톱질을 하던 사람보다도 더 좋은 곳에 있다네. 악령이 항상 사람들 앞에서 망신을 주고 그의 위신을 떨어뜨렸지만, 그때마다 그는 자신을 낮추면서 '수도사님들의 기도가 이번에도 가련한 저를 구원해 주실 것입니다' 라고 말하였기 때문이라네."

메토디오스 수도사의 스승은 이 세상을 떠나던 순간에도 사람들에게 놀라운 일을 보여 주었다. 스승 수도사의 혼이 몸에서 빠져나갔다가 다시 돌아와서 깨어난 것이다. 이를 지켜본 수도사들이 놀라서 그에게 물었다.

"참으로 놀라운 일입니다. 어떻게 혼이 몸에서 빠져나갔다가 다시 돌아올 수 있습니까?"

스승이 대답하였다.

"나의 혼이 몸에서 빠져나와 얼마 되지 않았을 때 한 천사가 나타나 말을 하더군.

'다시 이승으로 돌아가서 먼저 자네의 동생과 작별 인사를 나누게나.'

나는 천사에게 말하였다네.

'저는 피를 나눈 동생도 없고, 수도생활을 하면서도 동생이라곤 없었습니다.'

천사는 대답하였다네.

'이곳에서 말하는 동생이란 자네의 몸을 의미한다네. 몸은 영혼과 한 형제거든.'

영혼이 나의 몸으로 되돌아오고 나서야 비로소 내 자신을 알게 되었지. 그러자 천사는 다시 내게 말하였네.

'자, 이제 자네의 몸과 작별 인사를 나누게나. 평생을 육신과 힘들게 지냈으니 말일세.'"

이 말을 마치고 스승 수도사의 영혼은 영원히 하늘나라를 향해 떠났다.

세상을 떠난 수도사를 만난 성가대원 수도사

요아니스 보제 수도사가 최근에 세상을 떠났다. 그는 라브두호스 켈리에서 성가대원으로 특히 유명했는데, 세상을 떠나기 전에 마지막 성가를 부르고 싶어서 그리고리오스 수도원[98]의 축일에 참여한 일이 있었다.

그는 철야 예배가 시작되기 전에 진행되는 대만과에서 성가를 불렀다. 대만과를 마치고 그는 외부인을 접대하는 방에서 커피를 마시며 잠시 쉬다가 계속 성가를 부를 생각이었다.

접대실에서는 성가나 성가를 부른 수도사들에 관한 이야기가 오가고 있었는데, 그때 요아니스 보제가 말하였다.

"다윗 수도사님은 여전히 정정하시더군."

마카리오스 수도사(고참 수도사들 중의 한 사람)는 그 말을 듣고 이상하게 여겨 물었다.

그리고리오스 수도원

"무슨 말인가? 다윗 수도사는 6개월 전에 이미 세상을 떠났다네. 자네, 착각을 하였군."

요아니스 보제는 어안이 벙벙한 얼굴이 되었다가 이내 자신에 찬 목소리로 마카리오스 수도사에게 말하였다.

"다윗 수도사가 언제 돌아가셨는지는 나는 모르네. 나는 오히려 자네가 하는 말을 이해할 수가 없네. 대만과가 진행되는 도중에 나는 밖에서, 바로 몇 분 전에 다윗 수도사를 보았네. 그와 인사를 나누었고, 서로 성가에 대해 이야기도 하였다네. 나는 이게 사실인걸 아네."

트리폰 수도사

트리폰 수도사는 2년 전인 1978년에 아토스 성산에서 그리스도에 대한 영적인 투쟁을 마쳤다. 삶의 덧없음을 극복하여 거룩하게 된 그의 영혼은 영원한 삶이 있는 하늘나라로 떠나갔다.

트리폰 수도사는 1910년 25세의 나이로 조국 루마니아를 떠나 성모 마리아의 정원으로 왔으며, 캅살라의 정상에서 미하엘 수도사와 함께 지냈다. 스승인 미하엘 수도사는 매우 경건하고 전통을 지키는 사람이었다. 그가 오래전에 살았던 지혜롭고 경험 많던 수도사들과 닮았다고 해도 과언이 아니다. 그는 많은 영적인 투쟁을 하며 살았다. 사는 동안 필요한 물건들은 자신이 직접 만든 국자와 물물교환을 해서 마련하였다. 만일 누군가가 그에게 무언가를 대가 없이 주어 그것을 받게 되면 그 사람을 위하여 계속해서 기도를 하거나 때로는 기도에 상응하는 물건을 주기도 하였다.

한번은 미하엘 수도사가 그 당시 갓 입문한 수도사였던 제자 트리폰 수도사를 어느 수도원으로 심부름 보낸 일이 있었다. 자신들이 만든 수공품을 수도원에 전해 주는 일말고도 수도원의 일꾼이 기른 양배추 한 포기와 나무 국자 한 개를 바꾸기 위해서였다. 그러나 그 일꾼은 무슨 일 때문인지 매우 화가 나 있었다. 일꾼은 쓸모없는 양배추 겉잎을 두 장 떼어 트리폰 수도사에게 내던지더니 하던 일을 계속하였다.

트리폰 수도사는 그 잎을 두 장 집어 들고서 말없이 캅살라로 걸음을 옮겼다. 가는 동안 그의 머릿속은 연로한 스승이 무슨 수로 양배추 잎 두 장으로 식사를 할 수 있을까 하는 걱정으로 가득하였다. 스승 또한 제자 수도사가 가져온 양배추 잎을 보면서 제자가 무슨 수로 겨우 양배추 잎 두 장으로 식사를 할 수 있을지 걱정하였다. 한참 후 스승 수도사는 제자에게 불을 지피고 냄비에 물을 채우라고 말하였다. 그리고 나서 양배추 잎 두 장을 냄비에 집어넣고서 성호를 그었다. 잠시 후 스승 수도사는 트리폰 수도사에게 냄비를 불에서 내리게 하였다. 트리폰 수도사는 당시의 일을 회상하면서 이렇게 말하였다.

"이게 웬일인가? 냄비 속에는 양배추 하나가 통째로 들어 있었다네!"

미하엘 수도사에게는 거룩함이 있었음에 틀림없다. 그렇지 않

고서야 이 일을 설명할 길이 없기 때문이다

　1917년 큰 기근이 발생했을 때의 일이다. 트리폰 수도사는 스승에게서 허락을 받고 할키디키로 갔다. 그리고 자신들과 주위의 고행 수도사들을 위해 수도원에서 경작하는 밭에서 추수를 해서 밀을 조금 가져왔다. 그는 그 해 이후로는 한 번도 속세에 나가지 않았으며, 아토스 성산에서 끊임없이 영적 투쟁을 하다가 1978년에 하늘나라의 진정한 세계를 향해 떠나갔다.
　아토스 성산으로 온 이후, 그는 평생을 캅살라의 높은 곳에서 하늘을 나는 새처럼 살았다. 그의 얼굴은 인간의 경지를 벗어나 환하게 빛나고 있었다. 그를 찾은 사람들은 그의 얼굴을 보는 것만으로도 영적인 힘을 얻었다. 하지만 외진 곳에 살았던 그를 발견하기란 그리 쉽지 않았다. 그래서 그는 사람들이 주는 위안을 전혀 받을 수가 없었다. 그러나 사람들이 주는 위안이 없는 곳에는 거룩함이 찾아오게 된다. 하느님께서는 천사들과 성인들을 시켜 그에게 하늘나라의 기쁨을 보내 주셨다. 트리폰 수도사처럼 천사와 성인들을 만나는 사람은 항상 천국을 맛보며 살면서 야생 동물이나 하늘을 나는 새들과도 친하게 지낸다.
　이오삽 수도사는 이오삽 페오스의 성화 작가 출신으로 매우 경건한 사람이었다. 한번은 그가 선조 아브라함이 손님들에게 했던 것과 같이 속세에 있는 사람들을 환대해서 자신의 거처에 묵게 한 적이 있었다. 그런데 불행하게도 접대를 잘 받은 그 사람들이 그에 대하여 나쁜 소문을 퍼뜨렸다. 그가 수도사로서 지켜야 할 도리를 지키면서 살고 있었음에도 불구하고, 수도사들이 편하게만 지낸다고 생각했던 것이었다. 속세사람들이 수도사의 삶을 이해한다는 것이 매우 어렵다는 것을 깨달은 이오삽 수도사는 사람들이 수도사의 진정한 삶을 이해하기 위해서는 이들에게 캅살라에 있는 칼리비들을 그대로 보여 주는 것이 좋겠다고 생각하였다.

실제로 속세의 사람들 몇몇이 고행 수도사들을 방문하고는 감탄을 금치 못했다. 이오삽 수도사는 이번엔 그들을 트리폰 수도사의 고행실로 데려갔다. 물질문명과 전혀 접촉하지 않고 살아가는 트리폰 수도사를 본 그들은 어안이 벙벙해졌다. 이오삽 수도사가 방문객들에게 자신을 낮추며 말하였다.

"세속에 있는 사람들과 접촉을 하는 저로서는 트리폰 수도사 같은 사람에게 있는 그 어떤 은총조차도 지니고 있지 못합니다. 함께 지내는 야생동물들이나 하늘을 나는 새들과 접촉하는 그런 능력도 제겐 없습니다. 여러분이 직접 눈으로 확인할 수 있도록 제가 한번 새들을 불러 보겠습니다."

이오삽 수도사는 큰 소리로 새들을 불렀으나, 한 마리도 나타나지 않았다. 잠시 후 트리폰 수도사가 방문객들에게 물을 대접하려고 주전자를 들고 나타났다. 이오삽 수도사가 그에게 말하였다.

"트리폰 수도사님! 여기에 새가 한 마리도 없다니 이럴 수가 있습니까?"

수도사는 순진하게 대답하였다.

"뭐라고? 새들이 없다고?"

그가 바로 외쳐 부르자 온갖 새들이 모여들어 그의 주위를 맴돌았다. 몇몇 새들은 그의 어깨 위에 앉았고, 몇몇 새들은 그의 모자 위에 앉았다. 이 광경을 본 방문객들은 감탄하면서 하느님을 찬양했다. 이렇게 해서 그들은 영적인 도움을 받고 그곳을 떠났다.

언젠가 나는 캅살라에서 길을 잃은 적이 있었다. 어느 좁은 오솔길을 따라 걷다가 트리폰 수도사의 칼리비가 있는 곳까지 오게 되었다. 그의 칼리비는 다 쓰러져 가는 오두막이었다. 칼리비의 몸체에서 지붕까지 온통 버터를 담았던 깡통들을 펴서 이어 붙인 양철로 덮여 있었는데, 바람에 날아가지 않도록 군데군데 돌들도 얹혀 있었다.

잠시 후 한구석에 놓인 통나무에 앉아 기도를 하고 있는 수도사의 모습을 발견하였다. 그의 얼굴은 빛나고 해맑은 모습을 하고 있었다. 그는 눈을 감은 채 꼼짝도 않고 기도를 하고 있었다. 나는 곁으로 다가가서 말을 건넸다.

"수도사님, 안녕하십니까? 여기서 무엇을 하십니까? 여기서 어떻게 뭘 드시며 지내십니까?"

그는 미소를 지으면서 나에게 인사를 하더니 말하였다.

"나는 양이 되었다네. 그래서 풀을 먹으며 지낸다네."

"연세가 어떻게 되십니까?"

"아흔셋이라네."

그 말을 듣고 나는 놀라움을 감출 수 없었다. 그는 내게 대접할 물을 가져오려고 자리에서 일어나 걸음을 옮기기 시작했다. 그런데 왼쪽 발을 질질 끄는 모습이 매우 힘겨워 보였다. 자세히 보니 왼쪽 발은 낡은 천 같은 것으로 묶여 있었다.

나는 물었다.

"수도사님, 그 발은 어찌된 일입니까?"

그가 나에게 말하였다.

"지붕에서 돌이 떨어지는 바람에 발을 다쳤다네."

나는 잠시 생각하였다.

'방이 있는지 물어보자. 혹시 도움이 필요할지도 모른다.'

"수도사님, 혹시 남는 방이 있습니까?"

그는 웃으면서 말하였다.

"방이라고? 이 칼리비에는 쓰레기만 있다네."

나는 칼리비 안으로 들어가 보았다. 내부의 모습은 그가 한 말 그대로였다. 사방은 부서져 있고, 여기저기에서 물이 새어 들어왔으며, 천장에서는 물이 떨어지고 있었다. 단지 한쪽 모퉁이만이 조금 말라 있었는데, 낡은 담요 같은 것들이 놓여 있는 것으로 보아 그곳이 그가 머무는 자리인 듯했다. 이곳은 고행 수도사의 칼리비라기보다는 독수리 둥지에 더 가까웠다 해도 과언이 아니었다.

나는 수도사에게 물었다.

"어떻게 이런 곳에서 사실 수가 있습니까? 칼리비 전체가 뚫려 있어서 비바람이 계속 안으로 들어오는데 말입니다."

그가 대답하였다.

"나는 저쪽 구석에서 머문다네."

그는 내게 자신의 둥지를 가리켰다.

가엾은 수도사는 근처에서 나는 산나물만을 먹으며 살아왔다. 가뜩이나 몸이 노쇠한 데다 습기가 많은 칼리비 안에서 생활하였으니 건강에 문제가 생기는 것은 당연한 일이었다. 환하게 빛나는 영혼을 제외하고는 그의 위장, 내장, 그리고 다른 모든 기관들이 상해 있었다. 그렇지만 그리스도에게 혼을 바치는 트리폰 수도사에겐 모든 것이 축제였다. 그리하여 그는 성 순교자들이 느끼는 기쁨을 느끼고 있었다.

밖에는 낡은 옷들이 널려 있었는데, 이 옷들이 마르면 그는 다시 그대로 입었다. 몸 안에서는 계속 고름이 나와서 옷을 갈아입어야 하는데, 손이 떨려 빨래조차 할 수 없었기 때문이었다. 게다가 물 또한 300미터 정도 떨어진 곳에 있었는데, 몇 방울씩 떨어지는 물을 받아 놓는 낡고 오래된 물통 하나가 전부였다. 이 물은 그와 그의 이웃인 야생동물들과 새들이 겨우 나눠 마실 수 있는 정도밖에 안 되었다.

그는 그토록 끊임없이 영적으로 착실히 투쟁하면서 순교자적인 삶을 살고 있었지만, 정작 자신에 대해서는 아무런 구상이 없었다. 그는 성인들의 수행과 자신이 해 온 수행을 비교하면 자신은 아무것도 아니라면서 계속해서 스스로를 비난하였다. 이야기를 하는 내내 그의 눈에서는 자신을 낮추는 눈물이 흘러내렸다.

시간이 한참 지나 떠나야만 하는 때가 되었다. 나는 수도사에게 물었다.

"혹시 수도사님의 남은 여생을 보살펴 드릴 수 있는 수도원을 찾아 드릴까요?"

'남은 여생을 보살핀다'고 하는 말을 듣는 순간 그는 얼굴에 살짝 미소를 지었다.

"수도원에서 내 남은 여생을 보살펴 준다고? 하느님이 땅 속에 있는 벌레들까지 먹여 주시고 따뜻하게 보살펴 주시는데, 큰 벌레인 나를 보살펴 주지 않으시겠는가? 언젠가 크세노폰 수도사가 내게 말하였다네. '제가 수도사님을 보살필 테니 오십시오'라고. 나는 크세노폰 수도사에게 말하였지. '내가 벽돌이란 말인가? 나를 자네의 칼리비로 옮기려고? 내가 그렇게도 감정이 없단 말인가? 이곳은 나의 스승인 미하엘 수도사가 기도로써 양배추 두 잎을 양배추 한 통으로 만든 곳이라네.' 보다시피 크세노폰 수도사도 나를 보살피겠다고 하였지만 가지 않았다네."

나는 지금까지 93세의 나이에 영적인 용기만 가지고 아무도 없는 곳에서 홀로 자기희생을 하며 살고 있는 고행 수도사는 본 적이 없다.

그랬던 트리폰 수도사가 갑자기 이 세상을 떠났다는 소식을 들었다. 나는 곧바로 그의 칼리비로 가서 그의 둥지 한쪽 구석에서 고이 덮여 있는 그를 발견하였다. 그는 다 낡은 담요가 아니라 흙으로 살짝 덮여 있었다. 양털 담요를 덮고 살았든 비단 담요를 덮고 살았든, 이 세상의 내노라 하는 사람들도 역시 죽으면 흙으로 덮인다.

  1978년 8월 6일, 트리폰 수도사는 94세의 나이로 주 변모 축일에 다른 세상을 향하여 떠났다. 영원성에 비하면 얼마 되지 않는 삶이었지만 평생을 매우 착실하게 영적으로 투쟁하며 살았기에 이제는 영원히 편히 쉴 수 있을 것이다. 그가 우리를 축복하여 주기를 바란다. 아멘.

키릴로스 수도사

쿠트루무시 수도원에 속한 스키티의 고행 수도사

키릴로스 수도사의 고향은 그리스의 아그리니오스 였다. 그는 어릴 때 이집트로 가서 성지 순례를 한 후, 이집트에서 사바스 수도원으로 갔다. 16세에 수단을 입는 예식을 치렀지만, 그 수도원에는 성지 순례자들이 너무 많이 찾아와 영적으로 편히 쉴 수가 없었다. 그래서 그는 성모 마리아의 정원을 찾아 왔다. 같은 또래의 세속 아이들이라면 한창 뛰어놀 어린 나이임에도 불구하고, 그는 그리스도를 향한 사랑으로 정성을 다하여 열심히 영적으로 투쟁하였다.

그는 쿠트루무시 수도원에 속하는 판델레이몬 스키티에 살면서, 판델레이몬 고해 사제 곁에서 평온을 찾았다. 고해 사제는 성모 마리아 입당 칼리비에 살고 있었다. 그의 스승 판델레이몬 수도사는 하느님으로부터 여러 가지 은총을 받았는데, 그중에는 앞날을 내다볼 수 있는 은총도 있었다. 그것은 모두 그가 인간의 능력을 초월하는 영적인 노력을 기울여 하느님의 사람이 되었기 때문에 받은 것이었다. 그 은총 덕분에 그는 수도사가 될 사람을 알아보았고, 이들이 수도사가 되었을 때 받을 이름도 미리 알 수 있었다.

나는 에스피그메노스 수도원의 수도사들 사이에서 있었던 일화가 생각난다. 아직 속세에서 살고 있었던 사람이 판델레이몬 수도사를 방문하여 문을 두드렸는데, 판델레이몬 수도사는 방문자가 누구인지 보기도 전에 그의 이름을 먼저 부르며 문을 열어주었다. 그때 그는 방문자가 미래에 수도사가 될지 이미 알고 있었기에 나중에 수도사가 되었을 때의 이름을 불렀다.

"니키포로스 수도사, 어서 오게나!"

또 다른 사람에게도 마찬가지였다.

"필리포스 수도사, 어서 오게나!"

엘리사[99]가 예언자 엘리야[100]에게서 은총을 받고 엘리야의 뒤를 이은 것처럼, 젊고 경건한 키릴로스 수도사가 거룩한 판델레이몬 수도사에게서 충만한 은총을 받은 것은 당연한 일이었다.

스승인 판델레이몬 수도사가 세상을 떠난 후, 키릴로스 수도사는 영적인 노력을 게을리하지 않고 더 많이 투쟁하여 영혼이 된 스승 수도사에게 더 많은 기쁨을 선사하였다. 심지어 끊임없는 열성으로 금식을 하고 수많은 철야 예배를 하다가 과로로 폐결핵까지 앓을 정도였다.

그는 나에게 말하곤 하였다.

"피가 섞인 가래를 간신히 뱉어 내곤 하였다네. 하지만 판텔레이몬 성인에게 간청하여 약 없이 건강을 되찾았다네."

판텔레이몬 성인은 스키티의 보호자였다. 그러니 병에 시달리는 그를 보고 어찌 그냥 내버려두었겠는가?

키릴로스 수도사는 성인의 은총으로 건강이 좋아지자마자, 다시 영적인 투쟁을 착실하게 하기 시작하였다.

나는 그의 곁에서 잠시 함께 지내면서 영적인 삶에 많은 도움을 받을 수 있었다. 나는 물론 그와 계속 함께 지내고 싶었지만, 안타깝게도 내가 머물 수 있는 시간은 그리 많지 않았다. 그는 내가 필로테오스 수도원에 머무는 기간 동안 항상 영적으로 충고를 해주었고, 내가 어디로 가야 하는지 말해주었다.

내가 그에게 영적인 충고를 들으러 스키티를 찾아가면, 그는 내가 언급도 하기 전에 먼저 내가 관심을 갖고 있는 주제에 대해 대답을 해주곤 하였다. 그는 하느님의 계시를 통해 내가 자신을 찾아올 것을 이미 알고 있었으며, 내가 고민하고 있는 문제가 무엇인지도 미리 알고 기다리고 있었다. 말은 전혀 하지 않았으나, 미리 책에 표시를 해 놓음으로써 답을 주었다. 도움을 받으면 인사를 한 다음 조용히 그곳을 떠났다.

앞을 내다보는 은총을 받은 것 말고도, 그는 하느님의 창조물들에게서 악령을 쫓아내는 은총도 받았다. 나는 내 눈으로 직접 악령이 심하게 들린 사람을 본 일이 있는데 지금까지도 그때 일을 잊을 수가 없다. 사람들은 악령을 쫓아내려고 그의 몸을 쇠사슬로 묶은 다음 키릴로스 수도사가 있는 칼리비의 성당에 데려다 놓았다. 그때 한밤중에 일어난 수도사가 성당에 들어와 등을 켜고 기도를 하자 수도사를 보고 궁지에 몰린 악령이 발광을 하기 시작하였다. 악령은 그 사람의 몸을 조종하여 쇠사슬을 끊고, 손을 높이 쳐들어 쇠사슬로 수도사의 머리를 치려고 하였다. 그러자 수도사는 "그리스도시여! 성모시여! 당신의 종으로부터 악령이 떠나게 하소서!" 하고 외쳤다.

이 소리를 듣자 나는 곧바로 성당으로 달려갔다. 그리고 무릎을 꿇고 있는 수도사와 악령 때문에 고통 받았던 사람이 악령에서 벗어나 기쁜 표정으로 키릴로스 수도사의 발아래 경건히 고개를 숙이고 앉아 있는 것을 보았다.

수도사에게는 자신을 낮추는 경건함과 사랑이 있었기에 용기를 갖고 외친 그의 요청을 하느님께서 들어주신 것이다. 그는 복음경을 읽을 때마다 울먹이며 눈물을 감출 수가 없었으므로 복음경으로 얼굴을 가렸다가 지성소로 들어가서 눈물 젖은 얼굴을 닦곤 하였다. 성모 마리아에 대한 찬양사를 읽을 때에도 마찬가지였다.

그는 기도매듭을 쥐고 예배를 집전하였으며, 끊임없는 마음의 기도로 자신을 갈고 닦았다.

그러나 불행하게도, 그를 필요로 했던 수도원 사람들이 그의 뜻과는 다르게 그를 쿠트루무시 수도원의 수도원장이 되도록 하였다. 수도원 운영에 대한 책임은 그를 힘들게 했고, 그가 가지고 있던 영적인 모습을 잃게 만들었다.

  이처럼 그는 자신의 뜻과는 상관없이 수도원장이 되어 많은 어려움을 겪었을 뿐 아니라, 말년에는 참을 수 없는 아픔 때문에 고통까지 겪었다. 그렇기에 나는 하느님께서는 성인들에게 주시는 화관뿐만 아니라, 순교자에게 주시는 화관까지 그에게 주실 것이라고 믿는다. 하지만 악마가 그를 질투한 탓일까. 한 야생동물이 그를 발로 차는 바람에 심하게 다쳐서 몸져눕게 되었다. 그럼에도 그는 이 아픔을 기쁨과 감사로 받아들였다. 그를 다치게 한 동물은 땅에 넘어져 죽었다. 수도사들은 이 사건을 통하여 키릴로스 수도사의 거룩함을 깨닫고 매우 감탄하였다.

  이렇게 키릴로스 수도사는 아픔과 고통을 참고 하느님을 찬양하면서 착실히 투쟁을 끝낸 후, 1968년 하느님 곁으로 떠나갔다. 그의 축복이 우리와 함께하기를 바란다. 아멘.

경건한 초보 수도사를 선택하시는 성모님

몇 년 전의 일이다. 수도사가 되기를 희망한 한 젊은이가 아토스 성산에 있는 수도원의 철야 예배에 참석하여 예배를 경건하게 지켜보고 있었다. 그날은 지극히 거룩하고 영화로우신 평생 동정녀 성모 마리아의 입당[101] 축일 전날밤이었다. 젊은이는 자신도 또한 성모님처럼 하느님께 바치고 싶었기에 철야 예배가 진행되는 동안 내내 서서 온 정신을 집중하여 기도를 하였다.

철야 예배에서 조과가 끝날 때쯤이 되자, 사제는 성모 마리아의 성화[102] 앞에 걸려 있던 등잔의 기름으로 수도사와 순례자들에게 성유를 발라주기 시작하였다. 그러나 젊은이는 매우 경건하였고 지나치게 민감하였다. 그래서 자신은 성유를 바를 만한 가치가 없다고 여기고는 성유를 바르러 사제 앞으로 나아가지 않았다. 철야 예배가 끝나고 사제를 비롯한 모든 사람들이 떠나고 나서야 그는 약간의 은총이라도 받으려면 적어도 성모 마리아의 성화 앞에 경배라도 해야겠다는 생각이 들었다. 그래서 그는 성모 마리아의 성화 앞으로 가서 경건하게 경배를 드렸다. 그런데 갑자기 성모 마리아 성화상 앞에 걸려 있던 등불이 조용히 흔들리더니, 등에 있던 기름이 바닥도, 젊은이의 옷도 아닌, 젊은이의 머리 위로만 떨어지는 것이었다. 순간 그는 형언할 수 없는 영적인 기쁨을 느꼈다. 이 같은 기쁨은 그의 인생에 있어 한 번도 느껴 보지 못한 기쁨이었다.

먼 곳에서 지켜보고 있었던 나는 인간의 본성을 초월한 그의 얼굴에서 무슨 거룩한 일이 일어났음을 볼 수 있었으므로 그에게 어떤 일이 일어난 건지 물어보았다. 젊은이는 매우 순진한 모습으로 있었던 일에 대해 이야기해주었다.

이 일을 통해서 성모께서는 매우 경건한 사람, 자신을 낮추는 사람을 선택하시며, 그들이 영적으로 인간 본성을 초월하게 해주신다는 것을 알 수 있다.

그리스도에 의해 치료된 믿음이 강하고 착실한 젊은 수도사

에스피그메노스 수도원에 소프로니오스 수도사가 수도원장으로 있던 시절의 이야기다. 한 젊은 수도사가 있었는데, 그는 어린 나이임에도 선량하고 덕망이 뛰어났다. 그는 매우 독실하였으며, 자신을 낮추는 일이나 영적인 투쟁을 할 때에도 누구보다 열심이었다. 그러나 체질적으로 몸이 약한 데다 부유한 가정에서 어려움 없이 자란 탓인지, 갑작스러운 수도생활로 인해 폐결핵에 걸리고 말았다. 분별력 있는 수도원장은 그가 우유를 마시는 것을 허락하였으며, 사순절 기간에도 우유를 마시도록 권고하였다. 젊은 그는 수도원장의 권고를 받아들여 "이것이 하느님의 축복이기를 바랍니다."라고 말하였다. 그렇지만 젊은 수도사는 하느님에 대한 강한 믿음을 가지고 수도원장에게 말하였다.

"원장님께서 제가 차를 마시는 것을 허락하여 주신다면, 분명 그리스도께서 차를 우유로 만들어 주실 것입니다. 그리고 그 차로 제 병을 치료하여 주실 것입니다."

　수도원장은 믿음이 강하고 성실한 수도사의 말에 매우 감동하여 그에게 우유 대신 차를 마셔도 된다고 허락하였다. 자신을 낮추는 착실한 젊은 수도사의 말이 수도원장을 감동시켰는데, 어찌 그리스도께서 큰 감동을 받지 않으셨겠는가?

　그를 간호하였던 도로테오스 수도사의 말에 따르면, 그리스도께서는 차를 우유로 만드셨을 뿐 아니라 약으로도 만드셔서 그의 폐결핵도 치료해주셨다고 한다. 가래에 섞여 나오던 피도 멈추고 열과 통증도 없어져서 젊은 수도사는 완쾌되었다. 이후로 그는 영적인 의무를 다할 수 있었다. 그리고 수도사로서 해야 할 일들을 수월하게 해냈을 뿐 아니라, 다른 수도사들처럼 금식도 할 수 있게 되었다.

병 때문에 영적인 도움을 받고 하늘나라에서 상까지 받은 수도사

몇 년 전의 일이다. 한 스승 수도사가 병고에 시달리면서도 불평 한 마디 하지 않다가 세상을 떠났다. 그런데 세상을 떠난 이 수도사의 제자도 역시 얼마 지나지 않아 병을 앓게 되었다. 제자 수도사는 한 번도 병을 앓아 본 적이 없어서 어찌할 바를 몰라 하다가 의사의 치료를 받으러 속세로 나가기로 하였다. 그런데 그날 밤 꿈에 자신의 스승이었던 수도사를 만났다. 꿈속에서 스승 수도사가 말하였다.

"자네가 원한다면, 내 말을 따르게나. 아무 데도 가지 말고 병을 참아 보게. 나는 그간 내가 해온 영적인 노력에서는 아무것도 얻지 못하였다네. 그런데 내가 병을 앓았던 것이 도움이 되었다네. 그러니 성모 마리아의 정원에 머물면서 아픔을 좀 참게 보게나. 그러면 자네의 영혼에 많은 도움이 될 것이네."

그 말을 듣고 제자 수도사는 매우 기뻐하였다. 그는 용기를 내어 병으로 인한 고통을 참았다. 그 결과 병을 앓고 있었음에도 마음은 언제나 성인 순교자들 곁에 있었기 때문에 큰 기쁨을 느꼈으며, 환희에 충만해 있었다.

아픈 동료 수도사 간호를 귀찮게 여긴 수도사

카리에스 근처에 사는 두 명의 루마니아인들이 한 켈리에서 수도를 하고 있었다. 그런데 한 사람이 아프기 시작하더니 마침내 몸져눕고 말았다. 하지만 안타깝게도 같이 있던 사람은 아픈 동료를 간호하기가 귀찮았다. 그는 환자를 돌보는 성가신 일에서 한시바삐 벗어나기 위해 판텔레이몬 성인[103]에게 동료 수도사의 병을 빨리 고쳐 주거나 아니면 이 세상에서 데려가 달라고 간청하였다.

어느 날 그는 판텔레이몬 성인에게 같은 간청을 드리고 있었는데, 성인이 나타나서 말하였다.

"지금 무엇을 간청하는 것인가? 자네는 덕이라곤 하나도 없는 사람이네. 하지만 병을 앓고 있는 친구를 돌봄으로써 오히려 하느님에게서 조금이나마 보답을 받게 될 터이네."

판텔레이몬 성인의 말을 듣자 그는 큰 충격을 받았다. 그때부터 그는 병에 시달리는 동료 수도사를 기꺼이 돌보기 시작하였다. 그뿐 아니라, 그를 계속 돌볼 수 있도록 아픈 수도사가 오래오래 살기를 하느님께 간청하였다.

판텔레이몬 성인

말조심을 안 해서
본보기로 벌을 받은 순진한 수도사

성 파블로스 수도원이 운영하는 양로원에 그리고리오스 보조 간호 수도사가 있었는데, 그는 조금 순진하면서도 너그러운 마음을 가진 사람이었다. 그는 내게 40여 년 전쯤 자신이 그 수도원에서 관리하던 양로원의 일을 돕고 있었을 때의 이야기를 들려주었다.

어느 날 한 동료가 그에게 포도를 한 송이 주었다. 그는 착한 마음을 지닌 사람이었기에 그 포도를 먹지 않고 연로한 수도사들에게 나누어 주었다. 비록 잘 익은 포도는 아니었지만, 수도사 중 한 사람은 포도를 처음 먹어 보던 터라 그에게 매우 고마워하였다. 그래서 그때부터 그를 위해 계속 기원을 하였다.

"자네가 이 세상을 떠날 때 천국에 가길 바라네! 자네가 이 세상을 떠날 때 천국에 가길 바라네!"

그는 순진하게도 이에 농담으로 대꾸하였다.

"수도사님, 포도를 드십시오. 여기가 곧 천국이며 지옥입니다."

물론 악의 없는 농담으로 이렇게 말했다지만, 이 말 때문에 그에게 무슨 일이 일어났을까?

그날 밤 그는 무서운 꿈을 꾸었다. 꿈은 마치 꾸면서도 마치 깨어 있는 것처럼 느껴졌다. 불기둥이 치솟는 바다가 보였고, 맞은편에는 크리스털로 지어진 궁전들과 선조인 아브라함이 보였다. 아브라함은 매우 아름다운 바닷가에 머물고 있었는데, 그 해변은 아브라함의 수염조차 비단처럼 보이게 할 만큼 아름답게 빛나고 있었다. 또한 그는 거기에서 3년 전에 이 세상을 떠난 동료 수도사를 만났다. 그는 동료 수도사에게 이 신비로운 궁전은 어디이며, 자기가 본 사람이 정확히 누구냐고 물었다.

동료 수도사는 대답하였다.

"그분은 우리들의 선조 아브라함이시며, 크리스털 궁전들이 있는 이 아름다운 해변은 '아브라함 만' 이라네. 이곳에는 올바르게 세상을 살았던 영혼들이 쉬고 있다네."

그런데 두 사람이 대화를 나누는 것을 본 선조 아브라함이 근엄한 표정으로 다가와 그리고리오스 수도사에게 말하였다.

"자네, 얼른 여기를 떠나게나. 자네는 이곳에 있을 자격이 없네."

선조 아브라함이 화를 내었으므로, 보조 간호 수도사는 서둘러 그 자리를 떠났다. 그런데 돌아오는 도중에 불바다의 불길에 휩싸이는 듯한 열기를 느꼈다. 그는 통증 때문에 잠에서 깨어났다.

과연 그는 무엇을 보았을까? 다리가 화끈거려 내려다보니 그의 다리에는 온통 화상과 물집이 가득하였다. 그는 상처에 연고를 발랐고 여러 차례 계속 치료를 받아야 하였다. 그리고 완쾌될 때까지 20여 일 간이나 고생을 하였다.

  이후로 그는 자신의 말실수를 후회했고, 말할 때마다 매우 조심하였다.

성모 마리아 정원의 수도사들을 보살피시는 어진 어머니 같은 성모님

네아 스키티에 테오필락토스라는 수도사가 있었다. 그는 수도생활을 시작한 지 얼마 되지 않아서 참을 수 없는 아픔 때문에 괴로워하였다. 그는 아무에게도 위로받지 못한 채 자주 눈물을 흘리며 울곤 하였는데, 어느 날 성모 마리아의 성화에서 어떤 목소리가 들려 나오는 걸 들었다.

"왜 우느냐? 무엇이 겁나느냐? 내가 내 자식을 그냥 놓아둘 것 같으냐?

성모님께서는 정말로 그를 그대로 내버려두지 않으셨다. 그분은 언제나 자신의 정원에 있는 모든 수도사들을 보호하시듯이, 인자하신 어머니처럼 그를 계속하여 보호하셨다(이 성모 마리아의 성화는 현재 네아 스키티의 주 성당에 보관되어 있다).

젊은 수도사를 치료하신
성 다미아노스 순교자

　소프로니오스가 에스피그메누스 수도원의 수도원장으로 있을 때, 갓 수도 생활에 입문한 한 젊은 수도사가 병에 걸려 앓게 되었다. 이 젊은 수도사는 극심한 고통을 참지 못하여 치료차 수도원을 잠시 떠나야겠으니 허락해 줄 것을 수도원장에게 요청하였다. 소프로니오스는 그를 평안히 하기 위해 부탁을 들어주었다. 대신 그 젊은 수도사의 여린 영혼이 속세에서 더럽혀지지 않도록 하느님께 극진히 기도를 드렸다.
　젊은 수도사는 속세로 나가는 허가증을 발급받기 위해 다프니를 떠나 카리에스를 향해 순한 나귀를 타고 출발하였다. 그런데 수도원을 떠난 지 삼십 분쯤 지났을 때 얼굴이 환하게 빛나는 한 고행자가 홀연히 나타나서 말을 걸었다.
　"어디를 가는 길인가?"
　아픈 젊은 수도사는 대답하였다.

"몸이 아파 속세로 나가서 병을 고치려고 합니다."

고행자가 다시 물었다.

"진심으로 병을 고치기를 원하는가?"

"예."

그러자 고행자는 성호를 그으며 젊은 수도사에게 다음과 같이 말하였다.

"지금부터 그대에게 육체적인 건강은 있을 것이나, 그 대신 하느님으로부터 받을 상은 없을 것이네."

고행자는 이 말을 마치자마자 갑자기 사라졌다. 그리고 놀랍게도 젊은 수도사를 고통스럽게 했던 병도 정말로 말끔히 나았다. 그 고행자는 바로 성인이었던 것이다.

젊은 수도사는 수도원으로 돌아와 성인이 일으킨 기적을 수도사들에게 전하였다. 그러자 수도사들은 그 성인은 수도원 위의 작은 산에 있는 사마리아 스키티에서 영적 투쟁을 하고 사셨던 성 순교자이신 다미아노스[104]라고 말하였다.

수도사의 가치

　언젠가 카프소칼리비아 스키티에 있는 한 수도사가 선한 생각과 악한 생각을 하면서 악마에게 시달린 일이 있었다. 그는 평소에도 만일 속세에서 살았더라면 사람들에게 좋은 일을 하였을 텐데 수도원에 있다 보니 아무 일도 하지 않고 있다고 생각하고 있었던 것이다. 악마는 그가 수도사의 삶을 부차적인 것으로 여기도록 만들었다.

　그러자 선하신 하느님께서는 악마가 만들어 낸 영악한 생각 때문에 수도사가 커다란 위험에 처했음을 아시고 그를 영적으로 일깨우기 위해 기막힌 환영을 보여 주셨다.

　그 환영 속에서 수도사는 죽어 있는 자신의 모습을 보았다. 악령들은 죽어 있는 그에게 다가가며 마구 화를 내고 있었다. 이윽고 조금 더 먼 곳에 많은 사람들이 살고 있는 도시의 환영이 보였다. 그때 갑자기 한 천사가 나타나더니 이렇게 말하였다.

"한 명의 수도사는 이 도시 전체보다도 더 가치가 있다네."

수도사는 환영에서 깨어 정신을 차리자 혼잣말을 하였다.

"한 사람이 수도사가 되면, 하느님께서 어떤 중요한 것을 주시는지 보아라!"

그때부터 수도사는 영적으로 더 많은 투쟁을 하였다. 수도사는 스스로 더 많이 투쟁하고 천사의 말을 항상 가슴에 새기기 위해 자신의 켈리에 천사가 한 말을 적어 놓았다.

수도사가 하는 기도의 힘

성 안나 스키티로 가다 보면 성 바실리오스[105] 켈리 밑에 지고스라는 지역이 있는데, 그곳에는 메기스티 라브라 수도원에 속한 에프렘 수도사가 살고 있었다. 그는 숫염소들을 돌보는 일을 맡아 하고 있었다.

한번은 사순절이 시작 될 무렵에 카니발이 열렸는데, 그때는 마침 보름달이 환하게 떠 있는 밤이었다. 에프렘 수도사는 기도 매듭을 가지고 계속 기도를 하고 있었다. 그런데 어디선가 무슨 소동이 벌어진 것인지 보이지는 않는데 큰 고함 소리가 들려왔다. 그것도 연신 "아이고! 아이고!" 하는 부르짖음뿐이었다.

이 소리를 들은 에프렘 수도사는 '아마도 외부 사람들이 고함을 지르면서 기분 좋게 놀고 있는 모양이군.' 하고 생각하였다.

잠시 후 그는 달빛이 환하게 내리비치는 바깥으로 나왔다. 그런데 그의 눈앞에 어떤 광경이 펼쳐졌을까? 300명쯤 되어 보이는 악령들이 꼼짝도 못한 채 그 자리에 서 있는 것이었다. 그 중 대장으로 보이는 악령이 말하였다.

"바싹 마른 수도사가 방해해서 우리가 갈 길이 지체 되었다. 그 바람에 우리는 속세에서 벌어지는 카니발과 술잔치에는 가지 못하게 되었다."

기도매듭을 가지고 하는 기도의 힘

　한번은 아토스 성산의 파블로스 수도원에 있는 한 수도사가 케팔리니아에 있는 성 예라시모스 성당을 찾았다. 성찬예배가 진행되는 동안 지성소 밖에서는 성가대가 성가를 부르고 있었고, 그 수도사는 지성소에서 기도매듭을 가지고 '주 그리스도 하느님의 아들이시여! 우리를 불쌍히 여기소서!' 하고 마음속으로 기도를 하고 있었다. 그때 마침 사람들이 어떤 악령 들린 사람을 교회로 데리고 왔다. 예라시모스 성인[106]의 기적으로 악령을 쫓아내기 위해서였다.

　하지만 아무것도 모르는 수도사는 지성소 안에서 계속하여 기도를 하였다. 그런데 지성소 밖에 있던 악령이 몸이 달아올라 소리를 질렀다.

　"이 못된 수도사 놈아! 기도매듭이 나를 달아오르게 하니까 기도매듭을 가지고 기도하지 마라."

성찬예배를 집전하던 사제는 이 말을 듣고서 수도사에게 말하였다.

"자네, 하느님의 창조물에게서 악령이 나갈 때까지 가능한 한 계속 기도매듭을 가지고 기도를 하게."

그러자 악령이 화나서 소리쳤다.

"나쁜 사제 놈아, 왜 수도사 놈에게 기도매듭을 가지고 기도를 계속하라고 말했느냐? 기도매듭이 나를 불태우는 것을 모르느냐?"

그러자 수도사는 큰 고통을 참아 가며 기도매듭을 가지고 기도를 하였다. 결국 악령에 씌어 시달림을 당하던 사람은 악령에게서 풀려나게 되었다.

기도의 힘

자하리아스 수도사가 다음 이야기를 들려주었다.

네아 스키티에 속해 있는 주 변모[107] 칼리비의 수도사들이 입으로 소리를 내어 기도를 하고 있었다. 그런데 하루는 화가 난 악령들이 칼리비 주위에 모여들더니, 그 중에 한 악령이 소리쳤다.

"수도사들이 소리를 내면서 기도를 한다. 소리를 내면서 하는 기도는 힘이 없다."

그러자 가장 큰 악령 하나가 말하였다.

"소리를 내면서 기도를 하든, 마음속으로 기도를 하든 모든 기도에는 다 힘이 있다. 그래서 우리들은 아무것도 할 수가 없다."

고통과 함께 한 기도

동굴에서 수도생활을 하던 아르세니오스 수도사는 다음과 같은 말을 하였다.

"기도매듭을 가지고 서서 기도를 하면 거룩한 향기를 강하게 느끼는데, 앉아서 기도를 하면 약간의 향기만 느껴질 뿐입니다."

당시 신부는 95세였다. 그럼에도 불구하고 착실하게 계속 영적인 투쟁을 하여 영적인 부를 계속 모았다. 그에게 많은 영적 재산이 있었기를 바란다.

세속 사람을 닮으려 할 때
찾아오는 수도사의 영적 불행

네아 스키티의 테오필락토스 수도사는 어느 날 악마들이 혀를 내밀고 지나가면서, 수도사들을 조롱하는 광경을 보게 되었다. 악마들은 스키티의 칼리비들을 지나가다가 수도사에게 다음과 같이 말하고 있었다.

"하하하! 수도사들이 기도는 하지 않고 속세에 있는 사람들처럼 산만하게 지내고 있구나. 수도사들이 기도에만 전념하지 않고, 별의별 일에 다 정신을 쏟고 있구나."

또한 몇몇 수도사들이 스키티에 전화를 설치하던 날에도 테오필락토스 수도사는 세례자 요한[108]이 이를 매우 마음 아파하던 광경을 보았다.

일부 수도사들이 성인 교부들을 닮을 생각은 하지 않고, 안락한 삶을 누리기 위해 속세 사람들을 닮으려 하는데, 세례자 요한 성인과 아토스 성산의 성인 교부들이 어찌 가슴 아파하지 않으랴. 이 성인 교부들이 그리스도를 향해 착실하게 투쟁한 덕에 본인들만 거룩해진 것이 아니라 야생의 아토스 산도 함께 거룩해진 것이다. 그 덕분에 오늘날 아토스 성산에 살고 있는 우리들은 성산의 수도자라고 불리는 것을 자랑스러워한다.

영적인 파멸을 초래하는
속세의 사고방식

한 수도사가 처음 수도생활을 시작하면서 아토스 성산으로 닭을 몇 마리 가지고 왔다. 그러자 성모 마리아께서 나타나 엄하게 꾸짖으셨다.

"나의 정원을 망치러 이곳에 왔는가?"

또 다른 수도사는 자신의 제자가 병을 앓게 되자 제자에게 염소젖을 마시게 하려고 성 안나 스키티에 염소 한 마리를 들여왔다. 그런데 염소에게서 젖을 짜자 염소젖이 나오는 것이 아니라 피가 나오는 것이었다. 수도사는 곧 성모 마리아께서 그녀의 정원에 염소를 들이기를 원치 않는다는 것을 깨달았다. 그래서 그는 자신의 제자를 위해 상점에서 파는 우유를 마실 수 있도록 배려하였다.

이처럼 옛날에는 성모 마리아께서 악의 원인이 될 만한 것들을 미리 감독하셨다. 그러나 지금은 성모 마리아의 정원에 속세의 사고방식들이 속속들이 파고들어와 있으니 마리아께서 먼저 어떤 것부터 손을 쓰실 수 있겠는가? 다만 성모 마리아께서는 자애로운 어머니의 마음으로 우리들을 지켜보며 참고 계실 뿐이다.

조용하게 걱정 없이 살아감을
영적인 삶의 조건으로
여기시는 성모

　성 안나 스키티를 건립한 예론디오스 성인[109]은 불레프티리오 수도원[110]의 원장이었다. 그는 성 안나 스키티의 높은 곳에 있는 판델레이몬 칼리비에서 수도를 하였다. 한번은 고행실에서 제자 수도사가 물이 없어 고생스럽다고 불평을 하였다. 그러자 예론디오스 성인은 바위틈에서 마실 물이 나오게 해 달라고 성모 마리아께 기도하면서 간구하였다. 인자한 어머니이신 성모 마리아께서는 그의 기도를 들으시고 물을 마실 수 있도록 근처의 금이 간 바위에서 물이 나오게 해 주셨다. 즉, 이 물은 보통 물이 아니라 성수였던 것이다.

　세월이 흐르자, 제자 수도사는 이번엔 근처에 작은 밭을 만들어서 경작하고 싶어 하였다. 제자는 경사진 곳을 돌들로 막아 놓은 다음, 흙을 가져다 부어 땅을 평평하게 골랐다. 밭 경작에 몰두한 제자는 점차 영적인 의무를 소홀히 하였을 뿐 아니라, 세상 사람들을 위한 기도도 태만해졌다. 그는 점점 수도사의 삶에서 멀어지고 있었다. 마침내 그는 자신이 가꾸는 밭에 더 많은 물을 대기 위하여 바위틈에서 더 많은 물이 나올 방법을 궁리하였다. 그는 끌을 이용하여 바위의 틈을 더 크게 만들기로 궁리하였다.

그때였다. 성모님께서 제자 수도사 앞에 모습을 나타내셨다.

"네가 그토록 밭을 만들기를 원하니, 이제부터는 더 아래에서 물을 길어다 네 어깨에 물을 지고 나르려무나."

그때부터 물은 더 아래쪽에 있는 바위에서 나오기 시작하였다. 이 물은 오늘날에도 바위에서 나오고 있으며, 성수인 것이다.

속세의 사람들에게
모범이 되어야 하는 수도사

한 어부가 성 안나 축일에 쓸 물고기들을 잡았다. 그는 이 생선을 성 안나 스키티의 독실한 미나스 수도사에게 가져갔다. 그러나 수도사는 잡아온 생선을 보고 이상하게 여겼다. 그날이 바로 일요일이기 때문이었다. 수도사는 어부에게 물었다.

"자네, 언제 이 물고기들을 잡았는가?"

어부는 대답하였다.

"오늘 아침에 잡았습니다. 보십시오. 매우 싱싱합니다."

그러자 미나스 수도사가 어부에게 말하였다.

"미안하지만 나는 이것들을 살 수 없다네. 일요일에 잡은 것이라 교회의 규칙에 어긋난다네."

어부는 그 말을 듣고 어리둥절해하였다. 수도사는 말하였다.

"내가 한 말을 믿지 못하겠는가? 그렇다면 자네가 잡은 생선 한 마리를 고양이한테 주어 보게. 고양이는 분명 그 생선을 먹지 않을 것일세."

어부가 고양이에게 생선을 던졌더니 정말로 고양이는 생선을 먹지 않았다. 그뿐 아니라 매우 싫어하는 반응까지 보였다. 어부는 어리둥절해져서 이후부터는 일요일과 큰 축일에는 물고기를 잡지 않았다.

미나스 수도사는 수도생활을 매우 충실히 하였는데, 그 독실함과 남다른 수도생활이 사람들의 눈에 띄었다. 그는 하루에 한 번만 식사를 하였는데, 오후 3시가 넘어서 올리브기름이 들어가지 않은 음식만 먹었다. 그는 자신을 매우 낮추어 겸손이 몸에 배어 있었다. 그러니 하느님의 은총이 그에게 자리 잡는 것은 당연한 일이었다.

축일을 보살피는
예오르기오스 성인

다음은 성 예오르기오스 파네로메노스 켈리에 살고 있던 하찌-예오르기오스 수도사의 제자 에블로기오스 수도사가 겪었던 일이다. 에블로기오스 수도사는 성인의 축일이 다가오는데 축일에 쓸 생선을 구하지 못해 고심하였다. 결국 그는 이 일을 예오르기오스 성인에게 부탁하였다.

그런데 축일 전날, 수도사는 난데없이 짐승이 문을 두드리는 듯한 소리를 들었다. 문을 연 그의 눈앞에 펼쳐진 광경은 어떤 것이었을까? 짐승이 등에 무려 90킬로그램이나 되는 생선들을 가득 실은 채 서 있었던 것이다. 그 순간 그는 하느님을 찬양하면서 성인에게도 무한한 감사를 드렸다. 그리고 예오르기오스 성인의 인도로 멀리서 혼자 생선을 싣고 온 그 짐승을 정성껏 보살폈다.

그렇다면 어떻게 이런 일이 일어날 수 있었던 것일까? 사실은 다음과 같았다. 이에리소스에 사는 어떤 사람이 두 마리의 짐승을 이끌고 조그라푸 수도원으로 가고 있었다. 두 짐승의 등에는 앞서 언급한 것처럼 많은 생선들이 실려 있었다. 그런데 도중에 생선을 실은 짐승 한 마리가 잠깐 사이에 사라지는 일이 벌어졌다. 예오르기오스 성인이 인도하여 독실한 에블로기오스 수도사가 기도를 하고 있는 켈리로 그 짐승을 보냈던 것이다. 그러나 사실을 모르는 주인은 없어진 짐승을 찾아 이리저리 헤매고 다니며 수소문하였다. 나중에서야 자신의 짐승이 성 예오르기오스 켈리로 생선들을 가져갔음을 알게 된 그는 이것이 기적이며 축일을 위한 성인의 선처였음을 깨닫고 다른 사람들과 함께 하느님을 찬양하였다.

축일을 돕는 스피리돈 성인

다음은 쿠트루무시 수도원에 속해 있는 성 스피리돈 켈리에서 있었던 일이다. 수도사들은 성인의 축일이 다가오는데도 생선을 구하지 못하여 걱정을 하고 있었다. 결국 그들은 스승 수도사에게 다른 음식을 하자고 건의하였다. 그러자 스승 수도사가 말하였다.

"조금만 참게나. 스피리돈 성인[111]께서 우리에게 생선을 가져다 주실 것이네."

그러면서 그는 기도매듭을 가지고 기도만 계속하였다.

그러나 축일이 며칠 남지 않았는데도 여전히 생선은 구해지지 않았다. 신부들이 음식을 만들지 못해 안절부절 걱정을 하는데, 갑자기 문을 두드리는 소리가 들렸다. 그들은 문을 열었다가 깜짝 놀라고 말았다. 어부 두 사람이 생선이 가득한 바구니를 들고

스피리돈 성인

서 있었던 것이다. 그들은 스승 수도사를 만나뵙기를 청하였다. 수도사들이 스승 수도사를 모시고 오자 어부들은 고개를 갸웃하며 말하였다.

"이분은 우리가 본 수도사님이 아닙니다. 이분이 아닌 다른 수도사님께서 우리를 찾아오셨는데, 그분 말씀이 '축일을 맞는 성 스피리돈 켈리에 생선들을 가져다주게. 그러면 수도원에서 후하게 돈을 지불할 것이네. 하지만 자네들이 원한다면, 내가 자네들에게 선불을 줄 수도 있네.' 라고 하셨습니다."

스승 수도사는 곧장 이것이 기적임을 깨달았다. 그는 어부들을 성당으로 데려가 성화에 경배하도록 하였다. 어부들은 스피리돈 성인의 성화를 보자마자 외쳤다.

"아, 바로 이분이십니다! 이분께서 생선을 이곳에 가져다주라고 말씀하셨습니다."

스승 수도사는 어부들에게 말하였다.

"저런! 자네들, 그렇다면 성인에게서 선불을 받았어야지! 그랬다면 성인이 내리신 축복을 간직할 수 있었을 게 아닌가."

우리가 남에게 베풀 때 내리는 하느님의 축복

다음은 필로테오스 수도원의 사바스 수도사가 내게 들려준 이야기이다.

1917년에 극심한 기근이 들었다. 그러자 이비론 수도원의 수도사들은 창고가 점점 비어 가는 것을 보고 방문객들에게 하던 대접을 점점 줄이기 시작하였다. 그러던 중 수전노였던 관리 수도사가 방문객들을 일절 접대하지 말 것을 끈질기게 주장하여 결국 더 이상의 접대를 하지 않게 되었다. 이렇게 되면 그리스도께서 이 수도원에 주시던 것을 끊게 된다는 것은 불을 보듯이 뻔한 일이었다. 과연 이후부터 수도원의 수도사들은 극심한 기근에 시달리기 시작하였다. 그러나 자신들의 잘못은 깨닫지 못한 채 도리어 그리스도와 성모 마리아께서 수도원을 보살펴 주시지 않는다고 불평하기 시작했다.

그러던 어느 날, 수도원의 대문을 지키는 소임을 맡아 보던 한 수도사 앞에 가난한 거지가 나타났다. 그는 수도사에게 빵을 조금만 달라고 하였다. 수도사는 가난한 그를 가엾게 여기면서 말하였다.

"미안하네. 우리도 가진 것이라곤 아무것도 없다네. 그래서 요즘은 방문객들을 접대하지 않는다네. 하지만 잠깐 기다려 보게. 내 켈리에 가면 내가 먹으려고 남겨 둔 빵이 조금 있을 테니 그걸 갖다 주겠네."

수도사는 자신이 먹으려고 했던 빵을 가져와 거지에게 주었다. 그런데 놀랍게도 거지의 얼굴이 환하게 빛나고 있었다.

빵을 받은 거지가 수도사에게 말하였다.

"왜 수도원에 이 같은 불행이 닥쳤는지 아십니까? 그것은 수도원이 다음 두 가지를 내쫓았기 때문입니다. 하나는 '주는 것'이고, 다른 하나는 '받는 것'입니다."

말을 마치자마자 거지 행색을 한 사람은 눈부시게 빛을 내면서 사라졌다. 당황한 수도사는 허둥지둥 달려가 수도원 사람들에게 그가 겪은 일들을 이야기하였다. 이야기들을 들은 수도사들은 그동안 자신들이 무엇을 수도원에서 쫓아내었는지 곰곰이 되돌아보았다. 그리고 비로소 거지가 한 말이 그리스도의 말씀인 "주어라. 그러면 받을 것이다."를 의미한다는 사실을 깨닫고 그가 바로 그리스도였음을 알게 되었다.

자신의 잘못을 뉘우친 수도사들은 그동안 수도원에서 비축해 두었던 양식들을 가난한 사람들에게 나누어 주었다. 그 뒤 하느님께서 더 많은 것들을 되돌려주어 수도원을 더 풍요롭게 하셨음은 물론이다.

필로테오스 수도원에 대한 글리코필루사 성모 마리아[112]의 보호

 그리스가 독일의 지배하에 있었을 때, 필로테오스 수도원은 밀 공급이 중단되어 어려움을 겪고 있었다. 하는 수 없이 수도사들은 수도원을 찾는 손님들에게 접대를 하지 않기로 결정하였다. 덕망 높은 사바스 수도사는 이 결정을 전해 듣고 안타까운 마음이 들어 위원회에게 결정을 취소해 달라고 요청하였다. 행여나 이 일이 그리스도를 슬프게 하여 하느님의 축복이 수도원을 외면하게 될까 걱정하였던 것이다. 그는 성경에 적힌 엘리야 예언자와 시돈 지방의 사렙다에 살던 과부 이야기[113]를 예로 들어가면서 수도사들을 설득하였다. 결국 수도사들은 사바스 수도사의 말을 따르기로 결정하였다. 그러나 때때로 이 문제로 사바스 수도사를 괴롭히곤 하였다.

 "수도사님, 밀가루가 떨어져 가고 있습니다. 어떻게 하라는 말입니까?"

글리코필루사 성모 마리아 성화

그는 대답하였다.

"지금 남아 있는 것으로 바깥사람들과 나누어 먹으면 됩니다. 그러면 성모 마리아께서 우리를 그냥 내버려두시지 않을 것입니다."

수도원 창고에는 밀가루 30킬로그램이 전부였고 다른 것은 아무것도 없었다. 그러자 참고 지내던 수도사들조차 사바스 수도사를 들볶으며 불평을 털어놓기 시작하였다.

"사바스 수도사! 밀가루가 다 떨어졌는데 지금 어떻게 하란 말인가?"

경건하고 신앙이 깊은 수도사는 대답하였다.

"축복받은 이들이여! 글리코필루사 성모 마리아에 대한 희망을 버리지 마십시오. 남은 30킬로그램의 밀가루도 마찬가지입니다. 그걸로 빵을 만들어 수도사들과 사람들에게 나누어 주십시오. 그러면 분명 하느님께서 선한 아버지처럼 우리들을 보살피실 것입니다."

마침내 빵이 모두 떨어져서 모두들 배를 곯아야 하는 처지가 되었다. 그런데 한 선장이 그리스의 카발라에서 필로테오스 수도원을 찾아왔다. 선장은 수도원에 밀가루를 줄 테니 대신 장작을 줄 수 있겠느냐고 물었다. 성모 마리아께서 자신의 자식들을 극진히 보살피심을 깨달은 수도사들은 모두가 하느님을 찬양하였다. 그중에서 사바스 수도사는 누구보다 열심히 하느님을 찬양하였으며 성모 마리아께 감사를 드렸다. 그리고 자신의 거룩한 삶으로 평생토록 감사를 대신하였다.

그는 수도사들에게 자주 다음과 같은 말을 하곤 하였다.

"축복받은 이들이여! 성모 마리아께서 우리를 그냥 내버려두시지 않을 것이라고 내가 말하지 않았습니까?"

무분별한 수도생활로 방황하던 이기적인 수도사

서로 친구였던 두 사람이 아토스 성산으로 온 일이 있었다. 불구로 태어난 어떤 사람이 티노스 섬에 있는 성모 마리아 성당[114]에서 걷게 된 기적을 보고 수도사가 되기로 마음먹었던 것이다. 한 사람은 네아 스키티에 머물렀으나, 다른 한 사람은 자유로운 수도생활이 허용되는 북동쪽의 수도원으로 가서 수도사가 되었다.

자유가 허락되는 수도원에서는 당연히 그만큼 더 조심을 하여야 한다. 누구라도 올바르게 노력하지 않으면 오히려 수도사가 되기 전보다 더 나쁘게 될 수도 있고, 외부인의 영향으로 방황할 수도 있기 때문이다.

앞서 말한 수도사는 비록 투쟁하고자 하는 열망은 강하였으나 전혀 제약받지 않는 상태에서 수도를 하다 보니 마음에는 교만함과 자만심이 가득 차게 되었다. 그리하여 교만한 마음으로 투쟁을 하면 할수록 마음은 더욱더 무감각해져 가기만 했다. 그는 주위 사람이 위험에 빠지거나 고통에 몸부림치는 것을 보고도 눈 하나 깜짝하지 않았고, 그냥 기도매듭을 돌려가며 마음의 기도를 하고 절을 하면서 기도를 많이 하는 것에 만족하였다. 오로지 거룩하게 되고 싶은 마음만으로 잠시도 쉬지 않고 투쟁하고 간구하였으며, 스트레스가 쌓일 정도로 자신을 채찍질하였다.

그는 지나치게 금식하여 계속해서 사흘에 하루만, 오후 3시 이후에만 식사를 하였다. 매우 말라서 고개를 숙이고 엄숙한 표정을 지으면 사람들은 그를 큰 고행 수도사로 여겼다. 그가 수도원에서 담당한 일은 산림을 관리하는 것이었다. 그래서 그는 많은 시간을 할애하여 산을 돌아다녔는데, 이 또한 그에게 좋지 않은 영향을 끼쳤다. 산을 돌아다니다 수도원으로 돌아오는 그의 모습을 보면 마치 아토스 성산에서 안토니오스 대 성인이 내려온 것처럼 보였는데, 그는 그 길로 자신의 켈리로 돌아가 아무와도 말하지 않고 지냈다. 이처럼 그는 거룩하게 되고자 하는 목적만으로 이기적인 투쟁을 계속하며 자신을 채찍질하였다.

하루는 숲에서 일을 하던 사람이 나무에서 떨어져 크게 다쳤다. 가엾은 아들은 아버지를 들쳐 업고 수도원으로 갔다. 산림을 담당한 수도사에게 사건의 전말을 이야기하고, 담요를 빌린 다음, 다친 아버지를 테살로니키로 옮기기 위해 무라기오로 갈 생각이었다. 그러나 그 수도사는 불행하게도 담요를 주는 것은 고사하고, 소년의 아버지 문제로 자신의 시간을 빼앗기는 것조차 탐탁지 않게 여겼다. 그리하여 자신의 영적인 의무를 다하는 데 한시도 지체함이 없기 위해 그대로 켈리의 문을 닫아 버렸다. 물론 그에게는 산림 담당 책임자로서 아들의 말을 들어 주고 다친 사람을 돌보아야 하는 의무가 있었다.

다른 수도사들이 어찌할 바를 몰라 울고 있는 소년을 동정하였다. 그래서 소년을 위로한 다음, 아버지를 병원에 입원할 수 있게 보살펴 주었다.

수도사의 인정 없는 행동에 하느님의 은총이 떠나는 것은 당연한 일이었다. 가련한 그는 점차 맑은 정신을 잃고 몽롱한 상태에 놓이게 되었다. 하지만 그는 자신이 드디어 성인 교부들의 경지에 도달하여 성인들과 천사들, 그리고 거룩한 빛 등을 본다고 주위 사람들에게 자랑하기 시작하였다.

그러던 어느 날, 천사로 변장한 악마가 나타나 말하였다.

"잠시 후 내가 다시 와서 그대를 데려갈 것이다. 그러니 얼른 떠날 준비를 해 두어라."

수도사는 대답하였다.

"하느님께서 축복하여 주시는 것이기를 바랍니다!"

그는 말을 마치자마자 서둘러 새 수도사복을 입고 수도사 서품 문양대를 걸쳤다.

그러는 사이에 악마가 다시 나타나 수도사에게 소리를 질렀다.

"빨리 서둘러라. 그리고 내가 그대를 데려갈 테니 창문으로 올라가도록 하라."

수도사는 대답하였다.

"기다려 주십시오. 제가 창문으로 올라가려면 발판이 필요합니다. 발판을 가져올 테니 조금만 참아 주십시오."

잠시 뒤, "쿵!" 하고 무엇인가 떨어지는 소리와 함께 "아악!" 하는 비명 소리가 들렸다. 그것이 그의 마지막 말이 되었다. 수도사들이 달려갔을 때에는 이미 모든 것이 끝난 뒤였다. 키도 크고 체격도 좋은 그가 4층 높이에서 대리석 바닥으로 떨어졌기 때문에 시신은 차마 눈뜨고 볼 수가 없을 정도로 처참했다. 수도사들은 그의 영혼이 파멸한 것에 대해 가슴 아파하면서 시신을 담요에 싸서 거두었다.

시신을 수습한 수도사들은 그가 쓰던 방을 정리하기 위해 그의 방으로 갔다. 그 방에서 그들은 큼직한 글씨로 무엇인가를 적어 놓은 종이 한 장을 발견하였다. 그 종이에는 다음과 같이 적혀 있었다.

"이 종이 밑에는 사후 40일 후에 있을 추도식에 사용할 3천 드라크마가 있다. 만일 나를 위해 추도식을 해주지 않으면 기에지스가 걸렸던 문둥병에 걸릴 것이며, 유다처럼 나무에 목매달아 죽을 것이다. 그리고 제1차 종교 회의의 318명의 교부들의 저주를 받을 것이다."

그리고 마지막에는 죽은 수도사의 서명이 있었다.

너무나 자비로우시고 선하신 하느님께서 이 가련한 창조물을 불쌍히 여기시기를 바란다. 그리고 우리 자신을 한없이 낮추면서 사랑으로 투쟁하여 하느님께 가까이 갈 수 있도록, 이 사건이 우리에게 경종을 울리는 본보기가 되기를 바란다. 아멘.

과대망상으로부터 구원된 수도사

한 수도원에 수도생활을 열심히 하였으나 자신에 대한 우월감과 망상에 빠져 과격하게 영적인 투쟁을 하는 수도사가 있었다. 마침내 그는 그리스도께서 자신의 영혼 속에 자리 잡고 계시니 더 이상 성체성혈을 받을 필요가 없다고 생각하여 점차 성체성혈도 받지 않게 되었다. 단지 안디도로만 받아서 그것만 자주 먹었다. 그는 금식을 지나치게 하였다. 물론 성수조차 마시지 않았다. 가엾은 그는 이렇게 말하기도 하였다.

"나는 이제 거룩하게 되었다. 그러니 내 오줌 또한 거룩한 것이므로 나는 필요할 때마다 내 오줌을 마신다."

이 불행한 수도사는 자신의 오줌을 받아 마셨다. 그러니 그가 얼마나 구역질나는 착오에 빠져 있는지 생각해 보라.

그는 망상이 심해져서 결국 난폭해지기까지 하였다. 수도원에서 소동을 피웠으며 어리석은 말을 하고 다녔다. 결국 수도사들은 안전을 위해 그를 수도원 탑에 가두고 그가 제정신을 차리기만을 기도하였다. 그리고 과대망상에 빠진 수도사가 자해를 할 우려가 있었으므로 한 수도사를 보내 그를 보살펴 주었다.

그는 자신을 보살피는 수도사가 음식이나 생필품을 갖다 줄 때마다 습관적으로 "내가 한 성인을 보았네."라고 말하거나 "나는 천사를 보았어." 같은 말을 하곤 하였다. 그런가 하면 어떤 때에는 "나는 순교자가 될 걸세."라고 말하기도 하였다. 담당 수도사는 행여나 신체에 해를 가할까 걱정하여 탑 안에 날카로운 것들은 하나도 남겨 두지 않았다. 또 음식도 칼을 사용할 필요가 없도록 모두 잘라서 가져다주었다.

그러나 어느 축일날, 담당 수도사가 정어리 통조림을 딴 다음 그에게 깡통째 가져다준 일이 있었다. 악마[115]는 이 기회를 놓치지 않았다. 망상에 빠진 수도사가 음식을 다 먹고 나자 악마는 천사의 모습을 하고서 나타났다.

"그리스도께서 그대를 위해 성광관(聖光冠)을 준비하셨다. 또한 지금 그대의 순교자 성광관도 준비하는 중이시다. 그리스도께서는 그대가 그리스도에 대한 사랑으로 지금 고통 받고 있는 탑에서 순교하기를 기다리고 계신다."

악마는 수도사에게 순교에 대한 망상을 계속 심어 주었다. 마침내 그는 마음을 정하고 무언가 뾰족한 것이 없는지 찾다가 통조림 뚜껑을 발견하였다. 그는 뚜껑을 목에 대고 천천히 상처를 내면서 자신을 고문하기 시작하였다. 목에 상처를 내면서 아픔을 참지 못해 소리를 질러 댔다. 그리고 견딜 만하면 다시 또 상처를 내면서 소리를 지르기를 반복하였다.

수도사의 째지는 듯한 비명 소리에 깜짝 놀란 수도사들이 탑으로 달려갔다. 가장 먼저 도착한 담당 수도사는 눈앞에 벌어진 광경에 기가 막혔다. 망상에 빠진 수도사는 연신 소리를 질러 가면서 통조림 뚜껑으로 목에 상처를 내고 있었는데, 이 기막힌 광경을 보고 울어야 할지 웃어야 할지 몰랐다. 수도사들이 그에게서 통조림 뚜껑을 빼앗자 그는 소리쳤다.

"내가 순교할 수 있도록 나를 내버려두어라."

그러자 담당 수도사는 그를 안으로 끌어들이면서 말하였다.

"조금만 기다리게. 먼저 상처를 치료하고 난 다음에 자네가 하늘나라의 상을 받을 수 있게 내가 순교하는 것을 도와주겠네."

담당 수도사는 사랑이 넘치는 사람이어서 다른 사람을 위해 자신을 기꺼이 희생할 줄 알았다. 하지만 약간 짓궂은 사람이었다. 그는 수도사의 상처를 치료한 다음에 자신의 혁대를 풀러 망상에 빠진 수도사의 어깨를 때리기 시작하였다. 수도사는 혁대로 몇 차례 맞더니 더 이상 매를 참을 수 없어 소리를 질렀다.

"그만둬! 나는 순교를 할 수 없으니 더 이상 때리지 마."

악마의 유혹으로 스스로 목을 베어 순교하려 했던 그가, 정신 차리라는 뜻에서 내리친 그 수도사의 사랑의 매는 참을 수 없어 순교를 못 하겠노라 말한 것이다. 이로 인해 그는 웃음거리가 되었고 위신은 땅에 떨어지고 말았다.

수도원의 수도사들은 그가 부디 과대망상에서 깨어날 수 있도록 선처하여 달라고 계속해서 하느님께 기도하였다. 그리하여 선하신 하느님께서는 과대망상에 빠진 수도사를 도와주셨다. 그리스도의 은총으로 제정신을 차린 수도사는 위신이 떨어질 대로 떨어지고 나서야 뒤늦은 후회를 하였다. 그는 고백 성사를 한 다음 성체성혈을 받았다. 그래도 그는 다행히 살인마의 손톱으로부터 벗어나 구원받은 것이었다. 이후로 그는 자신을 낮추면서 장수하였고 마침내 하느님의 품속에서 영면하였다. 하느님의 보호 덕에 모든 것이 잘 끝나게 되었던 것이다.

영적으로 기분 좋은 일들

　계속해서 맛있는 열매만 먹게 되는 일은 없다. 누구나 먹다 보면 끝 무렵엔 쓰거나 시큼한 열매를 먹게 되는 것이다. 그러면 그 쓴 맛이나 시큼한 맛을 없애기 위해 다시 달콤한 열매를 한두 개라도 더 먹는 법이다. 영적인 교훈들 역시 마찬가지이다. 내가 바로 앞에서 기분 좋지 않은 두 가지 사건들에 대해 언급한 것 때문에 독자들의 마음은 무거워졌을 것이다. 그리하여 이번에는 독자들의 마음을 영적으로 가볍게 하기 위해 기분 좋고 거룩한 일들을 몇 가지 언급하는 게 좋겠다고 생각한다.

　물론 지금부터 이야기하는 것들은 내가 눈으로 직접 본 것은 아니다. 하지만 경건하고 독실한 수도사들과 나의 스승 수도사께서 곁에서 보고 겪었던 일들을 내게 이야기해 주신 것들이다.

지금으로부터 50여 년 전에 카투나키아에 있는 고행실들 중 악시온 에스틴 칼리비에 한 수도사가 3명의 수도사를 제자로 받아들여 함께 살고 있었다. 제자 수도사들은 예오르기오스 수도사, 파호미오스 수도사, 그리고 흐리소스토모스 수도사였다.

그러던 어느 날 스승이었던 수도사가 세상을 떠나자 가장 고참인 예오르기오스 수도사가 대를 잇게 되었다. 하지만 밑의 두 수도사는 그를 스승으로 삼고 싶어 하지 않았다. 왜냐하면 그가 비록 순박하기는 하나 매우 무식한 사람이기 때문이었다. 게다가 그 두 사람은 예오르기오스 수도사보다 더 많이 배운 탓에 마음속에 교만함도 깃들어 있었다. 결국 그들은 예오르기오스 수도사의 곁을 떠났고, 그는 혼자 남게 되었다. 길을 떠난 두 수도사는 얼마 가지 않아 헤어지고 말았는데, 이 또한 서로가 남의 밑에 있기를 원하지 않았기 때문이었다. 그들은 거처를 여기저기 바꾸면서 떠돌아다녔다. 이 수도원에서 저 수도원으로 돌아다니는가 하면, 이 켈리에서 저 켈리를 찾아 돌아다녔다.

어느 날 불현듯 한 수도사가 홀로 남겨진 연로한 예오르기오스 수도사를 떠올렸다. 그는 오랜만에 예오르기오스 수도사를 방문하기로 결정하고 자루에 먹을 것을 담아 출발하였다.

그는 칼리비 근처에 도착하자 주위 사람들에게 예오르기오스 수도사의 근황에 대하여 물었다. 하지만 아무도 그를 본 사람들이 없었다. 그중 한 수도사가 다음과 같이 답하였다.

"걱정 마시게. 분명히 1주일 전에 굴뚝에서 연기가 피어올랐으니 아마도 잘 계실 것이네."

그는 걱정하면서 예오르기오스 수도사의 칼리비를 찾았다. 칼리비의 안과 밖 모두 아무런 기척이 없자 그는 더욱더 걱정이 되어 크게 소리치면서 문을 두드렸다. 그렇지만 아무 대답도 없었다. 결국 그는 문을 힘껏 떠밀고 안으로 들어갔다. 칼리비 안에는 예오르기오스 수도사가 조용히 침대에 누워 있었다.

"수도사님, 안녕하십니까? 어떻게 지내십니까? 수도사님을 뵙기 위해 왔습니다."

그러자 예오르기오스 수도사는 언짢은 표정으로 말하였다.

"축복받은 자네, 나를 찾아와 주어 고맙긴 하네만, 자네가 오지 않았으면 더 좋았을 걸 그랬네. 자네가 안으로 들어오는 바람에 방금까지 나를 보살피던 천사가 가 버리고 말았기 때문일세. 내가 왜 문을 열지 않았는지 아는가? 천사가 이곳에 와 있었기 때문일세. 축복받은 자네, 자네는 나를 보호하는 천사를 쫓아내는 존재이니 다음부터 다시는 이곳에 오지 말게."

그 말을 듣자 수도사는 그길로 다시 자신의 켈리로 돌아갔다.

이처럼 예오르기오스 수도사는 나무 막대기로 만든 허름한 침대에 누워 지내면서 사람들에게서 완전히 버려진 채 살고 있었다. 그러나 그는 스스로 하느님의 손 안에 버려지기를 원하였던 까닭에 하느님께서는 천사들이 그를 보호하도록 선처하셨던 것이다.

예오르기오스 수도사가 살던 칼리비에서 조금 위로 올라가면 성 바실리오스 스키티가 있다. 비슷한 시기에 테오필락토스 수도사가 그곳에서 살고 있었다. 그는 매우 경건한 사람으로서 영적으로 많은 투쟁을 하였기에 모든 이들이 그의 거룩함을 인정하고 있었다. 그 자신은 사람들 속에서 스스로를 감추고자 무척 노력하였으나 그의 거룩한 삶이 알려지기 않기란 불가능한 일이었다. 그는 아르세니오스 수도사와 팜필로스 수도사를 제자로 두고 있었는데, 이 두 수도사는 그가 영적인 상태에 머물러 있는 것을 자주 목격하곤 하였다.

테오필락토스 수도사는 영적으로 강하게 투쟁하는 사람이었다. 그뿐 아니라, 기도할 때에는 매우 경건하게 집중을 하다 보니 늘 벅찬 감동에 젖었으므로 남들과 함께 기도를 하는 게 매우 힘들었다. 그는 행여나 참지 못하여 흘러내리는 눈물을 남들이 볼지 몰라서, 혹은 울먹이는 소리를 남들이 들을지 몰라서 노심초사하였다. 그러다 결국 예배 시간에는 자주 바위나 동굴로 자리를 옮겼는데, 그러면 항상 다음날 아침이 되어서야 돌아오곤 하였다. 그는 늘 영적으로 살았으며 자신을 아주 낮추며 살았기 때문에 항상 초야에 묻혀서 선과 덕을 쌓았다.

언젠가 한겨울 밤의 일이었다. 한번은 그가 예배를 드리러 또 바위로 갔는데, 그날 밤 갑자기 큰 눈이 내렸다. 아침이 되어도 스승 수도사가 돌아오지 않자, 제자 수도사들은 걱정을 하기 시작하였다. 두 명의 제자 수도사는 스승이 혹시 눈에 파묻힌 것은 아닐까 하며 산으로 올라갔다. 근처에 다다르자, 저 멀리 바위 위에 무언가 검은 것이 보였다. 가까이 다가가니 자신들의 스승이 바위 위에서 꼼짝도 하지 않고 있었다. 그들은 테오필락토스 수도사가 눈 때문에 꽁꽁 언 것이라고 생각하고 걱정했다. 하지만 스승을 흔들어 깨우기 위해 손을 갖다 댔다가 깜짝 놀라고 말았다. 얼음처럼 차가울 줄 알았던 스승 수도사의 몸이 매우 따뜻하였던 것이다. 그뿐 아니라, 수도사의 열성적인 기도에 의해 자기 주위의 눈들도 모두 녹아 있었다. 제자 수도사들이 그를 흔들어 깨움으로 인하여 스승은 영적인 상태에서 깨어나고 말았다. 아니, 더 정확히 말하자면, 천국에 가있었던 그의 영혼이 성모 마리아의 정원으로 다시 돌아왔다고 보아야 할 것이다.

　외진 곳에서 살고 있었던 수도사들도 그의 열성적인 기도와 영적인 단계를 높이 평가하여 경건하게 대하였다. 그러나 오로지 그와 영적 전쟁을 벌이고 있던 악령들만이 그를 미워하였는데, 그것은 그가 자주 천사들과 친구가 되어 그의 영혼은 하늘로 올라가곤 하였기 때문이었다. 그리하여 그가 영적인 상태에 머물고 있을 때에는 악마들이 모든 방법을 동원하여 그의 기도 시간을 방해하고자 애를 썼다. 물론 모두가 헛수고일 뿐이었다. 한번은 바실리오스 스키티에 있을 때에 그의 영혼이 영적인 상태에 놓인 적이 있었다. 악마들은 기도를 방해하기 위해 그의 몸을 카프소칼리비아 스키티로 옮겨 놓았지만, 그 또한 성공하지 못하였다.

　그 지역에 사는 수도사들의 말에 따르면, 테오필락토스 수도사는 야생동물들과도 매우 친밀하게 지냈다고 한다. 야생동물들도 그가 자신들을 사랑하고 있다는 것을 알고 있었기에 도움이 필요할 때면 그의 칼리비를 찾아가곤 하였다. 한번은 노루가 발을 다친 일이 있었다. 노루는 그에게로 가서 다친 다리를 쭉 뻗고서 슬프게 울었다. 그는 노루 다리에 묶을 막대기를 구하는 동안 딱딱하게 구운 빵을 조금 가져와서 노루에게 먹였다. 그리고 두 개의 막대기를 노루의 다친 다리에 묶어 주면서 말하였다.

"이제 그만 가도 좋다. 하지만 네 다리가 다 나았는지 보고 싶으니 일 주일 뒤에는 꼭 다시 오너라."

선량한 수도사는 하느님의 사람이었기 때문에 마치 의사가 환자에게 하듯이 동물들과도 의사소통을 하였던 것이다. 모든 성인 교부들이 우리를 축복하여 주기를 바란다.

그리스도 예수 하느님이시여! 아토스 성산의 성인 교부들의 기도와 성모 마리아의 중보로 우리를 불쌍히 여기소서! 아멘.

장차 오게 될 시대의 천사

카투나키아의 베냐민 수도사는 그가 자랐던 가정 역시 신앙심이 깊은 집안이었기 때문에 속세에 있을 때부터 매우 독실한 사람이었다. 그는 젊었을 때부터 그리스도에 대한 사랑이 남달라서 자신의 고향과 경찰이었던 그의 직업, 세속에서의 기쁨 등을 뒤로한 채 일찍이 부모님 곁을 떠나 아토스 성산으로 오게 되었다. 그리고 성모 마리아의 정원에서 수사단의 자원봉사자로서 일을 시작하게 되었다.

제일 처음 그는 칼리니코스 수도사를 찾아가 함께 지내고 싶다는 뜻을 밝혔다. 분별력 있는 칼리니코스 수도사는 한눈에 그가 매우 열성적인 사람이라는 것을 알아보았다. 하지만 그의 몸이 매우 허약함도 보았다. 그래서 수도사는 그가 다른 곳에서 수도 생활을 하도록 자신의 생활 방식을 이야기해 주었다.

"자네, 나는 하루에 한 번, 오후 3시가 지나서 160그램짜리 구운 딱딱한 빵과 물을 먹을 뿐이라네. 자네가 이렇게 할 수 있다면 여기에 머물러도 좋네만, 그렇지 않으면 다른 곳으로 가게나."

그의 건강은 이토록 극심한 수도생활을 견뎌내기가 힘들었다. 왜냐하면 그에게는 결핵 증세가 있기 때문이었다. 하는 수 없이 그는 악시온 에스틴의 칼리비에 있는 파호미오스 수도사를 찾아갔다. 그곳에서 그는 베냐민이라는 이름의 수도사가 되었다.

그는 좋지 않은 건강에도 불구하고 오랫동안 착실하고도 치열하게 영적인 투쟁을 벌였다. 낮에는 손수 생활에 필요한 것들을 만들거나 교부에 관한 책을 읽었다. 밤에는 쉬지 않고 철야 기도를 하였다. 천사 같은 그의 영혼이 하늘로 올라갈 때까지 그의 입에서는 기도가 끊이지 않았다.

그의 영혼이 하늘로 떠나던 순간, 하느님을 향해 무수한 영적 투쟁을 해온 수녀가 양들의 우리를 돌보기 위해 케라테아 수도원[116] 밖으로 나왔다가 크게 외쳤다.

"아! 우리는 무엇을 잃었단 말인가? 그가 떠났다! 그가 떠났다!"

그 순간 카투나키아에서 베냐민 수도사가 숨을 거두었다. 그의 영혼이 그리스도 곁으로 간 것이다. 그리스도께서는 천사들에게 베냐민 수도사의 이마에 '장차 오게 될 시대의 천사'라고 쓰인 빨간 두건을 둘러 주라고 명령하셨다.

하느님을 향한 귀환
땅에서 하늘로

선하신 하느님께서 천사들을 만드셨습니다. 하지만 몇몇 천사가 교만한 마음을 먹어 악령들이 되었습니다. 그러자 하느님께서는 타락해 버린 천사들을 보충하기 위해 사람들을 만드셨습니다. 하느님께서는 악령들이 그들의 악으로도 우리 인간들을 돕게끔 하셨습니다. 즉, 우리가 이 땅에서 영원한 생명을 누리는 하늘나라로 들어가기 전에 시험을 치르도록 악령들에게도 한정된 영역과 한정된 시간 안에서 자유를 누리게 하셨던 것입니다. 그러므로 사람은 누구나 살아 있는 동안에 영적인 시험을 치르게 됩니다. 여기에 재시험이란 없습니다.

그러므로 우리는 영적인 토대라도 쌓은 상태로 천국으로 들어갈 수 있도록 노력해야 합니다. 아멘.

✽ ✽

경험은 악령들과의 불꽃 튀는 싸움과 유혹을 통해 얻게 된다. 그리스도를 섬기는 사람은 영적인 투쟁을 하는 동안 이 유혹들을 만난다. 그런데 악령들은 본격적인 싸움을 시작하기 전에 이미 계략을 짜서 사람을 공격하는 것이다. 그리스도를 향한 기도야말로 악령들의 계략을 쳐부수는 가장 큰 무기이다.

✽ ✽

투쟁을 하는 수도사의 영적인 진보는 훌륭한 고해 신부에 의해 이루어지는 것이 아니라, 수도사 자신의 선한 생각에 의해 이루어진다.

✽ ✽

스승 수도사에게 나쁜 마음을 품는 제자 수도사는 마침내 신뢰를 잃어 자기 혼자서 넘어지게 된다. 이것은 마치 반구형 천장의 가운데에 있는 돔, 즉 천장의 열쇠를 빼내면 천장이 와르르 무너지는 것과 같다.

✽ ✽

마음과 정신이 정결하려면 사람은 악령들이 보내는 악한 생각들을 받아들여서는 안 되며, 스스로도 악한 생각을 해서도 안 된다. 순수하게 자신을 낮추면서 행동하며, 착실하게 영적으로 투쟁하는 것이 좋다.

✽ ✽

정신과 육체의 순결함을 모두 지키기 위해 투쟁하는 사람들에게는 수도나 금식, 철야 예배보다도 순수한 생각이 더 큰 영적인 힘을 지닌다.

✱ ✱

본능에서 생겨나는 육체적인 욕망들도 교만이 없을 때 금식과 철야 예배와 기도로써 잠재울 수 있다.

✱ ✱

악령들과 사람이 함께 일을 공모하면 이 세상에 두 배나 나쁜 영향을 미치는 것처럼, 악한 생각이 죄와 손을 잡고 일을 하면 영혼에 두 배나 나쁜 영향을 미친다.

✱ ✱

불경한 생각은 사람의 것이 아니라 악령들의 것이다.

✱ ✱

악령들은 감수성이 예민한 사람들을 실의에 젖게 하고 절망의 구렁텅이에 빠뜨리기 위해 불경한 생각들로 사람을 괴롭힌다.

✱ ✱

비행기로부터 나오는 소음은 우리를 괴롭힌다. 하지만 우리가 이 소음을 듣고 싶지 않다고 해도, 비행기를 멈추게 할 수는 없다. 불경한 생각들은 비행기의 소음과도 같다. 이에 대한 대책은 성가이다. 성가는 그리스도에 대한 기도일 뿐 아니라, 악령들에 대한 멸시이기 때문이다.

✱ ✱

영적인 삶을 처음 시작할 때에는 영적인 공부와 끊임없는 기도, 착실한 수도로 악한 생각들을 쫓을 수 있다. 그러면 자연히 좋은 생각들이 따르게 된다. 그렇게 생활하다 보면 어느 순간 좋은 생각들이 솟아나는 것도 멎고, 자신의 내면이 텅 비어 있음을 느끼게 된다. 그러고 나서야 비로소 성령이 그 사람의 마음속을 채우게 되는 것이다.

✱ ✱

하느님의 사람은 악령들에 대해 알고 있으나, 악령들은 인간의 좋은 생각을 알지 못한다.

✱ ✱

이 시대의 가장 큰 병은, 긴장감을 유발할 뿐인 속된 사람들의 덧없는 생각들이다. 그리스도만이 마음의 평온함과 영원함으로 이 병을 치료하실 수 있다. 사람은 단지 회개를 하고 그리스도께 향하는 것으로 족하다.

✱ ✱

죄를 많이 지은 사람은 자신을 낮추기 위해 해야 할 일들이 많이 있다. 그리고 자신을 많이 낮춤으로써 하느님의 은총을 받아들이게 된다. 이 은총을 계속 간직하기 위해서는 단지 충동적인 행동을 피하고 죄를 유발하는 요인들로부터 멀어지는 것만으로도 충분하다.

✱ ✱

정신적인 약점들을 극복하기 위해서는 사람들로부터 멀리 떨어져 있는 것이 매우 도움이 된다. 그것은 물이 없는 사막에서 잡초는 말라 죽지만, 수렁 속에서는 갈대가 자라는 것과 마찬가지이다.

✱ ✱

달에 가까이 가는 사람들을 보고 감탄하지 말라. 그러나 속세의 덧없는 것들을 피하여 하느님을 가까이하여 기쁨을 누리는 사람들을 보면 기꺼이 감탄하라.

✱ ✱

하느님으로부터 멀어지는 사람은 잠시 머무는 이 세상에서 마음의 휴식을 취할 수 없으며, 영원한 세상에서도 정신적인 휴식을 취할 수 없다. 하느님을 믿지 않고 미래의 영생을 믿지 않는 사람은 이 세상에서도 위로받지 못한 채 머물게 되며, 영혼은 영원히 심판 받게 되기 때문이다.

✱ ✱

순수하고 소박한 삶에서 멀어지면 멀어질수록, 그리고 사치를 추구하면 추구할수록 긴장감과 초조함도 점점 커진다. 또, 눈에 보이는 세속적인 겸손함만 뿌리를 내릴수록 소박함과 기쁨, 본연의 순수하고 해맑은 미소는 사라지게 된다.

✱ ✱

하느님은 무한한 정신이시다. 사람은 이 정신을 통해서 하느님을 닮게 되고 하느님께 가까이 다가갈 수 있다. 하느님께서는 무한한 사랑이시다. 깨끗하고 순수한 마음속에 하느님을 모실 수가 있다. 하느님께서는 순수하시다. 순수한 사람은 하느님을 믿으며 자신을 낮추면서 착실하게 투쟁하는 동안에 하느님의 신비 속에 살게 된다.

✳ ✳

　세월은 흐르고 사람은 늙게 마련이다. 그러니 십자로에 머물러 있지 말라. 자신의 성실한 정도에 따라 하나의 십자가를 택하라. 그리고 교회에서 권하는 두 가지 길[117] 중 하나를 택하여 앞으로 나아가라. 부활의 기쁨을 느끼기를 원한다면, 그리스도의 수난에 기꺼이 참여하기 위해서 그리스도를 따르라.

✳ ✳

　인간의 십자가는 약소하고 작은 십자가이다. 이 십자가는 우리 영혼의 구원을 돕는다. 하지만 그리스도의 십자가는 매우 무거운 것이었다. 그리스도께서는 자신을 위해 하느님의 힘을 사용하지 않으시고, 사람의 힘을 사용하셨기 때문이다.

✳ ✳

　시험에 대하여 가장 좋은 약은 사람들이 겪는 가장 어려운 시험에 대해서 생각하는 것이다. 우리가 시험에 들 때에 주위 사람들이 겪는 더 어려운 시험을 생각하는 것만으로 충분하다.

✳ ✳

　그리스도께서는 자애로우신 분이시기에 우리가 고통에서 오는 쓰라림을 지닌 채 그리스도께 기대면, 그 쓰라림은 달콤한 시럽으로 바뀐다.

✳ ✳

　자신의 기도가 하느님께 기꺼이 받아들여질 수 있도록 마음에서 우러나는 기도를 하게 되기를 원하는가? 그렇다면 다른 사람의 고통을 자신의 고통처럼 느껴라. 이웃을 위한 진심 어린 깊은 한숨만이 긍정적인 결과를 가져온다. 그 같은 기도를 한다면 그 기도는 하느님께서 기꺼이 받아들이시고 거룩한 답을 주실 것이니 그 답은 바로 기도를 마치고 나서 느끼게 되는, 하느님께서 주시는 거룩한 위안이다.

✲ ✲

평온한 마음으로 한밤중에 하는 기도는 우리의 영적인 진보에 커다란 도움이 된다. 이는 한밤에 소리 없이 내리는 비가 식물들을 더욱더 높이 자라게 하는 것과 같다.

✲ ✲

해가 넘어간 후에 드는 잠은 건강에 매우 도움이 된다. 마찬가지로 해가 지고 나서 드리는 철야 예배의 절실한 기도 또한 영혼에게 매우 유익하다.

✲ ✲

영적인 기계가 작동하기 위해서는 먼저 영적인 기름이 녹아야 하는 것처럼, 마음의 기도가 저절로 될 때까지 계속 기도매듭을 돌려가면서 기도를 하라.

✲ ✲

사람은 자신이나 남을 위해서 하는 기도와 희생에 따라 거룩한 도움 역시 받아들이게 된다.

✲ ✲

인간의 힘으로 할 수 없는 것들을 하느님께 믿고 맡기는 것은 긍정적인 결과를 가져오는 신비롭고 끊임없는 기도와 같다.

✱✱

하느님을 신뢰하는 사람은 하느님의 영광된 말씀을 뿌리고 거룩한 기쁨과 영원한 축복을 받는다. 불평불만을 뿌리는 사람은 불평불만을 추수하고 스트레스를 쌓는다.

✱✱

속된 삶을 즐기며 사는 사람들은 삶을 달콤하게 느끼지 못한다. 그러나 영적으로 사는 사람들은 쓴 한약이 우리 몸을 건강하게 하는 것처럼 영적인 건강을 위해 쓰라린 아픔 역시 기쁘게 받아들인다. 그들은 음식을 단지 육체적인 관리를 위해 먹을 뿐이다.

✱✱

이웃이 배고프면 그대가 먹을 것을 주라. 배고픈 사람이 없으면 당신이 먹을 음식을 배고픈 짐승들에게 주라. 이렇게 함으로써 그대는 금식도 하고 정신적으로도 유익을 얻어 하늘나라로 가는 길을 얻을 것이다. 불쌍한 동물들에겐 천국이란 없다. 다만 그들에게도 다행인 것이 하나 있는데, 그것은 그들에게는 지옥도 없다는 것이다.

✱✱

사람이 남에게서 물질적인 것을 받을 때 느끼는 기쁨은 인간적인 기쁨에 지나지 않는다. 그러나 사람이 남에게 베풀 때 느끼는 기쁨은 거룩한 것이다. 거룩한 기쁨은 오직 남에게 베풂으로써 찾아온다.

✱ ✱

다른 이를 위해 베푸는 작은 자선이나 선행을 통해 느끼는 환희와 영혼의 영적 변화는 그 어떤 유명한 심장병 의사라 할지라도 줄 수가 없다. 설령 제아무리 많은 돈을 준다고 하더라도 심장병 의사는 결코 줄 수 없는 것이다.

✱ ✱

사리사욕 없이 사랑으로 이웃을 위해 힘들게 일하는 사람은 피곤이 오히려 휴식이 된다. 그러나 자신만 사랑하는 사람은 나태해져서 앉아 있는 것만으로도 피곤해진다.

✱ ✱

성실한 사람은 어떤 상황에 부딪히더라도 성실하게 일할 것이므로 그가 수도사이든 속세에서 살든 영적으로도 열심히 갈고 닦을 것이다. 그러나 하느님께서 주신 성실함과 착실함을 갈고 닦지 않는 사람은 이 세상뿐 아니라 어느 곳에서든 게으른 사람이 될 것이다.

✱ ✱

가엾은 짐승들은 무정한 인간들보다 더 바르게 처신한다. 인정 있는 사람에게건 없는 사람에게건, 사람들에게 팔려서 무조건 복종하며 소리 없이 고통을 참으면서 대가도 없이 고된 일을 하기 때문이다. 그 결과, 그들은 소유하지 않는 미덕과 참을성, 복종심을 인간보다 더 많이 지니게 되는 것이다.

✽✽

여행에서 동행자의 무거운 짐을 들어 주는 사람보다 자신을 낮추면서 상대방의 잘못을 용서해 주는 사람의 사랑이 더 가치 있는 일이다.

✽✽

이 세상이 불공평함을 큰 축복으로 받아들이라. 그 이유는 하늘나라의 축복을 저축하기 때문이다. 그렇다고 남들이 당신을 불공평하게 취급하게끔 유도하지는 말라. 왜냐하면 이런 태도 속에는 선한 모습이 악을 감추고 있기 때문이다.

✽✽

누군가 당신에게 해를 입혔다고 해서 "하느님으로부터 벌을 받을 것이다."라고 말하지 말라. 이것은 겸손을 위장한 저주이기 때문이다.

✽✽

누군가가 잘못한 일에 대해 당신에게 진정으로 용서를 빈다면 자비심을 가지고 그를 용서하라. 그리고 잘못할 때마다 관대한 마음으로 그를 용서하고, 가까이 다가가 그를 사랑하라. 설령 악한 사람이 자기 이익이나 남을 해롭게 하는 일에 당신을 끌어들이려고 거짓 용서를 빌지라도 당신은 그를 일흔일곱 번이라도 용서하라. 그리고 멀리서 그 악인을 사랑하며 그를 위해 기도하라.

✽✽

당신에게 정신적인 해를 끼치지 않는다면 기쁜 마음으로 부당한 일들을 받아들여라. 영적인 사람일수록 이 세상에서 더 적은 권한을 갖고 있는데,

이는 그리스도께서 옳은 자의 권한을 하늘나라에서 간직하고 계시기 때문이다.

✱✱

누구라도 그리스도를 향한 사랑으로 열심히 일하면 일할수록 마음은 그리스도 곁에서 더 환희에 젖는다. 만일 그 사람이 사람들을 돕는다면 다른 누구의 도움보다 더 좋은 결과를 가져오는데, 이는 그의 도움이 다름 아닌 영적인 결과물이기 때문이다.

✱✱

인정 많은 사람은 고통 받는 사람의 처지를 자신의 처지로 여겨 그를 위로하고 기도한다. 대신 고통 받는 사람의 고통이 클수록 인정 많은 사람은 그리스도로부터 더욱더 거룩한 위로를 받게 된다. 그러나 다른 사람의 자리를 넘보는 인정머리 없는 사람이 남의 자리를 빼앗는다면, 그에게는 스트레스가 쌓일 뿐이다. 그는 이 세상에 살면서도 이 세상 지옥의 어느 한 곳에서 살게 된다.

✱✱

이웃을 향한 우리의 사랑 속에는 그리스도를 향한 깊은 사랑이 숨어 있다. 또한 성모 마리아와 성인들을 경외하는 마음속에는 그리스도, 즉 삼위일체이신 하느님을 향한 경외심도 숨어 있다.

✱✱

거룩한 천사들은 날개를 퍼덕이며 "거룩하신 이여! 거룩하신 이여! 거룩하신 이여!" 하고 경외심 가득한 마음으로 쉬지 않고 하느님을 찬양한다.

✱ ✱

우리가 천사처럼 날기 위해서는 영혼이 지닌 약점들을 모두 던져 버리고 가난한 사람들에게 재산을 전부 나누어 주어야 한다. 왜냐하면 물질적 부가 있는 곳에는 영적인 가난함이 따르기 때문이다.

✱ ✱

비록 도둑이라 할지라도 가난한 사람을 보면 측은히 여겨 불쌍하게 생각한다. 그러나 부자를 보면 도둑은 악랄한 방법으로 부자를 가난하게 하려고 한다. 사람이 천국을 상속받고 싶다면 그리스도의 거룩한 복음경에서 말하였듯이, 제 스스로 가난한 자가 되어야 한다.

✱ ✱

천국에서의 삶은 천사와도 같은 삶이다. 그러기에 몇몇의 신중하고 착실한 젊은이들은 이 세상에서부터 천사와 같은 삶을 살기 위해 수도사가 되어 순결하게 재산 없이 순종하는 삶을 산다.

✱ ✱

수도사이든 수녀이든 수도하는 삶은 같다. 남자와 여자의 차별은 없다.[118]

✱ ✱

우리 마음에 수도사적인 사고방식을 진전 시키려면 먼저 마음속에 남아 있는 속세의 사고방식부터 버려야 하고 식물이 자라는 데 필요한 흙처럼 되어야 하는 것이다. 그러고 나서 영혼을 방해하는 약점을 없애기 위해 죽음과 심판에 대해 생각해야만 한다. 그리고 우리를 구원하시기 위해 죽음에 이르기까지 온갖 수난을 겪으신 그리스도를 위하여 스스로도 수난에 동참하여야만 한다.

✢ ✢

수도사는 자신이 수도사가 되었던 수도원에서 살다가 이 세상을 떠나는 것이 좋다. 하지만 회개 속에서 세상을 떠나는 것이 더 좋다.

✢ ✢

수도사의 삶이 지닌 커다란 가치를 알고 있는 사람은 다른 권력을 탐하지 않는다. 그가 올바른 수도사라면 하늘나라가 아닌 지상에서도 천사들의 기쁨을 느낄 수 있기 때문이다. 만일 그렇지 않다면 오히려 속세의 사람들이 그를 비웃을 것이며, 이로 인하여 천사들이 도리어 애석해 할 것이다.

✢ ✢

세속적인 삶을 사는 수도사는 삶에 실패한 사람으로 고통에 시달리게 된다. 또한 이것은 다른 세상에 계신 그리스도께도 문제가 될 것이다. 세속에 물든 그를 다른 수도사들과 함께 있게 해야 할 것인가, 아니면 속세의 사람들과 함께 있게 해야 하는가 하는 문제 때문에 그리스도께서 고심하실 것이기 때문이다.

✢ ✢

수도사는 이 세상의 빛이다. 희미한 등불이 아니라, 바위 위에 서 있는 등대이다.

✳︎ ✳︎

　수도사가 그리스도에 대한 사랑 때문에 사람들을 보지 않더라도 그는 기도를 통하여 많은 사람들을 보게 된다. 그리고 인간의 힘으로 어찌할 수 없는 것들에 대하여 기도를 하면서 이들을 거룩하게 돕는다.

✳︎ ✳︎

　수도사들은 교회의 무선 통신사들이다. 그들은 기도하는 가운데 그리스도와 친밀하게 접촉하기 위해서, 그리고 사람들을 돕기 위해서, 소란스러운 세속으로부터 멀어지게 된다.

✳︎ ✳︎

　만일 수도사가 자신을 세속의 사람들과 비교하면서 오만하게 군다면 그는 세속의 사람들과 다를 바가 없게 된다. 그러나 자신을 낮추면서 하느님께서 자신을 불쌍히 여기시도록 간구하고 투쟁한다면 그는 모든 사람들을 좋은 사람으로 그리고 성인으로까지 여기게 되어 수도사는 점점 성인들을 닮게 된다.

✳︎ ✳︎

　영혼이 영적으로 부활하기 위해서는 십자가에 매달려 정신적인 약점, 특히 이기주의를 없애야 한다. 이기주의는 교만에 빠진 겁 없는 아이로서 하느님의 은총을 가로막게 하며, 사람들 앞에서 망신을 당하게 만든다.

✳︎ ✳︎

　수도사가 영적으로 진보하려면 세속적인 논리를 버리고 자신을 낮추면서 착실하게 일하여야 한다. 수녀가 영적으로 진보하려면 질투와 같은 마음을 버려야 하며, 영적인 추진력을 지녀야 한다. 수녀는 마음을 다스릴 수 있어야 하므로 논리가 앞으로 나아가게 해야 한다.

✱✱

자신이 하는 영적인 일들을 시간 낭비라고 간주하지 말라. 그것은 자기 자신에 대한 영적인 조건들이며, 사람들을 위한 긍정적 도움이기 때문이다.

✱✱

명성을 얻지 않도록 주의하라. 명성을 얻는 순간 그대의 이름은 조용한 생활에 가장 큰 적이 될 것이다. 수도사는 영적인 삶을 살면서 명성을 얻지 않도록 항상 주의해야 한다. 세속적인 칭찬에 의해 수도사가 쌓아 온 노고가 수포로 돌아가 하느님에게서 받을 상이 없어지기 때문이다. 그러나 부주의한 삶을 회개한다면 사람들 앞에서 인격 또한 떨어지므로 죄 역시 사하여질 것이다.

✱✱

아무리 선한 일을 했다 하여도 그 일을 남에게 떠벌리고 교만해지면 그 순간 하늘에서 내릴 상은 떠나가고 피곤해지고 죄에 빠진다.

✱✱

만일 세속적인 사고방식을 지닌 수도사가 있다면 그는 길을 잘못 선택한 것이다. 그는 그리스도께 자신을 바치기 위해 출발했음에도 불구하고, 자신의 영혼은 언제나 속세를 향해 달려갈 뿐이다.

✽ ✽

영적인 노력을 기울이지 않고 쓸데없는 것이나 속세에서 만들어낸 물건에 자꾸 관심을 갖는 수도사는 스스로가 세상의 물건들처럼 세속적이며 자신의 정신이 전혀 거룩하지 않음을 나타내는 것이다.

✽ ✽

수수한 건물과 보잘것없는 물건들은 수도사의 정신을 동굴과 성인 교부들의 소박한 고행실로 옮겨줌으로써 영적으로 도움을 준다. 속세의 물건들은 끊임없이 속세를 생각나게 하므로 수도사의 정신을 세속적으로 만든다.

✽ ✽

아토스 성산의 성인들은 우리와 같은 평범한 사람들이었다. 아토스 산 또한 다른 산과 마찬가지로 평범한 산이었다. 그러나 수도사들이 착실하게 수도를 한 결과 스스로 거룩하게 되었으며, 아토스 산 또한 거룩하게 만들어 아토스 성산으로 불리게 되었다. 덕분에 지금의 우리가 아토스 성산의 수도사로서 자부심을 지닐 수 있게 된 것이다.

✽ ✽

성인 교부들은 외진 곳을 거룩하게 만들어 영적인 세계로 바꾸어 놓았다. 그러나 불행히도 우리는 이 영적인 세계를 세속적인 세계로 바꾸어 놓았다.

✽ ✽

수도생활에서의 세속적인 번영은 결국 커다란 영적 무질서를 초래한다.

✼ ✼

당신이 수도사라면 아직 세속적이고 불안한 자신을 억지로 조용한 생활에 적응시키려고 노력할 필요는 없다. 그러나 우선 외진 곳의 조용함이 당신을 도와줄 수 있도록, 또 자신이 지닌 모든 약점들을 없앨 수 있도록, 그리고 마지막으로 그리스도로부터 상을 받을 수 있도록 외진 곳을 존중하라.

✼ ✼

조용한 생활을 위해 은둔자가 되기를 원한다면 먼저 좋은 생각을 하면서 자신의 내적인 고요를 외적인 불안의 자리에 심어라.

✼ ✼

은둔자가 되기 위해 수사단을 떠나는 신참 수도사는 마치 나무에서 갓 떨어진 익지 않은 무화과와도 같다. 덜 익은 무화과에서 우유처럼 하얀 즙이 나오듯이 신참 수도사에게도 우유가 필요할 것이다.

✼ ✼

덕망 있고 영적 경험이 풍부한 수도사들이 매우 많았던 시절에는 젊은 수도사들도 성실하게 영적 투쟁을 하였다. 그러나 수는 더 많을지라도 모범을 보여 줄 만한 것이라곤 아무것도 없는 늙은 수도사들만 우글거리는 요즘 같은 때에 젊은이들이 무엇을 보고 따라 할 수 있겠는가?

✼ ✼

옛날의 수도사들은 영적인 투쟁 정신이 있었기에 금식을 많이 하고 맛없는 삶은 음식들을 선호하였다. 덕분에 그들에겐 거룩함과 육체적 건강이 있었다. 그러나 영적 투쟁과 삶은 음식을 회피하는 이 시대에 도리어 수도사들이 맛없는 삶은 음식처럼 되었다. 만일 닭이 먹이를 더 찾기 위해 땅을 파헤치지 않았더라면 살이 찌지 않았을 것이고, 그렇다면 닭도 날 수 있었을 터이니 매가 땅에 내려와 채 가는 일은 없었을 것이다.

**
사람들은 무거운 자루를 옮기는 일을 할 때면 언제 이 일에서 벗어날 수 있을지를 생각한다. 그러니 뚱뚱한 사람은 자신의 무거운 체중을 싣고 오갈 때마다 어떤 생각이 들겠는가? 게다가 많이 먹음으로써 몸무게가 더 늘어난다면 결국에는 건강까지 나빠질 것이다.

**
고행하는 사람은 바싹 마른 자신의 몸을 영혼의 친구처럼 보며, 바싹 마른 몸은 그의 영혼이 정결하도록 돕는다. 그렇지만 살찐 사람은 몸을 영혼의 적으로 만들어서 마침내 몸과 영혼이 전쟁을 하게 된다. 그 순간 악령들은 불결한 생각으로 사람을 공격하기 위해 기회를 노린다.

**
금식 후에 먹는 빵은 달콤하다. 철야 예배 후에 자는 잠은 달콤하다. 비록 딱딱한 돌 위에서일지라도 고단함 뒤에 얻은 휴식은 안락한 의자보다도 우리를 더 편안하게 만든다.

**
인간의 위로를 피하면 피하는 만큼 우리에게는 거룩한 위로가 가까이 다가온다.

✽ ✽

사람들이 성경의 말씀을 지키며 그리스도 곁에서 소박하게 살았더라면 그리스도에게서 영적인 위로를 받아 속세의 일로 스트레스를 받는 일도 없었을 것이다. 그랬다면 약에 의존하거나 식물인간이 되는 일도 없었을 것이다.

✽ ✽

인간이 추구하는 편리함이 한계를 넘어섰기에 도리어 편리함은 어려움을 초래하였다. 기계가 증가하면서 근심도 증가하였고, 사람 또한 기계처럼 되고 말았다. 그리하여 마침내 기계와 쇠가 인간을 지배하여 사람의 마음 역시 쇠처럼 굳어 버렸다.

✽ ✽

속세의 발전은 죄를 저지르게 하는 자유라는 이름으로 사람을 영적 노예로 만들었다. 하느님의 뜻에 영적으로 순종하는 것은 곧 정신적인 자유이다. 영적 진보는 거룩한 확신과 거룩한 안전을 가져다준다.

✽ ✽

제자 수도사가 하느님께 순종하는 정도가 저마다 다른 데에는 고해 신부의 책임도 있다.

✽ ✽

신참 수도사는 아무것도 기록되어 있지 않은 카세트테이프와 같다. 그래서 신참 수도사의 행동에 대해서 스승 수도사에게 책임을 묻는 것이다.

✳︎ ✳︎

순종이란 겉으로 드러나는 태도를 말하는 것이 아니다. 제자 수도사가 기쁜 마음으로 기꺼이 스승 수도사의 생각을 따르는 것이다.

✳︎ ✳︎

자신의 뜻을 고집하는 사람은 하느님의 뜻을 쫓아내며, 거룩한 하느님의 은총이 자신에게 오는 것을 가로막는다.

✳︎ ✳︎

자신을 낮추는 사람은 자신의 뜻을 고집하지 않고 이기주의에 빠지지 않는다. 그리하여 하느님께서 내리시는 거룩한 빛을 받아들여 영적으로 지혜롭게 된다. 또한 그는 자신을 낮추어 영적 충고 또한 겸허히 받아들이므로 지혜의 친구가 된다.

✳︎ ✳︎

사람이 순종을 하기 위해서는 둘 중 하나는 갖추어야 한다. 다른 사람을 경건하게 대하거나, 두려워하는 것이다. 경건한 마음에서 우러나는 순종은 영적인 것이지만, 두려운 마음에서 복종하는 것은 군인들이 상관에게 복종하는 것과 같다.

✳︎ ✳︎

선을 쌓기 위해 저마다 자신의 약점들을 고치지 않으면서 어떻게 선이 올바르게 퍼져 나갈 수 있겠는가?

✽ ✽

자신의 능력 이상의 것을 이루기 위해 억지로 애쓰지 말라. 그래 보았자 스트레스만 쌓일 뿐이다. 그리스도께서는 폭군이 아니라 인자한 아버지시니, 저마다 이루는 착실한 투쟁을 기뻐하신다.

✽ ✽

자신이 영적으로 많은 투쟁을 할 수 없거나 전혀 투쟁할 수 없다면 투쟁할 수 없음을 겸손하게 인정하고서 하느님께 자비를 베풀어 주시기를 간구하여야 한다. 우리가 우리의 나약함을 인정하는 것이 올바른 행동이 아니라면 그리스도 하느님께서는 우리가 우리의 약함을 인정하도록 요구하지 않으셨을 것이다. 다시 말해 우리가 스스로의 나약함을 인정하는 것은 올바른 일로서 그리스도 하느님께서도 원하시는 일인 것이다.

✽ ✽

하느님의 거룩한 메시지를 듣고 싶다면, 그리고 인간의 한계에서 벗어나고 싶다면 거룩한 복음경을 통해 그리스도께서 말씀하시는 주파수에 자신을 맞추어야 한다. 그러고 나서 경외하는 마음으로 하느님의 거룩한 말씀을 실천해야 한다.

✽ ✽

'경외'와 '공경'에는 차이가 있다. 동방 정교회에서 말하는 '경외'는 서방 교회의 '공경'과 다르다. '경외'에는 거룩한 은총이 있으나 '공경'에는 인간의 이성이 작용한다.

* *

두통거리를 양산하는 이 시대에 사람들은 교부에 관한 책을 읽는 대신 더 많은 두통을 유발할 뿐인 잡지를 읽는다. 그뿐 아니라, 경험자와 무경험자가 뒤섞인 우리들은 거룩한 복음경을 저버린 채 서로가 조타 장치를 잡으려고 안간힘을 쓰고 있다. 그 결과 거룩한 배인 우리 교회는 풍랑을 만나게 되는 것이다.

* *

영적인 책들을 읽는 것은 유익하다. 그러나 읽은 것을 영적으로 실천하며 사는 것은 더 유익하다.

* *

옳은 말을 한다고 해서 옳은 사람은 아니다. 오히려 성서의 말씀에 따라 옳게 사는 사람이 옳은 사람이다.

* *

옛날 사람들의 삶에는 정확함과 솔직함, 정직함 등이 있었다. 당시의 물건들은 값이 저렴하였다. 그러나 우리가 사는 현 시대에는 불행히도 정확함이 없어져 물건 값마저 터무니없이 비싸졌다.

* *

옛날의 정교인들은 무슨 일을 하든지 항상 성호부터 긋곤 하였다. 또 중대한 일을 결정해야 할 때에는 많은 기도를 하였다. 그러나 불행히도 요즘은 많은 사람들이 중대한 일을 결정할 때에도 기도를 하지 않을 뿐 아니라, 기도를 할 생각조차 하지 못한다. 이렇게 생각 없이 경솔하게 저지른 일의 대가는 결국 다른 사람들이 대신 지불하게 된다.

✵ ✵

우리의 머릿속에 떠오르는 좋은 생각들은 모두 위로부터, 즉 하느님에게서 내려오는 것이다. 기침과 함께 코로 나오는 것만이 순수하게 우리 자신에게서 나온 것이라 할 수 있다.

✵ ✵

해가 비추지 않는다면, 거울도 통조림 뚜껑도 반짝이거나 윤이 나지 않는다. 즉, 하느님께서 빛을 비추어 주시지 않으면 사람은 빛날 수가 없다.

✵ ✵

타고난 단점 때문에 걱정하지 말라. 그렇다고 타고난 장점들을 자랑하지도 말라. 하느님께서는 우리가 살아 있을 때 지은 죄들을 살펴보실 것이기 때문이다.

✵ ✵

유순한 성격이 영적인 발전에 도움을 준다면 화를 잘 내는 성격은 더 많은 도움을 준다. 단지, 화를 내는 강한 힘을 악, 곧 자신의 정신적인 약점들을 상대로 쓰는 게 좋다. 렌즈를 이용하여 목판 성화를 만들려면 해야 할 일이 많듯이 사람도 영혼을 갈고 닦기 위해서는 할 일이 많다. 그 대신 영혼의 눈을 깨끗하게 하면 할수록 그 눈은 멀리 볼 수 있는 망원경이 된다.

✵ ✵

자신을 영적으로 깨끗하게 보도록 도와줄 사람을 찾지 못하였다면 차라리 자신의 켈리에서 조금 떨어져 보는 것이 좋다. 먼발치에서 객관적인 눈으로 자신을 바라보다 보면 자신이 지닌 많은 약점들을 찾아내게 될 것이다.

※※

사람이 순리에 따라 자신을 낮추기 위해서는 지난날의 자신이 가졌던 정신적인 약점들을 알아내야 하는데, 그렇지 못한다면, 하느님의 은총이 머물도록 스스로를 낮추는 일을 지속하기가 어렵다.

※※

스승 수도사가 되려고 애쓰지 말라. 그렇게 생각하는 것만으로도 이미 실패한 것이기 때문이다. 더욱이 스승 수도사 밑에서 수도한 적이 없다면 스승 수도사가 될 생각은 버려야 한다.

※※

갑판원의 경험 없이 혼자 힘으로 선장이 되었다면, 배와 선원들이 침몰되지 않도록 항해술에 능한 사람에게 적어도 충고라도 받아야 한다.

※※

권력을 얻고자 스스로 애쓰는 사람은 일생 동안 홀로 고투하게 된다. 그러나 다른 사람들에 의해 추대되는 사람은 자신의 주위에 후원자들을 갖게 된다. 하느님에게서 계시를 받는 사람은 하느님이 바로 그의 후원자이시다.

※※

아무리 나이 많은 수도사라 할지라도 영적으로 사팔뜨기라면 다른 수도사들에게 앞을 내다볼 수 없는 순종을 요구하지 말아야 한다. 자칫하면 모든 이들이 함께 낭떠러지로 떨어질 수 있기 때문이다. 이것은 "소경이 소경을 인도하면 둘 다 구덩이에 빠진다."[119]는 속담과 같은 경우이다.

✶ ✶

수사단 생활에 순조롭게 적응하고 싶다면, 먼저 자신이 지닌 세속적인 일과 문제들부터 해결하라. 그러기 전에는 서둘러 수도원에 들어가서는 안 된다.

✶ ✶

속세를 떠날 생각이라면 먼저 그리스도께 마음에서 우러나는 기도를 하라. 그리고 자신의 부모와 형제자매를 하느님께 맡기고 이후로는 그들을 생각하지 말라. 그래야 그리스도께서 그들을 돌보아야 할 의무를 맡으시기 때문이다.

✶ ✶

갓 입문한 수도사가 피를 나눈 부모와 형제를 생각하는 것은 하느님께서 내리시는 거룩한 도움을 받는 데 방해가 된다. 또한 수도사가 자꾸 속세의 일을 생각한다면 속세에서 벗어나기 위해 자신이 얼마나 힘든 과정을 거쳤는지를 잊어버렸다는 뜻이다.

✶ ✶

세속에서 벗어날 수 없다면, 적어도 마음속에 있는 속세의 생각들을 뿌리 뽑을 수 있도록 노력하라.

※ ※

우리 자신이 먼저 세속으로부터 멀어지지 않는다면, 세속이 우리 마음에서 멀어지기는 어렵다.

※ ※

아담의 가정에 들어가기 위해, 즉 하느님의 가족이 되기 위해 피를 나눈 가족에 대한 사랑을 뿌리치지 못한다면, 거룩한 사랑을 얻기는 어렵다.

※ ※

수도생활을 갓 시작한 수도사는 세속적인 사고방식을 단번에 끊으려고 해서는 안 된다. 초가 처음 탈 때에는 심지 주위의 촛농을 빨아들이면서 소리를 내듯이 수도사 역시 그로 인해 소리를 낼 것이기 때문이다.

※ ※

스승 수도사는 활기차고 자존심 강한 젊은 수도사를 갑작스럽게 낮추려고 해서는 안 된다. 한창 자라는 나뭇가지를 자르면 가지에서 많은 수액이 흘러나오듯이 그것은 새싹이 돋아나는 가지를 자르는 것과 같기 때문이다.

※ ※

자신의 영적인 나무가 작아서 아직 가지들이 땅 가까이에 있다면 염소들이 나뭇가지를 뜯어 먹어 쓸모없는 나무가 되지 않도록 기쁜 마음으로 영적인 울타리를 만들어 치도록 하라. 그리고 영적인 나무 그늘 아래에서 사람들이 쉬고 그 영적인 열매들을 나누어 줄 수 있을 만큼 충분히 자랄 때까지 참으라. 즉, 영적으로 성숙해질 때까지 자신을 충분히 갈고 닦아서 사람들을 영적으로 도와주고 그들의 마음을 평온하게 만들라.

✲ ✲

나무는 자연스럽게 풀들과 더불어 살아야 하며, 철사에 묶여 있어서는 안 된다. 나무껍질이 상해서 잘 자라지 못하기 때문이다. 마찬가지로 초보 수도사가 영적으로 잘 자라게 하려면 친절과 호의로써 부드럽게 초보 수도사를 제약하는 것이 바람직하다.

✲ ✲

고해자는 자신의 고해 사제 외의 사람들에게 영적인 권한을 주어서는 안 된다. 또 속세의 사람들에게 함부로 생각을 털어놓아서 자신을 낮추어서도 안 된다. 왜냐하면 자신을 낮춘다는 것이 얼마나 큰 덕인지 모르는 사람들에게 정신적으로 상처를 입을 수 있기 때문이다.

✲ ✲

수도사가 되고자 하는 젊은이에게 육체적인 투쟁은 방해가 되지 않는다. 단지 결혼을 생각하지 않는 것만으로도 충분하다. 자신을 낮추려는 생각만 있다면 약간의 수도와 금식, 철야 예배, 그리고 기도만으로도 육체는 자연스레 정신에 복종하게 된다. 더불어 젊은이는 자신이 행한 수도에 대하여 하늘로부터 상도 받게 될 것이다.

✲ ✲

당신의 마음이 온통 세속의 사람들과 물건들에 쏠려 있다면 수도사가 되겠다고 집을 나서지 말라. 분명히 실패할 것이기 때문이다.

✼ ✼

그리스도께 온 마음을 바치고 경험 많은 고해 신부를 신뢰하여 자신을 맡기는 젊은이라면 쉽게 속세에 있던 자신을 떨쳐 버릴 수 있을 것이다. 그것은 마치 신선한 감자일수록 껍질이 쉽게 벗겨지는 것과 같다. 그러나 나이가 많은 데다 순박하지도 않고 자신을 낮출 줄 모르는 사람이라면 껍질이 잘 벗겨지지 않는 오래된 감자와 같아서 자신을 버리기 어렵다. 비록 삶은 감자라 할지라도 따뜻할 때 껍질을 벗겨야 한다.

✼ ✼

어려서 수도생활을 시작한 사람은 긴 세월 때문에 수도사 서품 문양대에는 오랜 때가 묻었을지라도 그 영혼은 나이 들어 입문한 수도사의 새 서품 문양대보다도 더 깨끗하다. 뒤늦은 나이에 수도생활을 시작한 수도사는 잘 다림질된 수도사 서품 문양대를 재봉사에게서 받은 뒤 얼마간 입다가 무덤으로 가져가게 될 것이다. 그러나 젊은 수도사는 잘못을 통해 더 배우고 더 많은 순종을 하고 더 많이 희생함으로써 자신의 황금기를 수도생활에 바치게 된다. 즉, 나이 들어서 수도사가 된 사람은 젊었을 때에 수도사가 된 사람보다 더 적은 노력을 기울이고 더 적게 고생하는 것이다. 그러므로 일찍부터 수도생활을 시작한 사람이 나이 들어 수도생활을 시작한 사람보다 더 깨끗하고 순수하다.

✼ ✼

앞서 살다 간 선조들과 이 세상 사람들을 위해 할 수 있는 가장 큰 추도는 우리의 영적 진보이다. 그 이유는 첫째, 우리가 용기를 갖고 기도를 하면 하느님께서 들어주시기 때문이며, 둘째, 선조들이 우리 후손들에게 자랑스러움을 느끼기 때문이고, 셋째, 선조들이 하늘에서 내려주는 거룩한 도움을 받을 수 있기 때문이다. 그러나 우리들이 만일 죄를 짓는다면 그로 인해 선조들은 세 배나 고통을 받게 된다.

✲✲

많은 자식들을 가진 사람들 중에서 가장 훌륭하고 좋은 사람이란, 그 자신이 영적으로 다시 태어나서 자식들의 영혼이 안전하게 천국으로 갈 수 있도록 자식들의 영적인 탄생을 돕는 사람이다.

✲✲

불구로 태어났거나 타인에 의해 불구가 되었거나, 아니면 자신의 부주의로 불구가 되었더라도 불평하지 않고 자신을 낮추어 하느님께 감사하고 그리스도의 말씀을 따르면서 산다면 하느님께서 그들을 하느님에 대해 증언한 이들과 함께 있도록 하실 것이다.

✲✲

선하신 하느님께서는 자애로우시므로 우리가 변변치 못한 것들을 바침에도 불구하고 감동하신다. 그뿐 아니라, 하느님께서는 우리들이 달콤한 꿀을 먹고 남은 꿀밀로 초를 만들어 켤 뿐인데도 이것을 매우 기뻐하신다.

✲✲

하느님께서는 거름과 짐승의 배설물로 향기롭게 잘 익은 과일이 열리는 나무들을 기르시어 풍요로운 먹을거리들을 우리에게 주신다. 그럼에도 불구하고 하찮고 배은망덕한 우리들은 잘 익은 과일들을 먹으면서 이를 다시 배설물로 만든다. 불행히도 우리들은 교만을 또한 지니고 있는 것이다.

* *

모든 사람들이 하느님께서 주시는 풍요로운 먹을거리의 혜택을 누리고 있다. 그러나 적은 수의 사람만이 하느님께 감사드리며, 그리스도의 곁에서 감사하는 마음과 기쁜 마음으로 살고 있을 뿐이다.

* *

많은 사람들이 모든 것을 가지고 있다. 그러나 그들은 슬픔도 가지고 있는데, 그 이유는 그들의 마음속에 그리스도가 없기 때문이다.

성모 마리아 탄생일
1980년 9월 8일

아토스 성산
쿠트루무시 수도원에 속하는 파나구다 켈리에서

수도사 파이시오스

하느님께 영광을 바치며

| 해설 |

1) 아토스 성산의 북동쪽에 위치해 있으며, 수도원의 이름은 수도원 건축자의 이름을 딴 것으로 추정된다. 이 수도원의 역사는 10세기부터 시작된다. 그러나 수도원이 황폐해진 이후 1198년 황제 알렉시오스 3세가 세르비아의 주권자인 스테파노스 네마니아스와 그의 아들에게 주었다. 그들은 시메온과 사바스라는 이름의 수도사가 되어 수도원의 재건을 계획하였다. 성모 입당으로 명명된 주 성당은 1303년에 지어졌고, 벽화는 1319-1320년에 그려졌다. 수도원 안에 11개의 소성당들이 있고, 수도원 밖에도 2개의 소성당이 있다. 그리스도가 못 박혔던 십자가의 일부가 보존되어 있고, 비잔틴 시대의 성화들과 1,171권의 필사본이 있는데 그중 47권은 양피지 문서들이다. 그 외에 20,000권의 책들과 황금칙서들이 있다.

2) 10세기에 에프티미오스 수도사에 의해 건립되었으며, 모든 천군 천사들의 축일(11월 8일)이 수도원의 축일이다. 처음에 에프티미오스 수도사는 다프니 근처에 작은 수도원을 지었었는데, 11세기에 수도원이 해적들의 표적이 되자 그보다 더 높은 곳, 즉 오늘날의 자리로 수도원을 옮기게 되었다. 주 성당은 11세기 중엽 이전에 건축되었으며 성 니콜라오스 성당으로 명명되었는데, 네오피토스 수도원장이 1078년경 주 성당을 다시 짓고 미하엘 천사장 성당으로 명명하였다. 1568년 같은 자리에 다시 성당을 지었다. 수도원 안에 6개의 소성당이 있고, 수도원 밖에 3개의 소성당이 있다. 도서관에 441권의 필사본과 3,000권 이상의 책들이 있다.

3) 10세기에 건축되었으며 아토스 성산의 북서쪽에 위치해 있다. 520년경에 크세노폰 원로원에서 지었다고 전해지나 역사적 측면에서 보면 아토스 성산의 크세노폰 성인이 건립한 것으로 보인다. 오래된 주 성당은 수도원이 지어지던 때에 함께 지어졌으며, 수도원의 남서쪽에 있다. 대 성화대는 17세기에 만들어졌고, 벽화는 1544년에 그려졌다. 새로 건축한 주 성당은 수도원의 북쪽에 있으며, 2,000명을 수용할 수 있다. 1819년부터 건축하기 시작하여 1821년 이후에 완공되었다.
이 수도원은 예오르기오스 성인의 축일인 4월 23일이 축일이다. 수도원 안에 8개의 소성당이 있고, 수도원 밖에 4개의 소성당이 있다. 그리스도가 못 박혔던 십자가의 일부가 이곳에 보존되어 있고, 성인들의 성 유해가 모셔져 있다. 330권의 필사본이 있고, 4,000권 이상의 책들이 있다. 성모 희보 스키티가 이 수도원에 속한다.
이 수도원에 있는 오디기트리아 성모 마리아 성화의 크기는 1.22 x 0.78m이다. 이 성화는 애초에 바토페디 수도원의 주 성당에 있었으나 1730년 성화가 스스로 크세노폰토스 수도원의 주 성당으로 옮겨갔다. 바토페디 수도원의 수도사들은 이 성화를 다시 자신들의 수도원으로 옮겼으나, 성화가 다시 혼자서 크세노폰토스 수도원으로 갔다. 하는 수 없이 바토페디 수도원은 성화를 크세노폰토스 수도원에서 보관하는 데

동의하였다.

4) 『정교회를 알고 계십니까?』, 한국 정교회, p. 26-27: "정교회는 적극적인 신앙과 사랑으로 하느님을 닮은 완전한 상태에 도달한 사람들을 성인으로 추앙한다. 성인들이 각기 개체인 것처럼 성인들의 거룩함에도 여러 가지 형태가 있다. 성인들은 불가시적 교회의 일부분이며, 가시적 교회에서 그들의 형제를 위해 사랑의 행위를 이루도록 하느님으로부터 허락받았다.
성인들은 하늘에 있는 우리 믿음의 형제들이기 때문에, 우리는 그들과 특별한 관계를 갖고 있다. 우리는 인간적 나약함이 있는 우리의 언어로 그들과 쉽게 대화할 수 있기 때문에, 그들에게 우리를 위해 중보해 주시도록 요청하는 것이다. 우리가 지상에 있는 형제들에게 기도를 요청하는 것처럼 하느님을 기쁘게 해드린 형제들에게 기도를 요청하면, 그들 의인들의 간구는 큰 효과를 나타내게 되므로(야고보 5:16 참조) 그들의 중보를 요청하는 것은 당연한 것이다.
우리가 그들과 통교하는 것은 우리와 그리스도와의 사이에 어떤 중보자가 필요해서가 아니라, 우리 자신들이 성인들과의 친밀감에서 오는 인간적인 필요에서 통교하는 것이다. 뿐만 아니라, 우리의 구원을 위해 우리가 따를 우리 생활에서의 훌륭한 모범을 제공해 주시는 것이다. 성인들은 세상을 떠난 다음 그들이 교회 신성성에 남긴 거룩함의 표식에 따라 공식적으로 시성된다."

5) 작가는 이 책을 1980년에 썼다.

6) 『정교회 기초 교리』, 한국 정교회, 서울 1978, p.113-114: "성인들 가운데서도 … 특별한 위치를 차지하시는 분이다. 정교회 신자는 그분을 '헤루빔보다 고귀하고 세라핌과는 비교도 되지 않을 만큼 영광스러운' 분으로, 하느님의 피조물 가운데 가장 뛰어난 분으로 공경하지 않으면 안 된다. … 정교회 예식에서는 종종 마리아의 이름이 나오는데, 그때는 다음과 같이 부른다. '지극히 거룩하시고, 지극히 정결하시고, 지극히 찬양되시고 영화로우신 테오토코스 평생 동정녀 마리아'. 이 칭호에는 정교회가 성모님께 드리는 세 가지 호칭이 들어 있다. 즉 테오토코스(하느님을 낳으신 어머니), 아이빠르떼노스(평생 동정녀) 및 빠나기아(지극히 거룩하신 분)이다. 이중 첫 번째 칭호는 제3차 공의회(에페소, 431년)에서 지어 드린 것이며, 두 번째 칭호는 제5차 공의회(콘스탄티노플, 553년)에서 지어 드린 것이다. 그리고 '빠나기아'라는 칭호는 교의상의 절차를 거친 것은 아니지만 모든 정교회 신자들이 받아들여 사용하고 있는 칭호이다."

7) 에스피그메노스 수도원이라는 이름은 이미 10세기부터 있었다. 전하는 이야기에 의하면 풀헤리아 황후(408-450)에 의해서 건립되었다고 한다. 여러 차례에 걸친 해적들의 침입에 의해 황폐되었으나, 18세기 이후에 다시 큰 힘을 얻게 되었다. 1810년 부서진 성당 자리에 주 성당이 지어졌고, 1811년과 1818년에 벽화가 그려졌다. 1821년 그리스 독립운동 당시에 수도원이 터키인들에게 점령된 바 있다. 수도원의 옛날 건물인 주방에 16-17세기에 그려진 벽화가 있다. 또 이곳에는 비잔틴 시대의 성화들이 있으며, 모자이크로 된 그리스도 성화도 있다. 이 수도원의 도서실에는 희귀한 필

사본들이 많이 있다. 부활절 40일 후에 축일을 맞는다.

8) 290년 시리아의 일리우폴리에서 태어났다. 그녀의 아버지 이름은 디오스코로스였으며, 매우 부자였고 사회적 지위도 높은 귀족이었다. 그는 하나밖에 없는 자신의 딸을 몹시 사랑하여 교육과 지식에 신경을 썼다. 자신의 아내가 일찍 세상을 떠나자, 그는 딸을 나쁜 친구들에게서 보호하기 위해 근교에 큰 저택을 지은 다음 그곳에 살게 하였고, 그녀를 돌볼 여인과 소녀들을 이따금씩 보내었다. 그녀가 15세가 되었을 때부터 사람들이 중매를 하기 시작하였으나 그녀는 결혼 의사를 보이지 않았다. 그것은 저택에서 일하던 한 여인이 그녀에게 그리스도에 대하여 가르쳐 주어 그녀가 남몰래 세례를 받고 그리스도교인이 되었기 때문이었다.

그녀의 아버지는 자신의 딸이 그리스도교인이 된 사실을 알고 그 지역을 다스리던 마르키아노스에게 이 사실을 알렸다. 이로써 그녀는 군인들에게서 채찍질을 당하는 끔찍한 박해를 받게 되었다. 그러나 밤이 되자 그녀가 갇혀 있던 방에 환한 빛이 비치더니 그리스도께서 나타나 용기를 주시며 그녀의 상처들을 아물게 하셨다. 이후로 군인들은 쇠로 된 날로 그녀의 살을 째고 그녀의 유방을 잘랐다. 또 그녀의 옷을 벗겨 모든 사람들에게 보이려고까지 하였다. 성인이 그 같은 일이 일어나지 않도록 기도를 하였더니, 마침내 그리스도께서 나타나 천사들을 불러 그녀에게 빛나는 옷을 입힐 것을 명하셨다. 짙은 안개가 도시를 덮어 아무도 그녀를 보지 못하였으며 상처 또한 말끔히 치유되었다.

계속되는 기적에 화가 난 마르키아노스는 결국 그녀의 목을 치기로 결정하였다. 군인들이 그녀를 산으로 데려가는 길에는 그녀의 아버지도 동행하였다. 그리고 자신의 손으로 직접 딸 바르바라의 목을 쳤다. 그러나 하느님께서는 자식을 죽인 아버지를 내버려두지 않으셨으니 갑자기 뇌우가 내리쳐 그는 타 죽고 말았다. 성인의 축일은 12월 4일이다.

9) 판도크라토스 수도원에 속한다. 1903년에는 50개의 칼리비에 200명 정도의 수도사들이 살고 있었으나, 오늘날에는 30개의 칼리비가 남아 있고 그중 15개의 칼리비에 20명 정도의 수도사들만 살고 있다.

10) 「열왕기상」, 17:2-7: "야훼의 말씀이 엘리야에게 내렸다. '이곳을 떠나 동쪽으로 가서 요르단 강 동편에 있는 그릿 개울에서 숨어 지내며 개울물을 마셔라. 음식은 까마귀들을 시켜 날라다 주도록 하리라.' 엘리야는 야훼의 말씀을 따라 요르단 강 동편에 있는 그릿 개울로 가서 살았다. 까마귀들이 아침 저녁으로 떡과 고기를 날라다 주었다."

11) 아토스 성산의 북동쪽에 위치해 있다. 소아시아의 왕족의 한 사람이 그리스도교인이 되어 아토스 성산으로 가서 이 수도원을 지었다고 전해진다. 이 수도원은 주 변모 축일(8월 6일)에 축일을 맞는다. 11세기와 12세기 사이에 수도원이 지어졌고, 주 성당은 1540년에 지어졌다. 같은 해에 벽화가 그려졌는데 19세기에 다시 그려졌다. 지성소에는 성인들의 성해가 있다. 수도원 안에 7개의 소성당이 있고, 수도원 밖에 3개의 소성당이 있다. 제구실에는 금실로 수놓인 제복들이 있고, 성기물들, 성화들이 있

다. 도서관에 662권의 필사본들이 있고, 3,500권의 책들이 있다.

12) 『정교회를 알고 계십니까?』, 한국 정교회, p.17-19: "그리스도의 부활은 사도들의 메시지 가운데서 중심이 되는 그리스도의 신성에 대한 결과이자 증거이다. 부활은 그리스도의 신성에 대한 강력한 선포이며, 그분이 하느님께서 보내신 진정한 구세주이심을 제자들과 추종자들에게 보여 주는 확증이다. 부활은 죽음에 대한 승리를 나타냈고 우리도 부활되어 영원한 삶에 참여케 되리라는 확신을 갖게 한다. 부활은 우리 신앙의 진실성을 확인해 주는 것이다. 그러므로 정교회는 부활절과 부활을 교회 생활과 예배의 중심으로 삼아 왔다. 부활은 지금까지도 축일 중에서 가장 뜻깊은 축일로 경축되며, 매 주일은 주님의 부활의 날로 경축된다."

13) 성인은 250년경 소아시아에 있는 리키아의 파타라에서 태어났다. 부유한 집안의 외아들이었으나 어린 나이에 부모를 잃었다. 그의 친척 중에 주교가 있었는데, 주교는 조카의 경건하고 독실한 모습을 보고 사제 서품을 받도록 하였다. 사제가 되자 그는 자신의 재산을 팔아 가난한 사람들과 과부들, 고아들에게 돈을 나누어 주었다. 그는 박애와 기도, 금식으로 나날을 보냈다. 파타라 근처에 미라라고 하는 도시가 있었는데, 그곳의 대주교 자리가 공석이 되어 사제와 주교들이 후임자를 두고 의논한 일이 있었다. 한 주교가 이 일을 하느님께 맡기자고 말하자 그들은 모두 동의를 하였다. 그날 밤 회의에 참석했던 모든 사람들의 꿈에 주의 천사가 나타나 말하기를 "다음 날 한 사람이 교회를 찾아올 것인데, 그의 이름은 니콜라오스이다. 그를 대주교로 하여라."라고 하였다. 그 다음날 니콜라오스 사제는 정말로 교회를 찾아갔고, 예언대로 대주교 착좌식이 행해졌다.
그는 300년경 감옥에 갇혔으나, 콘스탄티노스 대제가 왕위에 오르면서 감옥에서 풀려났다. 그는 325년에 열린 제1차 공의회에 참석하였는데, 그곳에는 스피리돈 성인도 있었다. 스피리돈 성인은 사람들 앞에서 기와로 성삼위(聖三位)에 대한 기적을 일으켜 보였는데, 이단자 아리오스가 이를 보고도 하룻강아지 범 무서운 줄 모르고 계속해서 사람들의 생각을 어지럽히는 것이었다. 참다 못한 니콜라오스 대주교가 아리오스의 따귀를 때리자, 사람들은 니콜라오스 대주교의 예복을 벗기고 그를 감옥에 가두었다. 그러나 밤이 되자 그리스도와 성모 마리아가 나타나서 묶여 있던 쇠사슬을 풀어 주고, 그에게 예복과 복음경을 주었다. 이 광경을 지켜본 사람들이 콘스탄티노스 황제에게 본 대로 이야기하자 황제와 그를 감옥에 가둔 사람들 모두가 그에게 용서를 빌었다.
한번은 프리기아 지역에서 반란이 일어나 콘스탄티노스 황제는 3명의 장군을 파견하여 반란군을 진압하게 하였다. 그러자 이를 시기한 몇몇 사람들이 일을 처리하고 돌아온 장군들을 모함하였다. 황제는 장군들에게 사형을 선고하였는데, 사형 전날 밤 황제의 꿈에 니콜라오스 대주교가 나타났다. 대주교는 "그들을 죽이지 말라. 그러지 않으면 내가 하느님께 말씀드려 네 목을 치리라." 하였다. 이렇게 해서 풀려난 장군들은 황제의 권유에 따라 수도사가 되었다.
한번은 성인이 성지 순례를 하기 위해 이집트의 배를 타고 예루살렘으로 길을 떠났다. 항해 도중 강풍이 불어 배가 침몰할 지경에 이르렀으나, 성인이 기도를 하자 바람이 멈추었다. 하지만 강풍이 멎기 전에 한 선원이 돛대에서 내려오다가 배의 바닥에 떨어져 죽고 말았다. 성인은 하느님께 간구하여 선원을 다시 살아나게 하였다. 그는 330년 12월 6일 영면하였다.

그로부터 얼마 후 콘스탄티노플에 살던 경건하고 독실한 사람이 배를 타고 여행해야 할 일이 생겼다. 그는 친척들과 작별인사를 하고서 배를 탔는데, 밤에 강풍이 불어닥쳤다. 선원들은 돛을 돌리기 위해 돛대로 갔다가 그가 돛에 휘말려 바다에 빠진 것을 알게 되었다. 캄캄한 밤이라서 아무도 그를 구할 수가 없었다. 위험에 빠진 그는 결국 니콜라오스 성인을 떠올리고 큰 소리로 성인의 이름을 부르기 시작하였다. 그러자 놀라운 기적이 일어났다. 그의 몸이 순식간에 자기 집으로 옮겨진 것이었다. 그러나 그는 자신이 어디에 와 있는지를 깨닫지 못한 채 계속해서 소리를 지르며 니콜라오스 성인에게 구해 달라고 간구하였다. 이 소리를 들은 이웃과 친척들이 그의 집으로 달려갔다가 깜짝 놀라고 말았다. 배 안에 있어야 하는 그가 옷에서 바닷물을 뚝뚝 떨어뜨리면서 집 안에서 소리를 지르고 있으니 어찌된 영문인지 몰라 어안이 벙벙할 뿐이었다. 그제야 정신을 차린 그는 그간 겪은 일을 이야기하면서 자신이 어떻게 집으로 옮겨졌는지 이해할 수가 없다고 말하였다. 그 자리에 있던 사람들은 모두 감격의 눈물을 흘리면서 하느님을 찬양하였다.

14) 『성찬예배식』, 한국 정교회, 서울 1986, p.5-8 참조: 예수께서는 고난당하시기 바로 전에 제자들과 최후의 만찬에서 빵과 포도주를 제자들에게 나누어 주시며, "너희는 이 잔을 받아 마셔라. 이것은 나의 피다(마태오 26:27-28)."라고 말씀하셨고, 또한 "나를 기념하여 이 예식을 행하여라(루가 22:19)."라고 말씀하셨다. 이렇게 그리스도께서는 신성한 감사의 성사를 기초하셨다.

이 성사는 매주 일요일, 그리고 축일에 있는 성찬예배에서 거행된다. 성찬예배는 4세기 콘스탄티노플 총대주교였던 성 요한 흐리소스토모스에 의해 오늘날의 예배 형식으로 체계화되었으므로, 그의 이름을 따서 '성 요한 흐리소스토모스 성찬예배'라고 부르고 있다. 예식을 행하는 동안에 감사의 성사가 행해지므로, 예배는 정교회 생활과 예배의 중심이 된다. 신성한 감사의 성사가 행해질 때가 예식의 절정이 되며, 신자들은 성체성혈을 받음으로써 그리스도의 신성한 몸과 결합하게 된다.

성찬예배에서 가장 중요한 부분에서 주교나 사제가 축성 기도를 하면 성령의 능력을 입어 빵과 포도주는 예수님의 살과 피가 된다. 예수님의 살과 피인 이 귀중한 선물은 우리들의 죄를 용서하여 주고 영원한 생을 누리게 한다. 이 거룩한 몸과 피로 신자들은 영혼의 영양을 공급받으며, 주 예수와 결합하게 되고, 그분의 거룩한 생활에 참여하게 된다. 부활하신 그리스도의 살과 피를 받음으로써 우리는 부활의 확실성을 가질 수 있다. 그러므로 사제들이나 교부들은 성체성혈을 불멸의 양식이라고 말한다.

15) 『창세기』, 39:6-20 참조: 요셉의 주인인 이집트 사람의 아내가 요셉을 유혹하려 했다가 요셉을 감옥에 가두었던 일.

16) 아토스 성산의 외진 곳에 있는 지역으로서 메기스티 라브라 수도원에 속한다. 이 지역은 건조하며 바위로 되어 있다. 가파른 것이 특징인데 이곳에 칼리비들이 있다. 수도사들은 자신이 만든 수공품을 어부들의 양식과 교환하기 위해 도르래에 바구니를 달아 바다 쪽으로 내려 보낸다.

17) 그리스어로 '메타니아'는 두 가지 의미로 쓰이고 있다. 첫째 의미는 '후회, 회개'이며, 둘째는 종교적인 의미이다. 즉 기도하는 두 가지 방법을 의미한다. 수도사들이 하는 기도 방법에는 몸을 구부려 오른손을 바닥에 대면서 이것을 계속 반복하는 기도가 있고, 무릎을 꿇고 몸을 바닥에 엎드려 가며 반복하는 기도가 있다. 이 기도 방법들을 '메타니아'라고 한다.

18) 16세기에 수도원으로 인정되었으나 1012년부터 작은 수도원이었던 것으로 보인다. 아토스 성산의 북동쪽에 위치하고 있다. 누가 건립했는가에 대해서는, 치미스키스 황제 시대의 니키포로스 스타브로니키타스 장교가 건립하였다는 설과 파트리키오스 니키타스가 건립하였다는 설 두 가지가 있다.
이 수도원의 주 성당은 1541-1542년에 지어졌고 1627-1628년에 수리를 하였는데, 아토스 성산에서 가장 작다. 1545-1546년 주 성당에 벽화가 그려졌고, 대 성화대가 만들어진 것은 1743년의 일이다. 이 수도원은 니콜라오스 성인의 축일인 12월 6일에 축일을 맞는다. 6개의 소성당이 있다. 성인들의 성해가 모셔져 있고 171권의 필사본이 있다.
이 수도원에는 기적을 일으키는 니콜라오스 성인의 성화가 있다. 성화에 대한 논쟁이 있던 시절에 수도사들은 많은 성화들을 바다에 던졌는데, 그중에 니콜라오스 성인의 성화도 끼여 있었다. 이후 해적들이 수도원을 불태워 이에레미아스 총대주교는 수도원을 다시 짓기로 했는데, 수도원 이름을 성 요한 수도원으로 하고자 하였다. 수도원 건축 공사가 시작되고 나서 어느 날, 수도사들이 고기를 잡으러 바다에 나갔다가 바닷물에 던진 그물을 잡아 올렸더니 그물에 니콜라오스 성인의 성화가 걸려 올라왔다. 이 성화 속 성인의 이마에 굴이 붙어 있었기에 굴을 떼었더니 그 자리에서 피가 흘러나왔다. 그리하여 이 수도원은 니콜라오스 성인의 축일인 12월 6일을 수도원의 축일로 정한 것이다.

19) 『우리가 우리의 죄를 고백하면』, 한국 정교회, p.40: "우리가 회개와 고백을 하는 궁극적인 목적은 우리 주 예수 그리스도와 친교를 맺고, 우리가 영원한 그의 왕국에 들어가기 위해서이다.";『정교회 기초 교리』, 한국 정교회, 서울 1978, p.98: "이 성사는 우리 주님 자신이 정하신 것이다. 예수께서 승천하시기 전에 모든 사람들을 위해서 제자들에게 자기 이름으로 죄인들을 용서해 주라는 말씀을 하셨다. 즉, 죄를 용서하는 권한을 주신 것이다."

20) 서기 312년 10월 28일 점심 무렵, 콘스탄티노스 대제는 하늘에서 "이것으로 승리하리라."라는 글귀가 쓰인 십자가를 보았다. 그때부터 십자가는 대제 군대의 상징이 되었다. 대제는 군인들이 전투에 사용하는 모든 것에 십자가를 새기도록 명령하였다. 그리하여 그는 전쟁에서 대승리를 하게 된다. 그는 인간 세계의 미래가 그리스도교에 달려 있음을 깨닫고 그리스도교인들을 박해하지 못하도록 칙령을 내렸다.
서기 326년, 콘스탄티노스 대제의 어머니 엘레니 성인은 예수 그리스도가 못 박혔던 십자가를 찾기 위해 예루살렘으로 갔다. 십자가는 로마인들이 땅 속에 파묻어 버려서 찾을 방법이 없었다. 그런데 갑자기 어느 곳에선가 향기가 났다. 성인이 향기가 나는 곳으로 갔더니 어떤 풀에서 향기가 풍기고 있었다. 그 풀은 임금풀이었다. 그 주위를 발굴하였더니 그곳에서 3개의 십자가가 나왔다. 그중에 어느 것이 그리스도께서 못 박혔던 십자가인지 알 길이 없어 엘레니 성인은 한 죽은 여인의 시신을 어떤 십자가 위에 올려놓아 보았다. 그랬더니 그 여인이 다시 살아나는 기적이 일어났다. 엘레니 성인은 감격의 눈물을 흘리며, 이 십자가를 가져와 마카리오스 예루살렘 대주교에게 주었다.

335년 9월 14일, 마카리오스 대주교는 이 십자가를 아나스타시 성당에 모셔 놓았는데, 613년 페르시아인들이 팔레스타인을 약탈할 때 십자가도 자기 나라로 가져갔다. 이 십자가는 페르시아에서도 기적을 일으켰기에 페르시아인들은 십자가를 마술 나무로 간주하여 소중히 간직하였다. 그러나 이라클리오스 황제가 페르시아와의 전쟁에서 승리하자 십자가를 되찾아 다시 예루살렘으로 가져왔으니, 626년 9월 14일, 자하리아스 대주교는 아나스타시 성당에 십자가를 다시 모셨다. 이에 따라 정교회는 이날을 십자가 현양 축일로 정하였다. 이날은 금식을 하므로 고기는 물론 우유, 버터, 치즈와 올리브기름도 먹지 않는다.

21) 쿠트루무시 수도원에서 이용하는 부두 가까이에 있는 지역

22) 성 대 주간 금요일에 저녁에 있는 예식

23) 유로 화폐 전에 통용되던 그리스 화폐. 1유로는 340.75드라크마.

24) 12월 25일부터 12일간

25) 아토스 반도에 위치한 항구. 아토스의 지방 법원이 이곳에 있다.

26) 『성 대주간 의식서』, 한국 정교회, 서울 2002, p.12

27) 그리스인들이 그리스 식으로 커피를 끓이기 위해 사용하는 도구

28) 980년에 건립되었고, 아토스 성산의 북동쪽 바다 옆에 위치하고 있다. 이비리아(예오르기아)의 요아니스 수도사와 에프티미오스 수도사에 의해 지어졌다. 주 성당은 980-985년 사이에 지어졌는데, 1030년에 수도원장이 변형을 하였다. 세월이 흐름에 따라 성당이 훼손되어 1513년 재건축하였고, 종탑은 1848년에 별도로 건축되었다. 1614년에는 오크에 투조법을 사용하여 만든 대 성화대가 만들어졌다. 주 성당의 벽화들은 16세기에서 19세기에 그려진 것으로, 본당 입구 앞의 넓은 첫 번째 나르티카의 벽화는 1768년에, 두 번째 나르티카의 벽화는 1846년에, 세 번째 나르티카의 벽화는 1795년에 그려졌다. 이후 1888년에 벽화가 다시 그려졌다. 성모 안식일(8월 15일)에 축일을 맞는다.

주 성당에 2개의 소성당들이 있고 그 외에 14개의 소성당들이 있다. 제구실에는 금실로 수놓인 사제복들과 성기물들, 치미스키스 황제의 가방 등이 있다. 도서관에는 3,000권의 필사본이 있는데, 그중 123장의 양피지 문서들, 15,000권의 책들, 황제

의 서류들, 특히 황제들의 황금칙서들이 도서관에 보관되어 있다. 또한 기적을 일으키는 포르타이티사 성모 마리아의 성화가 이 수도원에 있다.

29) 『성찬예배식』, 한국 정교회, 서울 1986, p.56: "사제와 보제는 대입당 때, 성스러운 빵과 포도주를 모시고 들어온다. 촛불을 든 복사와 향불을 든 복사를 앞세우고 조심스럽게 교인들 앞을 지나간다. 대입당이 있는 그 순간 우리 주님께 '주님의 나라에서 저를 기억해 주소서.' 하고 외쳤던 강도의 말을 기억하게 되며, 이 말을 우리 마음속으로 반복한다. 대입당이란 우리 주님께서 골고다를 향해 가시는 것을 나타낸다. 성찬예배식은 이때 우리에게 골고다로 향하는 가능성을 제시해 준다. 주님께서는 우리를 구원하기 위해 자기 자신을 봉헌의 제물로 바친 것이다."

30) 『성찬예배식』, 한국 정교회, 서울 1986, p.53-53: "우리가 우리가 헤루빔을 신비로이 모본하여 모본하여 생명을 주시는 삼위께 삼성송을 찬송하며 찬송하며 세상에 세상에 온갖 걱정을 이제 물리칠지어다. 이제 물리칠지어다."

31) 아토스 성산의 남서쪽에 있으며, 바다 근처의 한 바위 위에 지어졌다. 그리고리오스 수도원과 바울로 수도원 사이에 있다. 1370-1374년 사이에 그리스의 카스토리아에 있는 카리소스 출신의 디오니시오스 성인이 건립하였다. 이 수도원은 세례 요한 탄생일(6월 24일)에 축일을 맞는다.
1539년 10월 25일, 수도원에 불이 나서 애초에 지었던 주 성당이 불에 타버리는 바람에 1540년대에 지금의 주 성당을 다시 지었다. 1546-1547년까지 화가 조르지스가 주 성당의 벽화를 그렸다. 니폰 성인의 성해와 150개의 성해함, 예수가 못 박혔던 십자가의 일부분이 이곳에 모셔져 있다. 주 성당 왼쪽에 소성당이 하나 있고, 수도원 안에 7개의 소성당이 있으며, 수도원 밖에 6개의 소성당이 있다. 제구실에는 상아에 조각한 십자가에 못 박히신 예수님의 판화와 금실로 수놓인 사제복들, 십자가들, 성기물들이 있다. 도서관에는 804권의 필사본, 3,000권의 책들, 16세기의 사전들이 보관되어 있다.

32) 성찬예배 후 모든 신자들이 받는 축성된 빵

33) 대 교부 중의 한 사람이다. 성인은 347년 안티오키아에서 태어났다. 어렸을 적에 부친을 여의고 어머니가 정성을 다하여 그를 교육시켰다. 그는 매우 영리하여 리바니오스 학교에서 웅변을 공부한 다음, 20세에 변호사로서 일을 하였는데 사람들은 그의 말솜씨에 경탄을 금치 못하였다. 그의 명성은 이내 안티오키아 전체에 퍼졌다. 출세의 길은 환하게 열려 있었다. 그러나 그는 세속적인 영화보다는 그리스도의 십자가를 선호하였다. 그리하여 어머니가 세상을 떠나자, 그는 자신의 전 재산을 가난한 사람들에게 나누어 주기를 부탁하면서 교회에 맡기고는 수도원으로 갔다.
어느 날 그는 수도를 하면서 환영을 통해 성 요한 복음 사도를 보게 된다. 이후 그는 이 수도원에서 많은 기적을 일으키게 된다. 그곳에서 4년간 머무른 다음에는 동굴에 가서 수도를 하였다. 그러나 건강이 나빠져서 안티오히아로 갔다가 다시 수도원으로 갔다. 어느 날 안티오히아의 플라비아노스 대주교가 기도를 하고 있는데, 주의 천사가 나타나더니 요아니스를 데려다가 그에게 사제 서품을 주라고 명하였다. 같은 날 밤 요아니스에게도 천사가 나타났다. 천사는 플라비아노스 대주교가 오면 그와 함께 가서 성직을 받으라고 말하였다.

380년 그는 다시 안티오히아로 돌아가 보제로서 5년간 일을 하였다. 그 기간 중에는 글도 썼다. 그의 가슴은 성령의 불로 불타고 있었으며 마침내 386년에 대신부가 되었다. 성직 성사가 진행되던 날에는, 예식 도중에 비둘기가 한 마리 하늘에서 내려와 요아니스의 머리 위에 앉았다. 그날부터 그는 흐리소스토모스(황금 입을 가진 사람)라는 이름으로 정교회 역사에 남게 되었다. 그의 설교는 마치 입에서 꿀이 떨어지는 것과 같아서 사람들을 황홀하게 만들었고 놀라움을 금치 못하게 하였다.

그의 명성은 비잔틴 제국 전체에 퍼졌다. 마침 콘스탄티노플의 총대주교 자리가 비자, 사람들은 요아니스를 총대주교로 선출하기를 원하였다. 아르카디오스 황제는 플라비아노스 총대주교에게 서신을 보내어 요아니스를 콘스탄티노플로 보낼 것을 명하였으나, 안티오키아 사람들이 그를 놓아주지 않으므로 결국 황제는 그를 납치할 계획을 세웠다. 납치 계획이 성공한 덕분에 요아니스는 콘스탄티노플로 가서 398년 12월 15일에 총대주교가 되었다. 하느님께서는 그날 식이 진행되는 자리에서 요아니스 총대주교가 기적을 일으키게 하셨다. 악령이 씐 사람이 입에서 거품을 내뿜으며 데굴데굴 구르고 있었는데, 총대주교가 기도를 한 다음 그에게 성호를 그었더니 그 사람이 금방 멀쩡해져서 일어났던 것이다.

그는 항상 옳은 말을 하였고, 가난한 사람들, 억울한 일을 당한 사람들, 고아들, 과부들을 도왔다. 에브독시아 황후는 총대주교가 항상 옳은 말만 하는 것이 못마땅해 그를 눈엣가시로 여겼다. 그녀는 다른 주교들과 공모하여 그를 추방하려고 계획을 세웠는데, 계획이 성공하여 결국 그는 콘스탄티노플에서 추방당하고 말았다. 그가 추방당한 날 밤, 궁전이 진원지가 되어 콘스탄티노플 전체가 흔들릴 만큼 큰 지진이 일어났다. 에브독시아 황후는 잠에서 깨자마자 하늘에서 벌이 내릴까 두려워 곧장 황제에게 달려가 말하였다. "우리가 추방한 사람은 아무런 죄도 없어 하느님께서 복수를 하셨습니다." 그리하여 황제는 요아니스 총대주교를 다시 콘스탄티노플로 불러들였다. 그러나 이것은 잠시뿐으로, 황후는 또다시 총대주교를 미워하기 시작하였다. 황후는 사람을 시켜 흐리소스토모스 총대주교를 죽이려고도 하였다. 그러나 하느님께서 이번에도 일을 방해하셨다. 황후는 총대주교를 다시 추방하였는데, 하느님께서는 부당한 추방에 노하시어 커다란 기적을 일으키셨다. 갑자기 총대주교의 좌석에서 불길이 치솟더니 바람이 불어 불길이 궁전까지 닿은 것이다. 이 불은 무려 3시간 동안이나 계속되었다.

그는 두 번째로 추방을 당하게 되었다. 그가 추방 장소인 쿠쿠소에 도착하자, 사람들은 성인이 왔다는 소식을 듣고 8년간이나 불수였던 사람을 데리고 왔다. 성인은 기적으로 순식간에 장애를 고쳤다. 콘스탄티노플 사람들과 안티오키아 사람들 모두가 성인이 머무는 쿠쿠소를 찾아가자 황후는 더 먼 곳으로 추방 명령을 내렸다. 407년 9월 14일, 성인은 명령에 따라 먼 길을 가는 도중에 하느님 곁으로 갔다. 콘스탄티노플의 사람들은 결코 성인을 잊지 않았을 뿐 아니라, 성인의 성해를 모셔올 것을 요구하였다. 이에 따라 434년 아르카디오스 황제의 아들인 테오도시오스 2세는 그의 성해를 옮겨 올 것을 명령하였다. 그러나 성인은 이를 허락하지 않았다. 아무리 해도 성해가 꼼짝하지 않았던 것이다. 결국 황제가 감동 어린 글을 써 보내어 성해

위에 놓았더니, 그제야 사람들이 성해를 쉽게 들 수 있었다. 놀라운 것은 그가 세상을 떠난 지 30여 년 이상 흘렀음에도 불구하고 성해가 전혀 변하지 않은 채로 있었다는 것이다. 성해를 맞이하는 콘스탄티노플 사람들의 환대는 대단하였다. 사람들은 모두 함께 "오! 신부님이여, 당신의 자리를 맡으십시오!"라고 말하였는데, 성해에서 "모든 이에게 평화가 있을 지어다."라고 말하는 소리가 들렸다. 당시에 성인에게 부당한 짓을 하였던 에브독시아의 묘가 30년간이나 흔들리고 있었는데, 흐리소스토모스 성인의 성해가 콘스탄티노플로 오던 날, 묘가 흔들리는 것이 비로소 멈추었다. 성찬예배서가 그의 이름으로 되어 있다. 그의 축일은 11월 13일, 1월 27일, 그리고 1월 30일이다.

34) 성모의 중재를 특별히 간구할 때 사용한다.

35) 3대 교부 중의 한 사람으로, 329년 카파도키아의 나지안조에서 태어났다. 카파도키아의 케사리아에서 공부를 끝낸 후, 팔레스타인의 신학대학에서 공부를 하고, 그다음 알렉산드리아에서 공부를 계속하였다. 그는 알렉산드리아에서 안토니오스 성인과 아타나시오스 성인을 알게 된다. 그는 공부를 더하기 위하여 아테네로 가는 배를 탔다. 날씨는 아주 좋았다. 그런데 갑자기 지중해에 강풍이 불더니 큰 파도가 치기 시작하여 급기야 배가 침몰할 지경에까지 이르렀다. 그때 그는 아직 세례를 받기 전이었다. 그는 무릎을 꿇고서 자신이 세례를 받기 전에 죽는 일은 없게 해 달라고 기도하였다. 그러자 바다가 다시 잔잔해졌다.
그는 아테네에서 영원한 친구 바실리오스 성인과 함께 공부를 하였다. 356년 공부를 마친 바실리오스 성인은 자신의 고향으로 돌아갔고, 그리고리오스 성인은 교수로 남아 있다가, 357년에 고향으로 돌아가서 세례를 받았다. 얼마 후 그는 폰토스에 있는 바실리오스 성인을 찾아가서 그와 함께 그곳에서 수도생활을 하였다. 그는 고향으로 돌아와서는 수많은 사람들의 권고를 받아들여 성직자의 길을 걸었다. 온갖 이교들 때문에 어려움이 많던 시절이었으나 그는 정교를 옹호하였다. 그리고 콘스탄티노플에 남아 있던 유일한 정교회였던 아나스타시 성당에서 감탄을 자아내는 신학 강연을 하였다. 이후부터 사람들은 그를 신학자라고 불렀다. 테오도시오스 황제는 그에게 주 성당을 주었고, 그는 콘스탄티노플의 총대주교로 선출되었다. 381년에는 다른 사람들과 함께 정교회의 신앙과 정교를 확고히 하였다. 총대주교 자리를 물러난 다음에는 자신이 태어난 고향으로 되돌아와 여생을 기도와 공부, 책을 쓰는 일로 보내다가 390년에 세상을 떠났다. 그의 축일은 1월 25일과 3대 교부 축일인 1월 30일이다.

36) 1월 21일이 축일

37) 10월 12일이 축일

38) 『정교회 기초 교리』, 한국 정교회, 서울 1978, p.73: "성령은 다음과 같은 일들을 도와준다. 마음을 강건하게 하여 주심. 총명을 더하여 주심. 생각과 실천할 수 있는 일을 인도하심. 하느님의 은총으로써 거룩한 주님의 사업을 행하게 하심, 즉 사도가

되게 하심. 다시 말해서 구원의 복된 말씀을 세상에 전하는 데 열성을 가지게 하심."
;「사도행전」, 2:2-4: "갑자기 하늘에서 세찬 바람이 부는 듯한 소리가 들려오더니 그들이 앉아 있던 온 집안을 가득 채웠다. 그러자 혀 같은 것들이 나타나 불길처럼 갈라지며 각 사람들 위로 내렸다. 그들의 마음은 성령으로 가득 차서 성령이 시키시는 대로 여러 가지 외국어로 말을 하기 시작하였다".

39) 「성 대주간 의식서」, 한국 정교회 서울 2002, p.10. 시과, 한국 정교회, p.12

40) 「마르코」, 10:14-16: "어린이들이 나에게 오는 것을 막지 말고 그대로 두어라. 하느님의 나라는 이런 어린이와 같은 사람들의 것이다. 나는 분명히 말한다. 누구든지 어린이와 같이 순진한 마음으로 하느님 나라를 받아들이지 않으면 결코 거기 들어가지 못할 것이다".

41) 엘레니 성인은 십자가를 찾을 길이 없었는데 어디선가 갑자기 향기가 났다. 향기가 풍기는 곳으로 갔더니 어떤 풀포기에서 향기가 나오고 있는 것이었다. 그 풀은 임금 풀이었다. 그 주위를 파헤치니 예수님께서 못 박히셨던 십자가가 나왔다.

42) 9월 25일이 축일

43) 1월 2일이 축일

44) 「정교회 기초 교리」, 한국 정교회, 서울 1978, p.127-130

45) 「Λόγος 2-Πνευματική Αφύπνιση, Παΐσιος」, Θεσσαλονίκη 1999, p. 24: "작가는 높은 영적인 상태에 도달한 후 따뜻한 열에 녹는 초처럼 하느님과 사람들에 대한 사랑으로 자신이 녹는 것을 느꼈다. 그는 사람들에 대한 도움을 거절해서는 안 된다는 계시를 받았다. 그때부터 그는 낮에는 자신을 찾아오는 방문객들을 받아들였고 밤에는 사람들이 직면한 여러 문제에 대하여 기도를 하곤 하였다. 그렇지만 순례자들의 숫자가 점점 늘어나자, 모든 시간을 기도에 전념하고자 아무도 찾을 수 없는 곳으로 떠나고 싶어 하였다. 그때 또 자신의 켈리인 파나구다에 머물면서 사람들을 위로하라는 계시를 받았다." 작가가 일으킨 수많은 기적들 때문에 그의 켈리는 아침부터 저녁까지 사람들로 북적였다. 1993년 11월 7일 밤에는 철야 예배에서 그의 축복을 받으려고 36,000명의 신자들이 모였다. 그는 이 세상을 떠났지만 지금도 날마다 많은 사람들이 그의 묘를 찾아와서 자신들의 소원을 빌고 있다.

46) 「마르코」, 15:22-24: "그들은 예수를 끌고 골고다로 갔다. 골고다는 해골산이라는 뜻이다. 그들은 포도주에 몰약을 타서 예수께 주었으나 예수께서는 드시지 않았다. 마침내 그들은 예수를 십자가에 못 박았다."

47) 「정교회를 알고 계십니까?」, 한국 정교회, p.16-17. 「정교회 기초 교리」, 한국 정교회, 서울 1978, p.31-33: "성삼위는 세 가지 형태의 얼굴을 가진 아버지, 아들, 성

령이 한 신성인 본질 속에 나타나 있고 완전히 한 하느님이라는 것이다. 다시 말해서 똑같은 신성(본질)을 갖고 있으면서 세 얼굴(위)을 나타내는 것이며, 이 세 얼굴의 형태가 한 하느님 안에 있다는 것이며, 세 분 얼굴은 각각 아버지, 아들, 성령의 기능을 나타내고 있는 것이다. 이것을 알기 쉽게 풀이하면, 하느님 아버지(성부)-이성, 하느님 아들(성자)-생각, 말, 하느님 성령(성신)-정신과 힘이다…… 1) 아버지 성부는 태초부터 계신 분이며, 아들을 낳으셨으며, 성령을 발하는 분이다. 2) 아들 성자는 태초에 아버지 하느님에 의해 낳으심을 받았다. 3) 성령은 아버지 하느님에 의해서 태초로부터 이루어졌으며, 아버지에 의해서 발한다…… 이 성삼위 일체의 신비를 믿는 신앙이 정교인의 기본이 되는 신앙인 것이다. 그러나 이 성삼위 일체의 신비스러운 개념은 우리 인간의 능력으로는 도저히 규명할 수 없는 하느님의 섭리인 것이다."

48) 약 10세기부터 카리에스는 아토스 성산의 수도가 되었는데, 이곳에는 아토스 성산의 20개 수도원에서 온 대표들이 머물고 있다. 이곳에서 5분 정도 걸리는 곳에 쿠트루무시 수도원이 있다. 또 성 안드레아스 스키티 역시 이곳 가까이에 있다. 카리에스의 본 성당은 프로타토이며 이곳에는 기적을 일으키는 성모 마리아의 성화 악시온 에스티가 있다.

49) 성인은 251년 이집트에서 태어났다. 그의 부모는 그리스도교인이었는데, 학교의 아이들 중에 우상 숭배자가 많아 자식에게 나쁜 영향을 끼칠까 염려하여 성인을 학교에 보내지 않았다. 그 결과 성인은 일자무식으로 자라게 되었다. 하지만 이것이 그가 성인이 되는 것을 방해한 것은 아니다. 그가 18세가 되었을 때 부모는 세상을 떠났고, 그와 여동생 단 둘만 남게 되었다. 삶의 덧없음을 깨달은 그는 재산을 처분하여 생긴 돈을 가난한 사람들과 불행한 사람들에게 나누어 주었다. 자신의 여동생을 위한 돈만을 조금 남겨 놓았을 뿐이다. 그는 외진 곳으로 갔다가 고행 중인 사람을 만났다. 그 고행자가 성인을 선으로 인도하게 된다.
성인은 많은 악마의 유혹에 시달렸다. 311년 알렉산드리아에 그리스도교인들에 대한 박해가 있었는데, 성인은 알렉산드리아로 찾아가 그리스도교인들을 위로하였다. 한번은 그의 앞에 수많은 사자들이 나타났다. 성인은 "하느님께서 너희들을 보내셨다면 나를 잡아먹어라. 그렇지만 악마가 너희들을 보냈다면 사라지거라. 나는 하느님의 종이니라."라고 말하였다. 그러자 순식간에 사자들이 사라져 버렸다. 언젠가는 궁정에서 일하던 한 귀족이 병을 앓아 눈이 멀 지경에 이르렀다. 그가 성인을 찾아가 자신의 병을 치료해 달라고 간청하였더니 성인이 병을 치료해 주었다. 성인은 악령 들린 사람들도 치료하였다. 그의 이름은 각지에 널리 퍼졌으며, 그는 수도원들을 다니면서 가르쳤다.
338년에는 이단 아리우스파에 대항하기 위해 수도하던 산에서 나와 알렉산드리아로 갔다. 그곳에서 그는 아타나시오스 성인을 만났다. 성인이 105세가 되었을 때 성인은 자신이 이 세상을 떠날 것을 미리 알고 사람들에게 자신을 아무도 모르는 곳에 묻어 달라고 말하였다. 356년 1월 17일, 그가 이 세상을 떠나자 사람들은 유언대로 그를 아무도 알 수 없는 장소에 묻었다. 그래서 그의 묘는 발견되지 않았다.

50) 바닷가에 있으며 켈리들이 모여 있음.

51) 280년에 태어났다. 그의 아버지는 카파도키아 출신이며, 궁전에서 장교로서 일을 하였다. 어머니는 팔레스타인의 리다 출신이었다. 아버지가 일찍 세상을 떠나자 그의 어머니는 예오르기오스를 데리고 고향으로 가서 자식을 올바르게 키우는 일에 전념하였는데, 특히 그리스도에 대하여 가르쳤다. 그는 영리하고 매사에 솔선수범하였다. 또 잘생겼을 뿐 아니라, 활동적이며 재주가 많았는데, 이것은 그의 장래에 도움이 되어 20세에 이미 천인 대장이 되었다.
디오클리티아노스 황제가 내린 그리스도교인 박해 명령에도 불구하고, 그는 자신이 다스리는 지역의 그리스도교인들을 박해하지 않았다. 그는 황제와 맞서기로 마음먹은 후, 우선 자신의 재산을 팔아 가난한 사람들에게 나누어 주었다. 그리고 나서 자신이 그리스도교인임을 황제 앞에 표명하였는데, 이때부터 그에 대한 박해가 시작되었다. 군인들은 궁정 뜰에 그를 세워 놓고 무수한 창을 던졌다. 그러나 창들은 초처럼 구부러졌다. 그다음 큰 돌을 그의 가슴 위에 밤새도록 얹어 놓기도 하고, 수레바퀴 위에 갈고리와 칼날들을 놓은 다음 그를 묶어서 돌리기도 하였다. 그때 "예르기오스여, 무서워하지 마라. 내가 너와 함께 있다. 믿음과 용기로 참고 있는 너를 내가 보고 있단다."라고 말하는 거룩한 말씀이 들려왔다. 그 순간 그는 자신이 수레바퀴에서 빠져나와 서 있음을 알게 되었다. 하느님의 천사가 그를 구했던 것이다. 황제의 군사들은 그를 끓는 물에 집어던지고 불에 달군 쇠신발을 신기고 채찍질을 가하였지만, 그때마다 하느님의 도움으로 상처는 말끔히 나았다. 그런 중에도 그는 황제 앞에서 죽은 사람을 살려 내는 기적을 일으켰다. 303년 4월 23일, 결국 그는 목이 잘려 죽었다.
포카스 황제 시대(602-610)의 일이다. 비잔틴의 적들이 반란을 일으켰다. 황제는 제국을 구하기 위해 군인들을 소집하였다. 그런데 아마스트리다라고 하는 지역에 레온과 테아노 부부에게 한 아들이 있었다. 그 아들도 소집 명령을 받고 군대로 갔는데, 그날부터 부부는 자식을 위해 쉬지 않고 예오르기오스 성인에게 기도를 하였다. 그러던 어느 날 아들이 속한 부대가 쑥밭이 되었다는 슬픈 소식이 들려왔다. 부부는 부디 자신들의 자식이 무사히 돌아오게 해 달라고 성인에게 간구하였다. 아들은 우여곡절 끝에 불가리아의 한 귀족 집의 노예가 되어 있었다. 그런데 말을 탄 예오르기오스 성인이 귀족 집에 나타나 그를 말에 태우더니 고향까지 데려다 주었다.
성인과 관련된 몇몇 성화에는 용이 그려져 있는데, 여기에도 이야기가 있다. 동방의 알라기아 도시에 셀비오스라는 왕이 있었다. 알라기아 근처에는 호수가 있었는데, 호수에서 용이 나와 아이들을 잡아먹곤 하였다. 사람들은 왕에게 이 일을 해결해 달라고 부탁하였으나, 오히려 왕은 집집마다 차례대로 자식들을 용에게 바치라고 하였다. 그러던 중 왕의 딸을 바쳐야 하는 차례가 되었다. 사람들은 그 딸을 호수로 데려갔다. 그런데 갑자기 잘생긴 젊은이가 말을 타고 나타나 그녀에게 다가왔다. 그 젊은이는 바로 예오르기오스 성인이었다. 사연을 들은 성인은 부디 용을 잠들게 해 달라고 하느님께 간구하였다. 그 순간 용이 나타났는데, 성인이 용에게 성호를 긋자 용은 그길로 깊은 잠에 빠졌다. 사람들은 잠든 용을 성안으로 끌고 갔다. 성인은 안티오히아의 알렉산드로스 주교를 불러 왕을 포함한 모든 사람들이 세례를 받도록 하였다.
성인의 기적은 이뿐이 아니다. 아토스 성산의 크세노폰토스 수도원에도 기적을 일으키는 예오르기오스 성인의 성화가 걸려 있다. 한때 성화 논쟁으로 인해 성화들이 불길 속에 던져지던 때가 있었다. 성인의 성화도 역시 불에 던져졌는데 기이하게도 불이 꺼지도록 성화가 타지 않았다. 이 광경을 목격한 성화 반대자들은 어안이 벙벙하였다. 그중 한 사람이 성화에 그려진 성인의 목을 칼로 쳤더니 성화에서 정말로 피가 흘렀다. 성화 반대자들이 떠나자, 한 그리스도교인이 예오르기오스 성인의 성화를 가지고 갔다. 그는 저녁때 바다로 나가 기도를 한 다음 성화를 바다에 던졌다. 바다에 던져진 성화는 저 혼자 크세노폰토스 수도원을 찾아갔다. 성화가 자신들에게 다가오는 것을 본 수도사들은 기쁨과 감동에 젖었다. 그들은 성화를 경건하게 받아서 성당에 안치하였다.

52) 260년 그리스의 테살로니키에서 태어났다. 그리스도교인들을 박해한 막시미아노스는 디미트리오스가 영리하고 재능이 많으므로 그에게 테살로니키의 총독 책임을 맡겼다. 하지만 그가 그리스도교인이라는 것을 알고 나서 그를 지하에 있는 하수구에 가두었다. 그 후 1년이 지난 291년 로마 황제 디오클리티아노스가 테살로니키를 방문하자 원형 경기장에서 황제에게 경의를 표하기 위한 경기가 벌어졌다. 황제의 편인 리에오스는 자신이 무적의 사나이라고 자랑하는 한편 그리스도교인들을 조롱하였다. 젊은 군인이면서 성인의 숨은 제자였던 네스토라스는 감옥에 있는 성인을 찾아가 자신이 리에오스와 싸워서 승리할 수 있도록 하느님께 간구하는 기도를 드려 달라고 부탁하였다.

성인이 기도를 하자, 네스토라스는 경기장으로 나가 리에오스의 싸움을 시작하였다. 그는 리에오스에게 다가가 "디미트리오스의 하느님, 저를 도와주십시오!" 하고 소리치면서 검으로 상대방의 가슴을 쳤다. 리에오스는 그 자리에서 즉사하였다. 사실을 알게 된 황제는 디미트리오스 성인에게 책임이 있다고 간주하여, 디미트리오스 성인과 네스토라스를 죽이라고 명령하였다. 결국 네스토라스는 목이 잘려 죽었다. 성인은 황제의 군인들이 감옥으로 오는 것을 보자 자신의 오른손을 들어 올렸다. 그러자 군인들은 창으로 그의 옆구리부터 찌르기 시작하더니 온몸을 창으로 찔러 죽였다.

군인들이 떠나고 난 뒤, 성인의 친구인 루포스는 성인의 반지와 성인이 입고 있던 겉옷에 성인의 피를 발랐다. 성인의 피가 묻은 반지와 옷은 아픈 사람들을 고쳤고, 악령 들린 사람들도 치료하였다. 레온디오스라는 사람은 의사들도 고칠 수 없다는 병을 앓고 있었다. 그는 성인의 무덤을 찾아가면 병이 낫는다는 소문을 듣고 무덤을 찾아가 병이 낫기를 간구하였다. 그러자 정말로 병이 나았다. 그는 성인의 은혜에 보답하기 위해 그 자리에 성당을 지었으나, 1917년에 테살로니키의 3분의 2가 타는 바람에 성당이 파괴되었다. 그 후 그 자리에 오늘날의 디미트리오스 대성당이 지어졌다.

성인은 그리스도께 모든 것을 바쳤기 때문에, 그리스도께서는 그의 무덤에서 끊임없이 성유가 나오도록 하셨다. 비잔틴 시대에 아프리카에 있던 한 주교가 배를 타고 알렉산드리아로 여행을 하게 되었는데, 해적들을 만나서 그만 노예로 팔리고 말았다. 그는 인분과 거름을 포도밭에 옮기는 일을 하면서 자신의 신세를 한탄하였다. 그러자 어느 날 밤 성인이 나타나 그를 테살로니키로 데려갔다. 유스티니아노스 황제는 성 소피아 성당에 디미트리오스 성인의 성해를 안치하고 싶어 하였다. 그는 테살로니키에 성인의 성해를 요청하는 사절단을 보냈다. 그러나 테살로니키인들은 무덤 이장이 내키지 않아 원한다면 사절들이 직접 무덤을 파서 가져가라고 말하였다. 어쩔 수 없이 사절단이 무덤을 파기 시작하는데, 성체를 담은 성작이 드러나자 갑자기 그들을 태울 듯 커다란 불꽃이 일어나면서 "더 이상 무덤을 파지 말라." 하는 소리가 들려왔다. 사절들은 겁에 질려 무덤에 있던 흙만 가지고 돌아갔다.

53) 1734년에 지어졌고 메기스티 라브라 수도원에 속한다.

54) 『정교회를 알고 계십니까?』, 한국 정교회, p.34: "정교회는 아주 초기부터 기혼자와 독신자 양쪽을 다 사제직의 모든 직분에 받아들였다. 제6차 세계 공의회(681)는 규범 제12조와 48조에서 사제와 보제의 직분에 기혼자와 독신자 양쪽을 다 허락하였다."

55) 아토스 성산의 남서쪽에 위치해 있으며, 13세기에 아토스 성산의 시몬 성인에 의해 건립되었다. 처음의 주 성당은 1600년경에 건축된 것으로 추정되고 있으며, 1891년에 일어난 화재로 소실되었다. 24개의 창문들이 있었고, 6개의 문들이 있었으며, 12개의 러시아 성화들이 있었다. 오늘날의 주 성당은 1891년 이후에 다시 건축된 것이다. 수도원은 예수 그리스도 탄생일인 12월 25일에 축일을 맞는다. 수도원 안에 4개의 소성당들이 있고, 수도원 밖에 11개의 소성당들이 있다. 그리스도가 못 박혔던 십자가의 일부가 보관되어 있고, 많은 성인들의 성해들이 있으며, 특히 막달라 마리아 성인의 왼손이 보관되어 있다. 금실로 수놓인 사제복들이 있다. 1891년 전에 있던 책들은 화재로 소실되었다. 이 수도원은 1580년 12월 11일, 1891년 5월 28일, 1984년 5월 2일, 그리고 1990년 8월에 화재가 있었다.

56) 성당 정문과 성당 안으로 들어가는 문 사이에 있는 장소

57) 아토스 성산의 남서쪽에 위치하고 있으며, 1765년에 건립되었다. 1821년부터 수도원이 쇠퇴하기 시작하여 1830년에는 경제적으로 큰 어려움을 겪게 된다. 하는 수 없이 러시아인들을 받아들이게 되었는데, 1874년에는 러시아인 수도사들은 400명이 넘었으나 그리스인 수도사들은 190명이 채 안 되었다. 그 결과 다수의 러시아인 수도사들이 러시아인 수도원장을 선출하여 러시아인 수도원이 되었다. 1895년에는 러시아인 수도사들의 수가 1,000명에 달하였고, 1903년에는 1,450명에 달하였다. 러시아인들의 수는 1917년까지 계속 증가하였다. 1968년 수도원에 화재가 발생하였다.
주 성당은 1812-1821년에 지어졌다. 33개의 종들이 있는 종루는 1893년에 완성되었다. 이 종들을 치려면 두 명의 수도사가 필요한데, 한 수도사가 최대의 16개의 종들을 칠 수 있다. 이 수도원에는 아토스 성산에서 가장 큰 종이 보관되어 있는데, 종의 무게는 13톤, 바깥 둘레는 8미터 71센티, 지름 2미터 71센티에 달한다. 러시아인들의 우세로 인해 주 성당의 비잔틴 벽화 역시 1875년에 러시아 예술로 바뀌었다. 이 수도원은 판델레이몬 성인의 축일인 6월 27일에 축일을 맞는다. 수도원 내에 3개의 성당들, 9개의 소성당들, 그리고 수도원 외부에 2개의 소성당이 있다. 1,920권의 필사본이 있는데, 이중 1,320권은 그리스어이고 600권은 러시아어로 되어 있다.

25,000권 정도의 책들이 보관되어 있다.

58) 『정교회 기초 교리』, 한국 정교회, 서울 1978, p.197: "단식 그 자체가 덕은 아니지만 자선하고 기도하며 경건한 생활을 하는 방법이 된다. 이는 신자가 하느님의 뜻에 자신을 봉헌하는 준비이며 죄와 악한 생각을 단절시키고 음식을 절제하는 데 그 중요한 목적이 있다. 그리스도인이 하는 단식은 신앙을 바탕으로 이루어진다⋯⋯ 단식은 정신과 육체를 자제하기 위한 행동이다."

59) 축일은 부활 후 첫 번째로 맞는 일요일임

60) 아토스 성산의 남서쪽에 위치해 있으며, 10세기에 아흐리다 출신의 모이시스, 아아론, 요아니스 수도사들에 의해 건립되었다. 수도원은 예오르기오스 성인의 축일에 축일을 맞는다. 옛 주 성당은 1502년에 지어졌다. 벽화는 건축 당시에 그려졌으나 세월의 흐름과 함께 파손되어 1801년 주 성당을 재건축하면서 1817년에 다시 그려졌다. 종루가 처음 지어진 것은 1810년이지만 이 또한 1896년에 다시 지어졌다. 수도원 안에 8개의 소성당이 있고, 수도원 밖에 8개의 소성당이 있다. 그리스어로 된 126권의 필사본, 러시아어로 된 388권의 필사본이 있고, 10,000권의 책들이 보관되어 있다.

61) 성인은 555년 키프로스에서 태어났다. 적령기가 되자, 그의 부모는 그의 의사와 상관없이 그를 결혼시켰다. 그에게는 자식들이 있었으나 모두 어린 나이에 죽었고, 그의 아내도 죽고 말았다. 그는 가난한 그리스도교인들에게 자신의 재산을 나누어 주고 신부가 되었다. 그는 자선 사업을 하였는데, 그 이야기는 콘스탄티노플에 있는 이라클리토스 황제의 귀에까지 들어갔다. 마침 알렉산드리아의 대주교 자리가 비어 있었기 때문에 사람들은 황제에게 요아니스 엘레이몬을 대주교로 지지해 줄 것을 간청하였다. 황제는 그에게 사람들을 보내어 콘스탄티노플로 올 것을 전하였다. 그러나 그는 자신에겐 대주교를 맡을 자격이 없다면서 황제의 제안을 거절하였다. 610년 황제는 억지로 그를 알렉산드리아의 총대주교로 추대하였다.

그는 이집트에서 이단의 뿌리를 뽑는 한편, 정교의 믿음을 공고히 하려고 노력하였다. 사람들이 그를 엘레이몬이라고 부른 것은 가난한 사람들에게 그가 베풀었던 자선 사업에 끝이 없었기 때문이다. 그래서 그를 찾아가는 사람들의 수는 이루 헤아릴 수가 없었다. 그는 또 고통 받는 그리스도교인들이 대주교를 찾아오면 대주교 밑에서 일하는 사람들이 문전에서 쫓아낸다는 말을 듣고서 이 같은 부당함을 없애기 위해 일주일에 3번은 교회 밖에 의자를 내놓고는 자신을 찾아오는 사람들의 이야기를 들었다. 이후 알렉산드리아가 페르시아인들의 손에 들어가자 대주교는 키프로스로 가서 619년에 이 세상을 떠났다. 그의 축일은 11월 12일이다.

62) 이 성화는 애초에 소아시아의 니케아에 있었다. 외아들을 가진 한 여인이 자신이 지은 성당에 이 성화를 두었는데, 제2차 성화 논쟁 때 궁전의 첩자들이 성화가 가정에 있었음을 밝혀내고서 그녀를 죽여야 한다고 소리를 높였다. 그러자 그녀는 한밤에 성화 앞에서 기도를 드린 다음, 성화를 가지고 해변으로 가서 "하느님을 낳으신 분

이여, 당신께선 힘이 있으시니 왕의 노여움에서 우리를 구하시고, 곧 물속에 잠길 당신의 성화를 구하소서."라고 말한 뒤 성화를 바다에 던졌다. 그러자 기적이 일어났다. 성화가 파도 위에 서서 서쪽을 향하여 갔던 것이다. 이 광경을 본 그녀는 감동하여 집에 돌아와 아들에게 그리스로 가라고 하였다. 아들은 지체하지 않고 그리스의 테살로니키를 거쳐 아토스 성산으로 가서 수도사가 되었다.

니케아 출신의 수도사가 죽고 오랜 세월이 흐른 다음, 그가 수도하던 자리에 이비론 수도원을 짓게 되었다. 수도원의 건축이 끝난 후 어느 날 저녁, 수도사들은 이상한 광경을 목격하였다. 바다에서 불기둥이 솟구쳐 올라 하늘까지 닿은 것이었다. 이 광경은 밤낮으로 계속되었다. 이상하게 여긴 수도사들이 해변으로 갔더니 불기둥 속에 성모 마리아의 성화가 있는 것이었다. 그러나 성화는 그들이 가까이 다가가면 그만큼 더 멀어졌다. 수도사들은 눈물을 흘리며 이 성화를 자신들의 수도원에 주십사고 하느님께 간구하였다. 그러자 성모께서 가브리엘 수도사 앞에 모습을 드러내시며 "너희들을 보호하기 위해 나의 성화를 너희들에게 주겠노라. 너는 이 사실을 수도원장과 수도사들에게 전하여라. 그리고 너는 바다로 들어가서 파도 위를 걷도록 하여라."라고 말하였다. 그리하여 가브리엘 수도사는 육지를 걷듯이 바다 위를 걸어가서 기적을 일으키는 성모 마리아 성화를 받아서 해변으로 돌아왔다. 가지고 온 성화는 주 성당에 모셨다.

다음 날 한 수도사가 성당의 등에 불을 켜려고 갔다가 성화가 없어진 사실을 알게 되었다. 사방을 찾아다닌 끝에 성화가 수도원의 입구 위쪽에 걸려 있는 것을 알게 되었다. 성화를 떼어내어 다시 주 성당에 모셨는데, 번번이 성화가 사라지는 일이 계속되었다. 어느 날 성모 마리아가 다시 가브리엘 수도사에게 나타나더니 "수도사들에게 나를 방해하지 말라고 전하여라. 나는 너희들에게 보호받으러 이곳에 온 것이 아니라, 너희들을 보호하러 이곳에 왔느니라. 아토스 성산에서 성실하게 사는 수도사들은 내 아들의 자비에 희망을 가져라. 나의 성화가 너희들의 수도원에 있는 만큼 내 아들의 은총과 자비가 항상 너희들을 덮을 것이니라."라고 말하였다. 그 후 수도사들은 수도원 입구 가까이에 소성당을 지어 그곳에 성모 마리아의 성화를 모셨다.

한번은 어떤 해적이 성모 마리아가 자신을 방해한다고 여겨 성화 속 성모 마리아의 목을 쳤다. 그랬더니 정말 목에서 피가 흘렀다. 이 광경을 보고서 감동을 받은 해적은 수도사가 되어 수도원에서 착실하게 수도생활을 하였다. 그에게 다마스키노스라는 수도사 이름을 주었지만, 그는 자신이 한 행동을 반성하는 뜻에서 '야만인'이라고 불리기를 원했다. 그가 죽은 후 교회는 그를 성인으로 추대하였다. 1951년에는 러시아 황제 알렉시오스 미하일로비츠의 딸이 불구가 되고 말았다. 그녀는 꿈속에서 포르타이티사 성화를 보고 황제께 성화를 보기를 간청하였다. 황제의 요청으로 이 성화는 아토스 성산에서 러시아로 여행을 하였는데, 성화가 시내로 들어오자 그녀는 갑자기 벌떡 일어서더니 성화를 보려고 군중 속으로 뛰어들었다. 기적이 일어났던 것이다. 포르타이티사는 문을 지키는 여인이라는 의미가 있다

63) 메기스티 라브라 수도원에 속한다. 해발 600m-700m에 위치하고 있고, 폭은 2,000m에 달한다. 수정같이 맑은 물이 있고 무성한 나무들이 있어 고행 수도사들이 수도하기에 적합한 장소다. 이곳은 10세기부터 고행하는 장소로 여겨져 왔다. 또한 고대 우상 숭배의 중심지이기도 해서 우상 숭배 사제들이 많이 머물렀다. 오늘날

11개의 켈리들이 있다.

64) 태어난 해는 정확하지 않다. 콘스탄티노플이나 또는 그 근처의 시골에서 태어난 것으로 알려져 있다. 그는 율리아노스의 박해로 362년 10월 20일에 순교하였다. 성인은 콘스탄티노스 대제와 함께 "이것으로 승리하리라."라고 쓰인 십자가를 목격하였다. 그는 순교 후에 많은 기적을 일으켰는데, 특히 장이 나쁜 사람들이 성인께 간구하면 병이 낫곤 하였다.

65) 사람이 간신히 들어갈 만한 천장이 낮은 아주 작은 방처럼 생겼다. 이 속에 불을 지피고 그 위에 음식이 든 그릇을 올려놓는다.

66) 10세기에 건축되었으며, 아토스 성산의 서쪽에 위치하고 있다. 전하는 이야기에 따르면, 콘스탄티노스 대제 때 살았던 스테파노스라는 사람이 지었다는 설도 있고, 8세기 말에서 9세기 초에 아토스 성산에서 수도를 한 파블로스 성인이 건축하였다는 설도 있다. 그렇지만 크시로포타모스 수도원 출신인 파블로스 성인에 의해 지어진 것으로 여겨진다. 첫 번째 주 성당은 11세기 초에 지어졌다고 한다. 수도원이 너무 비좁던 탓에 1816-1820년에 확장되었으며, 1839년에는 새로운 주 성당이 건축되기 시작하여 1844년에 완공되었다. 이 수도원은 그리스도 입당 축일인 2월 2일에 축일을 맞는다. 수도원의 내부와 외부에 12개의 소성당들이 있다. 그리스도가 못 박혔던 십자가의 일부가 2개 보존되어 있고, 성인들의 성해가 모셔져 있다. 그 밖에 494권의 필사본이 있다.

67) 14세기 중반에 지어졌고, 수도원의 축일은 주 변모 축일인 8월 6일이다. 아토스 성산의 북동쪽에 위치해 있으며, 바위 위에 지어졌다. 전통에 의하면 알렉시오스 1세 콤니노스 (1081-1117)에 의해 건립된 것으로 알려진다. 주 성당은 수도원이 건립된 시기에 건축되었다. 대리석 위에 사건들이 조각되어 있고, 1360-1370년에 벽화가 그려졌고, 1854년 벽화가 다시 그려졌다. 성인들의 성해가 있고, 예수가 못 박혔던 십자가의 한 부분이 있다. 수도원 안에 7개의 소성당이 있고, 수도원 밖에 7개의 소성당이 있다. 제구실에 메르쿠리오스 성인의 방패가 있고, 성복들이 있다. 도서관에 350권의 필사본이 있고, 3,500권 정도의 책들이 있다.

68) 전하는 바에 의하면 4세기에 콘스탄티노스 1세가 건립하였다고 한다. 그러나 수도원을 건립한 수도사가 소아시아의 도시 가스타모니 출신이었다는 설도 있고, 또는 건립한 수도사의 이름이 가스타모니티스였다고 하는 설도 있다. 역사적 기록에 의하면, 1097년부터 이 수도원이 언급되기 시작한다. 주 성당은 1867년에 지어졌는데, 주 성당에는 8개의 원형 천장이 있다. 그리스도가 못 박혔던 십자가의 일부분이 이곳에 보관되어 있다. 이 수도원은 성 스테파노스 축일인 12월 27일에 축일을 맞는다. 수도원 내부에 4개의 소성당이 있고 수도원 밖에 5개의 소성당이 있다. 110권의 필사본이 있고, 5,000권 정도의 책들이 있다.

69) 그리스도와 성모 마리아, 성인들 얼굴 주위에 있는 금빛을 발하는 둥그런 것.

70) 아토스 성산의 북동쪽에 위치하고 있고 해발 330미터이다. 필로테오스 성인에 의해 10기 말에 건립되었다. 본래 주 성당은 16세기 중반 이전에 지어졌으나 1746년에 파괴되는 바람에 같은 해에 주 성당이 다시 건축되기 시작하였다. 성당의 대성화대는 1853년에 만들어졌다. 당시에 지어진 주 성당이 오늘날까지 수도원에 있는 것이다. 벽화는 1752년에 그려진 것으로 추정된다. 이 수도원은 성모 희보 축일인 3월 25일에 축일을 맞는다. 주 성당에 2개의 소성당들이 있고 종루에 1개의 소성당이 있으며, 수도원 안에 3개의 소성당들이 있고 수도원 밖에도 3개의 소성당들이 있다. 370권의 필사본이 있고, 루마니아어와 러시아어로 된 많은 책들이 있다. 그리스도가 못 박혔던 십자가의 일부분이 이곳에 있고, 여러 성인들의 성해, 제복들, 성기물들이 있다. 이 수도원에 그 유명한 글리코필루사 성모 마리아 성화가 있다.

71) 11월 12일이 축일

72) 1890-1947

73) 크레타 섬 북쪽에 위치한 작은 섬.

74) 1945-1950 사이에 그리스에서 있었던 내란

75) 페트라(Κπέτρα)는 여성형으로서 돌을 의미한다. 수도사가 남성이므로 남성형인 페트로스(Πέτρος)가 되지만, 사람들은 애칭으로 그를 페트라키스(Πετράκης)라고 불렀다.

76) 날마다 오후에 있는 예식.

77) 페트로스 수도사의 켈리가 카투나키아에 있었기 때문에 페트로스 수도사는 자신의 켈리를 카투나라고 불렀다.

78) 한번은 파호미오스 성인이 기도매듭을 조금 만들면 악마가 즉시 다시 풀어 기도매듭을 만드는 것을 끝낼 수가 없었던 적이 있었다. 그때 주의 천사가 나타나더니 그에게 기도매듭을 십자가 모양으로 꼬면서 만들라고 하였다. 덕분에 악마는 이 기도매듭을 다시는 풀 수가 없었다. 그때부터 기도매듭은 십자가형으로 꼬아서 만든다.

79) 지성소로 들어갈 수 있는 문들이 3개가 있는데, 그중 가운데에 있는 문이 아름다운 문이다.

80) 그는 팔레스타인의 케사리아 출신이다. 근처에 키보토스(방주)라고 하는 산이 있었는데, 그는 18세에 그곳에 가서 거처를 정하고 수도생활을 하기 시작하였다. 그가 영적으로 수많은 사람들을 도와주자 악마는 이를 질투하여 온갖 방법을 동원하여 성인을 유혹하였다. 악마는 한 여인을 이용하여, 여인이 예쁜 옷들은 자루에 감추고 낡은 옷차림으로 성인의 거처를 찾아가도록 하였다. 마침 비가 오는 밤이었기 때문

에 성인은 그녀를 들어오게 하여 먹을 것을 준 다음, 그녀를 그의 거처에 묵게 하였고 그는 동굴의 더 깊은 곳으로 가서 하룻밤을 보냈다.

날이 밝아 그녀를 내보내려고 하는데 그녀가 이미 아름다운 옷으로 갈아입고 있었다. 육신의 유혹이 그의 마음을 흔들었다. 이를 눈치 챈 그녀는 달콤한 말로 성인을 유혹하였다. 유혹에 넘어간 성인은 그녀와 잠자리를 하고자 마음먹고, 혹시나 오는 사람은 없는지 알아보려고 잠시 켈리 밖으로 나와 바위 위에서 사방을 둘러보았다. 그의 눈에 자애로우신 하느님께서 동정 가득한 눈빛으로 자신을 바라보는 것이 보였다. 그는 곧장 후회를 하고는 장작들을 잔뜩 그러모아 켈리로 가져가 불을 피웠다. 그는 타오르는 불길 위를 맨발로 걸었다. 이렇게 그는 발이 타들어가는 고통으로 악마의 유혹을 물리쳤다.

이후에 그는 아무도 없는 무인도로 거처를 옮겼다. 악마 또한 포기하지 않고 그의 각오를 무용지물로 만들기 위해 술책을 썼다. 무인도 근처를 지나가던 배가 풍랑을 만나게 한 것이다. 배에 있던 사람들이 전부 익사하였는데 한 여인만이 살아남아 그에게 도움을 요청하였다. 성인은 그녀를 그 섬에 남겨두고 자신은 바다에 몸을 던졌다. 그러자 바다의 고래 두 마리가 그를 태우고 육지까지 안전하게 데려다주었.

그는 이 도시 저 도시를 떠돌다가 아테네까지 가게 되었다. 그는 자신이 곧 죽을 것임을 알고 있었고, 하느님 또한 그 지역의 주교에게 성인이 올 것임을 계시해 놓은 터였다. 성인은 한 성당을 찾아가 사람들에게 주교를 불러 달라고 부탁하였다. 주교는 곧장 성당으로 달려가 성인을 만났다. 그렇게 성인은 마지막 눈을 감았다. 그의 축일은 2월 13일이다.

81) 아토스 성산 북동쪽에 있으며, 11세기 초에 건립되었다. 주 성당은 1548년부터 짓기 시작하여 1563년에 완공되었다. 그리스도가 못 박혔던 십자가의 일부분이 이곳에 보관되어 있고, 많은 성인들의 성해가 모셔져 있다. 이 수도원은 사도 페트로스(베드로) 성인과 파블로스(바울로) 성인의 축일인 6월 29일에 축일을 맞는다. 수도원 안에 5개의 소성당들이 있고 수도원 밖에 2개의 소성당들이 있다. 279권의 필사본들이 있고, 2,500여 권의 책들과 황금칙서, 은 문서 등이 보관되어 있다.

82) 성체성혈에 쓰이는 재료는 봉헌 빵과 포도주인데 이것들이 기적에 의해 그리스도의 몸과 피가 된다. 아우구스티노스 수도사는 성 수저에 있는 그리스도 하느님의 몸과 피를 본 것이다.

83) 아토스 성산의 교통편은 주로 배를 사용한다.

84) 『사순대재중』, 한국 정교회, 1982, p.262

85) 『정교회 기초 교리』, 한국 정교회, 서울 1978, p.109: "세례를 받을 때 정교회 신자는 그가 지상의 교회뿐만 아니라 천상의 교회와 일치하여 들어온다는 사실을 상징하는 것으로 어떤 성인의 이름을 갖는다. 정교회 신자는 각자가 이름을 따온 그 성인에게 각별한 신심을 갖는다…… 수호 성인의 축일은 곧 그 사람의 세례명 축일이 된다."

86) 아토스 성산의 북동쪽에 자리 잡고 있으며, 바다 근처에 있다. 972년에서 985년 사이에 지어진 것으로 아타나시오스 수도사, 니콜라오스 수도사, 안토니오스 수도사가 건립하였다.

성당은 애초에 모자이크로 장식되어 있었다. 안드로니코스 2세 시대에 아르세니오스 수도사가 벽화를 그렸으나, 739년과 1819년 두 차례에 걸쳐 첫 번째 벽화 위에 다시 성화를 그려 넣어 벽화의 가치가 떨어졌다. 그럼에도 이 주 성당은 아토스 성산에서 유일하게 벽 모자이크가 보존되어 있는 곳이다. 이 모자이크에 성모 희보, 성모 마리아의 기도 장면과 니콜라오스 성인이 묘사되어 있다. 지성소에는 예수께서 못 박히셨던 십자가의 일부분이 보관되어 있고, 여러 성인들의 성해, 포도 식초를 적신 해면에 히숍 풀대를 꽂아 예수님께 드렸던 그 히숍 풀대의 일부가 보관되어 있으며, 성모 마리아의 띠의 세 부분 중 한 부분이 이 수도원에 보관되어 있다. 이 수도원은 성모 희보(3월 25일)에 축일을 맞는다. 주 성당에 5개의 소성당들이 붙어 있고, 마당에 2개의 소성당들이 있으며, 수도원 밖에 많은 소성당들이 있다. 도서관에는 가치 있는 황금칙서들과 14세기에 쓰여진 문서들, 1,536권의 필사본, 10,000권의 책들이 보관되어 있다.

전설에 의하면 4세기 테오도시오스 1세의 아들이 어렸을 적에 여행을 하다가 아토스 성산의 해변 근처에서 배가 난파되었다고 한다. 황제의 아들은 기적적으로 살아남아 가까이에 가시나무가 있는 육지로 옮겨졌다. 그래서 수도원의 이름이 바토페디(그리스어로 바토스는 가시나무를 의미하고 페디는 평야를 의미한다)가 되었다. 황제는 아들을 구해 준 성모 마리아께 감사하기 위해 이 수도원을 건축한 것이라고 한다.

87) 11월 30일이 축일

88) 성인은 시리아의 다마스코스 출신이다. 레온 3세 황제와 콘스탄디노스 코프로니모스 황제 시절에 살았으며, 포로였던 코즈마스 수도사에게서 여러 학문을 배웠다. 그의 아버지는 고위 관리였는데, 아버지가 세상을 떠난 뒤에는 그도 아버지와 비슷한 관직에 오르게 되었다. 레온 3세가 성화 파괴를 선포하였을 때에도 성인은 황제의 견해에 반론을 제기하였다. 그러자 황제는 복수를 하려고 성인의 글씨인 양 꾸며 쓴 편지를 다마스코스의 통치자에게 보냈다. 그리하여 통치자는 성인의 오른손을 잘랐다. 사람들이 잘린 손을 매달자, 성인은 그 손을 묻으려고 사람을 시켜 가져오게 하였다. 성인은 울면서 "거룩한 성모여, 나의 하느님의 어머니시여! 숭고한 성화들 때문에 제 오른손이 잘렸습니다. 레온이 노여워한 원인을 잊지 마소서! 어서 오셔서 제 손을 낫게 하여 주소서! 당신의 몸에서 온 시인의 오른손은 당신의 기도로 많은 힘을 발휘하나이다. 제가 아름다운 성가들을 만들 수 있도록 지금 제 오른손을 낫게 하여 주십시오. 당신에 대하여, 그리고 당신의 아들에 대하여, 그리고 정교 믿음의 옹호를 위하여 제가 이 찬가들을 만들 수 있도록 하여 주십시오. 하느님의 어머니로서 제가 요청하시는 것을 이루어 주시리라 믿습니다."라고 말하고서 잠이 들었다. 꿈에서 성인은 성모 마리아의 성화에서 하느님의 어머니를 보았다. 성모 마리아는 자신을 바라보면서 "네 손은 치료되었다. 다른 걱정은 하지 말거라. 그러니 내게 약속한 것을 하려무나."라고 말하였다. 잠에서 깬 성인은 오른손이 감쪽같이 제자리에

붙어 있음을 알았다. 그는 밤새도록 성모를 찬양하고 성모께 감사를 드리면서 성가를 불렀다.

이 사건은 그에게 일생일대의 큰 결정을 내리게 하였다. 그는 먼저 자신의 노예들을 해방시켰다. 그리고 자신의 재산을 사람들에게 나누어 준 다음, 사바스 수도원으로 가서 수도사가 되었다. 그는 자신의 스승 수도사에게 엄청난 복종을 하면서 자신을 낮추었다. 그러나 스승 수도사는 성인이 찬가와 성가를 만들고 성가를 부르는 것을 금하였다.

어느 날 성모 마리아가 스승 수도사의 꿈에 나타났다. 성모께서는 그에게 "왜 너는 하늘나라의 감로를 내뿜는 샘을 막아 버렸느냐? 모든 세상이 함빡 젖도록 감로가 흘러내리게 내버려 두려무나. 요아니스는 다윗의 수금을 능가할 것이다. 모세의 찬가보다 더 좋은 찬가들을 만들 것이다. 오르페우스보다 더 기교 있게 노래할 것이다. 이단을 맹렬히 비난할 것이며 믿음의 교리를 올바르게 할 것이다."라고 말하였다. 그때부터 성인은 하느님과 성모 마리아와 성인들에 대한 성가와 찬가를 만들었다.

89) 아토스 성산에 있는 20개 수도원의 대표들이 머무는 켈리들

90) 460년 콘스탄티노플에서 태어났다. 그의 아버지는 굉장한 부자였고, 군 지휘관이면서 원로원 직책을 맡고 있었다. 그에게는 두 명의 형이 있었는데 형들 역시 큰 직책을 맡고 있었다. 요아니스는 부모 곁에 있을 때에도 수도사의 길을 열망하였다. 그가 아버지께 복음경을 만들어 달라고 부탁하자 아버지는 달필가에게 부탁하여 복음경을 적게 하였다. 복음경의 겉표지에는 금물을 올려 아들에게 주었다.

그는 한 수도사를 알게 되었는데, 그 수도사와 함께 부모 몰래 아키미티 수도원으로 갔다. 그곳에서 수도사로서 오랜 기간 수도를 하였다. 그러나 악마의 유혹으로 부모를 그리워하게 되었다. 그는 늦은 저녁, 콘스탄티노플로 되돌아와 먼발치에서 자신이 살던 집을 바라다보았다. 날이 밝자 그는 수위에게 집의 뜰 한쪽 구석에 있게 해 달라고 부탁하였다. 그러나 아버지는 자신의 아들을 알아보지 못하였다. 그는 부모를 보고서 눈물을 흘렸다. 그는 밖으로 나오던 아버지와 마주치자, 자신을 뜰에서 지낼 수 있게 해 달라고 부탁하였다. 그리고 칼리비를 지어 달라는 부탁도 하였다.

이후 그가 죽기 3일 전에 그리스도께서 꿈에 나타나 그를 데려가실 것이라고 말씀하셨다. 그는 어머니를 불러 복음경을 주었다. 그러자 그녀는 남편에게 달려가 복음경을 보여 주었다. 부모는 그를 찾아와서 그 복음경에 담긴 사연이 무엇인지 물었다. 그러자 그는 흐느끼면서 자신이 그들의 자식인 요아니스임을 밝혔다. 그들은 자식을 다시 만나게 된 사실에 반가워하면서도 다른 한편으로는 머지않아 자식이 죽는다는 사실 때문에 슬퍼하였다. 그는 부모에게 자신이 입고 있는 옷으로 장례식을 치러 달라고 유언을 남겼다.

그러나 그의 어머니는 아들이 죽자 고급 옷으로 갈아입혔다. 그러자 큰 지진이 일어나고 천둥이 치더니 "화를 입지 않으려면 벗긴 옷을 다시 입혀라."라고 말하는 소리가 들려왔다. 그의 어머니는 꼼짝할 수도 없고, 말할 수도 없게 되었다. 이 광경을 본 아버지는 죽기 전에 아들이 남긴 말이 생각나 즉시 벗겼던 옷을 다시 입혔다. 그러고 나서야 어머니는 원래 상태로 되돌아왔다. 그가 죽은 날에는 소경들이 눈을 뜨고, 절름발이들이 걸음을 걸었으며, 병든 자들의 병이 나았다. 그의 축일은 1월 15일

이다.

91) 한번은 미친 사람이 성인에게 가서 인사를 하자, 성인은 아무 말도 하지 않았다. 악령은 미친 사람의 입을 빌려 자신은 이 사람이 어렸을 때부터 몸속에 들어가 있었다고 말하였다. 그러면서 만일 성인이 미친 사람의 몸에서 자신을 쫓아낸다면 자신은 어디로 가야 할지 모르게 된다고 말하였다. 그러자 성인은 "나에게로 오너라."라고 답하였다. 악령은 성인이 무서워 도망을 쳤다.

92) 아토스 성산의 북쪽에 있는 지역이다. 인적이 없는 곳으로서 은둔자들이 이곳에 있다.

93) 이 수도원은 963년에 건립되었는데, 아토스 성산에서 제일 처음으로 지어진 수도원이다. 아토스 성산의 북동쪽에 위치하고 있으며 바다 가까이에 있는 바위 위에 지어졌다. 아토스의 아타나시오스 성인과 그의 친구 니키포로스 포카스 황제가 건립하였다.
주 성당의 돔은 6.25미터인데, 1600년경에 다시 지어졌으며 1814년에 수리를 하였다. 1535년 성당과 지성소의 벽화는 당대에 유명한 크레타인 미술가였던 테오파니스가 그린 것으로, 아토스 성산에서 가치 있는 벽화들 중의 하나이다. 지성소에는 그리스도가 못 박혔던 십자가의 일부분이 보관되어 있고, 많은 성인들의 성해도 보관되어 있다.
아타나시오스 성인은 애초에 성당을 성모 희보 성당으로 명명하였으나, 15세기경부터 성당은 아토스 성산의 아타나시오스 성인의 안식일인 7월 5일을 축일로 맞게 되었다. 수도원 안에 14개의 소성당들이 있고, 밖에 있는 19개의 소성당들이 이 수도원에 속한다.
수도원의 도서관에 2,800여권의 필사본들이 있고 그중 500여권은 양피지 문서들이다. 도서관에 있는 책들 중에 22권은 1500년 이전의 것이고, 20,000여권은 1800년 이전의 것이며, 18,000여권은 19세기의 것이고, 60,000여권은 20세기의 것이다. 6,000여권은 러시아어와 루마니아어로 쓰였다.
제구실에는 가치 있는 많은 유물들이 보관되어 있다. 니키포로스 포카스 황제가 선물한 페르가몬으로 된 복음경이 있는데, 이 복음경은 자수정과 그 외의 보석들로 되어 있다. 또한 니키포로스 포카스 황제의 관과 가방이 보관되어 있다.

94) 자살하는 사람들 중에 많은 사람들이 '인생에 종지부를 찍으면 겪고 있는 마음의 고통에서 해방될 것' 이라는 악마의 사탕발림에 속아서 이기적인 생각으로 자살을 한다.…… 구원받기 위해 회개를 하고, 자신을 낮추면서 고해를 하는 대신에 자살을 한다.…… 정신병자가 아니면서 자살하는 사람들에 대해서 교회는 마치 이교도인들을 대하듯 그들을 위해 기도를 하지 않는다. 그러면서 자살하는 사람들을 하느님의 판단과 자비에 맡긴다. 사제는 봉헌 때에도 자살한 사람들의 이름을 추도하지 않으며 추모밥도 만들지 않는다. 자살은 하느님의 선물인 삶을 거부하고 경멸한 행위라는 이유 때문이다. 하지만 이것은 하느님의 얼굴에 먹칠을 하는 것과 같다. 그러므로 우리들은 자살한 사람들에게도 선하신 하느님께서 그들을 위해 무엇인가 해주시

도록 많은 기도를 해야 한다.

어느 날 밤에 하느님께서는 위의 주제에 대하여 나(작가)에게 놀라운 환영을 보여 주심으로써 계시를 내리셨다. 부활절 후 3일째 되는 날 밤이었다. 나는 잠자리에 들기 전에 습관적으로 빈 통조림 깡통 2개에 초를 켜 놓는다. 정신적으로든 육체적으로든 병을 앓고 있는 이들을 위해 기도하기 위함이다. 그중에는 아직 살아 있는 이들도 있고, 이미 이 세상을 떠난 이들도 있다. 그날도 평소처럼 기도를 하고 있었는데, 눈을 떠 보니 내가 담에 둘러싸인 넓은 밭을 바라보며 기도를 하고 있는 것이었다. 밭에는 밀 싹이 이제 막 돋아나고 있었다. 나는 이 세상을 떠난 사람들을 위하여 담 위에 초들을 죽 늘어놓고 불을 밝힌 채 담 밖에 서 있었다. 왼쪽에는 바위와 절벽으로 이루어진 무시무시한 장소가 있었는데, 그곳은 마음까지 요동치게 할 듯한 비통한 소리와 비명으로 가득 차서 천지가 진동할 지경이었다. 제아무리 강심장인 사람이라도 한번 들으면 충격에 휩싸일 만한 그런 소리였다. 나는 그 소리 때문에 몹시 고통을 느끼면서도 눈앞에 펼쳐진 환영이 무엇을 의미하는지, 이 소리들이 과연 어디에서 나오는 것인지를 파악하려고 애썼다. 그때 어떤 목소리가 내게 들려왔다. '아직 이삭이 없는 밀밭은 부활할 죽은 영혼들이 잠든 묘지이니라. 비통한 목소리로 가득 찬 곳은 임신 중절로 죽어 간 어린 영혼들이 있는 곳이니라.' 환영이 끝났음에도 가엾은 어린 영혼들이 겪고 있는 쓰라린 고통을 체험한 탓에 한동안 제정신으로 돌아올 수가 없었다. 그날은 몹시 피곤했음에도 불구하고 좀처럼 잠자리에 누울 수가 없었다.

95) 아토스 성산의 남서쪽에 위치하고 있으며, 10세기 말 파블로스 크시로포타미노스가 건립했다고 한다. 세바스티아의 40인 순교자 축일(3월 9일)에 축일을 맞는다. 주 성당은 1761-1763년에 지어졌고, 벽화는 1783년에 그려졌다. 수도원 안에 7개의 소성당이 있고, 수도원 밖에 9개의 소성당이 있다. 예수가 못 박혔던 십자가의 가장 큰 부분이 이곳에 있는데, 못 박혔던 구멍은 홍옥과 12개의 다이아몬드로 장식되어 있다. 성인들의 성해가 보존되어 있고, 도서관에는 409권의 필사본과 4,000권 정도의 책들이 있다.

96) 「마태오」, 7장 1절

97) 아토스 성산에는 칼리비들이 여기저기에 흩어져 있으므로 이 칼리비들을 위한 주 성당이 따로 있다.

98) 아토스 성산의 남서쪽에 있으며, 14세기에 건립되었다. 오늘날의 주 성당은 1770-1775년에 건축되었고, 벽화는 1779년에 그려졌다. 성인들의 성해와 성화들이 주 성당 안에 보관되어 있다. 이 수도원은 니콜라오스 성인의 축일인 12월 6일에 축일을 맞는다. 수도원 내부와 외부에 10개의 소성당들이 있다. 297권의 필사본이 있고, 4,500권의 책들이 있으며, 그리스도가 못 박혔던 십자가의 일부분이 보존되어 있다.

99) 「열왕기 상」, 19:19-21.

100) 길르앗의 티스베 출신이다. 그는 3년 반 동안 비를 내리지 않게 하였고(구약, 열왕기 상, 17:1), 과부 세라프티아의 죽은 아들을 살려내었고(열왕기 상, 17:17-24), 오십인 대장과 오십인 부대를 불이 두 번이나 삼켜 버리게 하였으며(열왕기 하, 1:9-15), 자신의 겉옷을 내리쳐 요르단 강 물을 좌우로 갈랐다(열왕기 하 2:8).

101) 성모 마리아의 부모는 마리아가 3세가 되자 성당으로 데려갔다. 그러자 그녀는 혼자서 성당 계단을 올라갔다. 마리아는 성당에서 15세까지 머물렀다. 그 후에는 요셉이 보호자로서 그녀를 보호하였다. 성모 마리아가 부모를 떠나 성당으로 간 날을 기린다. 11월 21일이 축일이다.

102) 『정교회를 알고 계십니까?』, 한국 정교회, p.33: "다마스코스 성 요한에 따르면, 성상(성화)은 '그 주체들(성인들)의 덕성을 본받고 하느님을 찬미하도록 우리를 돕는다.' 교회에서의 성상 사용은 교회의 불문율적인 정통의 일부이다. 7세기에 와서 정교회에서 성상을 사용하는 데에 관해 논쟁이 격화되었다. 그 논쟁은 787년에 열린 세계 제7차 공의회에서 해결되었다. 공의회는 '신도들은 성인들에게 예배드리기 위해서가 아니라 성인들을 공경하기 위해 성인들의 상을 사용할 수 있다. 하느님만이 예배의 대상이 되신다.' 라고 선언하였다. 성상은 눈으로 볼 수 있는 형상으로서, 신자들로 하여금 하느님, 그리고 성인들과 대화하도록 도와준다. 성 대 바실리오스는 '우리가 표하는 공경이 우리 앞에 있는 화폭으로 가는 것이 아니라 그 실체에게로 가는 것이다.' 라고 가르쳤다."

103) 271년 소아시아의 니코미디아에서 태어났다. 그의 부모는 그리스인이었는데, 아버지는 이교도였고, 어머니는 그리스도교인이었다. 어머니는 자식에게 그리스도교에 대하여 가르치려고 노력하였지만, 불행하게도 그녀는 젊은 나이에 이 세상을 떠났다. 성인의 영리함을 안 아버지는 그가 기본적인 글을 배우고 나자 그를 유명한 의사에게 맡겼다. 그는 정신적으로나 육체적으로 많은 장점과 재능을 가지고 있었다. 대화를 나눌 때에는 명랑하면서도 겸손하고 조심성이 있었다. 그를 가르친 의사는 궁전 의사였는데, 의사는 판텔레이몬을 궁전으로 데리고 갔다. 이미 그의 능력과 덕성에 관해 많은 것을 들어 온 막시미아노스 황제는 에브프로시노스 의사에게 그를 완벽한 최상의 의사로 만들어 달라고 부탁하였다. 사람들은 모두 그를 사랑하였고, 그는 언제나 화제의 중심에 있었다.
그는 의학 공부가 끝나갈 무렵, 하루는 니코미디아의 거룩한 사제 에르몰라오스의 집 앞을 지나가게 되었다. 사제는 밖으로 나오더니 그에게 잠시 자기 집에 들를 것을 부탁하였다. 사제는 그가 많은 재능과 덕을 지녔음을 눈으로 확인한 뒤 그가 그리스도교에 관해 알게 되면 분명히 하느님의 도구가 될 것이라고 생각하였다. 이후로 그는 사제와 지속적인 만남을 유지하며 많은 이야기를 주고받았다. 그러던 어느 날, 그는 길을 가다가 뱀에게 물려 죽은 아이를 발견하였다. 뱀은 길가에서 똬리를 틀고 있었다. 그 순간 그는 그리스도께 만일 죽은 아이가 다시 살아난다면 세례를 받겠노라 기도를 하였다. 그러자 아이는 되살아났고, 뱀은 죽고 말았다. 이 일로 그는 세례를 받았다.
그는 자신의 아버지도 그리스도교인이 되기를 원하였는데, 마침 아버지가 곁에 있을 때 사람들이 한 맹인을 그에게 데리고 왔다. 그는 "주 예수 그리스도여, 당신의 종을 고쳐 주소서."라고 말하면서 오른손으로 맹인의 눈에 성호를 그었다. 그 순간 맹인이 눈을 뜨는 기적이 일어났다. 이 광경을 지켜본 아버지는 비로소 진정한 하느님을 알게 되었다. 그리하여 아버지는 맹인이었던 사람과 함께 세례를 받았다.

그의 명성은 각지로 퍼져 갔다. 그러자 그를 질투하고 시기하던 사람들이 황제에게 고자질을 하여 박해에 시달리게 되었다. 그는 이교도 황제 앞에서 하느님께 기도를 하여 불구였던 사람을 고치는 기적을 일으켰다. 그러자 황제는 군인들을 시켜 그를 기둥에 묶은 다음 살을 찢었다. 그뿐 아니라, 횃불로 상처가 난 곳을 지지기까지 하였다. 성인은 그런 중에도 쉬지 않고 하느님께 기도를 하였으며, 결국 군인들의 손들이 마비되고 횃불이 꺼졌으며 성인의 몸에 난 상처들이 아무는 기적이 일어났다. 하지만 그를 향한 박해는 계속되었고, 기적도 계속되었다.

한번은 청동 가마솥에 납을 부어 부글부글 끓는 납물 속에 그를 집어넣은 일이 있었다. 그러나 그가 기도를 하자 불이 꺼지더니 가마솥이 차갑게 식어 버렸다. 그다음에는 그의 목에 커다란 돌덩이를 묶어 그를 바다 깊은 곳에 던졌다. 그러나 그는 바다 위로 떠올라 천천히 걸어 나왔다. 박해는 그치지 않았다. 이번에는 그를 굶주린 맹수들에게 던져 먹이로 주기로 하였다. 소식을 들은 사람들이 이 광경을 보려고 몰려들었다. 그러나 풀어 놓은 맹수들이 그에게 덤벼들기는커녕 도리어 꼬리를 치고 그의 발을 핥는 것이었다. 사람들은 그를 바퀴에 묶은 채 언덕 꼭대기로 데려갔다. 언덕에서 밀어 바퀴와 함께 뒹굴게 하려는 생각이었다. 그러나 그를 묶었던 끈이 풀려 성인은 아무 일 없었던 것처럼 언덕 위에 서 있었고, 도리어 언덕 밑에 모여들었던 구경꾼들이 바퀴에 깔려 죽고 말았다.

마지막으로 군인들은 그를 올리브나무에 묶은 다음, 칼로 내리쳤다. 그런데 칼날이 초처럼 뭉개져 버렸다. 깜짝 놀란 군인들은 두려움에 떨며 더 이상 그를 치려고 하지 않았다. 이때 그가 하느님께 기도를 드리자, "오늘부터 너를 판돌레온이라 부르지 않고, 판델레이몬이라 부르리라."라는 음성이 하늘에서 들려왔다. 그가 군인들에게 이제는 목을 치라고 말을 하자, 군인들은 어쩔 수 없이 그의 목을 쳤다. 304년 7월 27일, 그의 목이 잘렸는데 그 머리에서 우유와 피가 흘렀다. 또 그를 묶었던 올리브나무는 원래 말라 죽은 나무였는데, 갑자기 잎들이 나오더니 열매를 맺었다.

판델레이몬의 어원을 보면, 판(παν, πάντα)은 전부, 모든 것을 의미하며, 엘레이몬(ελεήμων)은 자비로운, 관대한, 자선의 의미가 있다. 그의 원래 이름은 판돌레온이었는데, 하늘에서 '판델레이몬'이라는 음성이 들려온 후부터 그를 판델레이몬으로 부른 것이다.

104) 성인은 그리스의 카르디차에서 태어났다. 그는 젊은 나이에 아토스 성산으로 가서 필로테오스 수도원에서 수도사가 되었다. 그는 3년간 수도를 하고 나서 그리스의 테살리아로 가서 하느님의 말씀을 전하였고, 그다음 라리사에서도 같은 일을 하였다. 1568년 터키인들에게 체포당한 후부터 박해를 받았으며, 1568년 2월 14일에 이 세상을 떠났다.

105) 성인은 329년 카파도키아의 네오 케사리아에서 태어났다. 성인의 부모에겐 5명의 딸과 4명의 아들이 있었다. 아들 셋이 주교가 되었고, 한 아들은 수도사가 되었다.

그는 자신이 살던 곳에서 공부를 마치자 공부를 계속하기 위해 그리스의 아테네로 가게 된다. 그곳에서 그는 영원한 친구 그리고리오스 성인을 만나 함께 공부하게 된다. 나중에 황제가 된 율리아노스는 그들의 동창생이었다. 공부를 마친 후 그는 케사리아로 돌아가서 27세에 세례를 받았다.

그의 명성이 도처에 퍼지게 되자, 에브세비오스 주교를 비롯하여 많은 이들이 그에게 성직자가 되기를 권고하였다. 그러던 어느 날, 에브세비오스 주교 앞에 하느님의 천사가 나타나더니 "지금 그대의 자리를 계승할 사람이 오고 있으니, 도시 입구에 성직자들을 보내어 그를 환영하도록 하여라."라고 말하였다. 주교가 이 사실을 성직자들에게 전하여 모두들 도시 입구에 마중을 나갔는데, 다름 아닌 바실리오스가 오는 것이었다. 그는 그곳에서 보제로서 서품을 받았고, 곧이어 대신부 서품을 받았으며, 나중에는 주교가 되었다.

우상 숭배자인 율리아노스가 황제가 되자, 황제는 페르시아를 정복하러 가는 도중에 바실리오스 주교에게 전갈을 보냈다. 금을 가지고 와서 자신을 환영하라는 내용이었다. 성인이 금을 가지고 가지 않자 황제는 불같이 화를 내며 전쟁에서 돌아오면 성인이 있는 도시를 잿더미로 만들고 주민들을 모두 노예로 만들어 버리겠노라고 말하였다. 겁이 난 주민들은 화를 면하기 위해 금과 은, 보석들을 모았다. 그리고 나서 성인과 함께 기도를 하였는데, 이때 성인은 환영을 보게 되었다. 천사들에게 둘러싸인 성모 마리아께서 "메르쿠리오스에게 말하여 내 아들의 적인 율리아노스를 쳐부수게 하여라."라고 말하는 모습이었다. 이윽고 메르쿠리오스 대순교자가 나타나 성모의 명령을 받고 떠나는 모습도 보였다.

환영이 끝나자 성인은 도시로 내려와 대순교자 메르쿠리오스의 성해가 보관되어 있는 메르쿠리오스 성당으로 가 보았다. 그런데 있어야 할 성해가 없었다. 그제야 성인은 자신이 본 환영이 사실임을 깨달았다. 그리고 그날, 율리아노스가 죽었음이 밝혀졌다. 율리아노스가 죽었으므로 거두어들인 보석들을 다시 돌려주어야만 하였는데, 한데 뒤섞여서 누구의 것인지 알 길이 없었다. 성인은 빵 속에 금, 은, 보석들을 넣고서 빵을 잘라 사람들에게 나누어 주었다. 이때부터 그리스인들은 동전 하나를 넣은 바실로피타를 만들어 그의 축일인 1월 1일에 자르게 되었다.

성인이 살던 당시는 아리아노스 이교가 성행하던 시기였기에 성인은 이 문제에도 대처해야만 하였다. 황제는 니케아에 있는 한 교회를 아리아노스 이교도들에게 넘겨주었는데, 성인은 교회를 찾아가 이교도들에게 다음과 같은 제안을 하였다. 즉, 교회 문을 잠근 뒤 이교도인들이 기도를 하여 문이 열리면 그 교회를 이교도인들이 갖고, 정교인들이 기도를 하여 문이 열리면 정교인들이 갖자고 한 것이다. 여기에 응한 이교도인들이 먼저 기도를 하였다. 3일간 기도를 하였으나 문은 꼼짝도 하지 않았다. 다음으로 정교인들의 차례가 되었다. 정교인들이 기도를 하자, 성인은 하늘을 향해 손을 쳐들고 "정교회의 하느님은 영원히 축복하실지어다."라고 외쳤다. 그러자 교회 문이 요동치더니 문고리와 자물쇠가 부서지면서 저절로 열리는 것이었다. 그리하여 교회는 다시 정교인들에게 돌아갔다. 379년 성인은 갑작스러운 병으로 영면하였다.

106) 1509년 그리스의 고린토에 있는 트리칼라에서 태어났다. 그는 25세에 세속을 버리고 그리스의 자킨소스 섬으로 가서 고행 수도사처럼 살았다. 영적으로 도움을 받

기 위해, 그 다음에는 테살리아, 메테오라, 콘스탄티노플로 갔다가, 마침내 아토스 성산으로 가서 수도사가 되었다. 그다음에는 성지 순례를 하였다. 그는 예루살렘에서 사제 서품을 받은 후, 그리스로 돌아와 자킨소스에 5년간 있다가 케팔리니아 섬으로 갔다. 그곳에 네아 예루살렘 수도원을 지은 다음, 괴로움에 시달리는 사람들을 도왔다.

그는 하느님의 법에 따라 살면서 많은 은총을 받았다. 한번은 섬에 가뭄이 들어 사람들이 하느님께 기도를 하고 간구하였지만, 비는 내리지 않았다. 사람들은 예라시모스 사제에게 달려가 기도를 요청하였다. 그가 사람들과 함께 기도를 하였더니 비가 내렸다. 그는 1579년 8월 15일에 이 세상을 떠났다. 그의 축일은 성해 이장의 날인 10월 20일이다.

1760년과 1816년, 섬은 두 차례에 걸쳐 전염병이 돌았다. 섬사람들이 죽을 지경에 이르자 성인을 떠올리고 기도와 금식을 하면서 성인에게 간구하였더니 전염병이 멈추었다. 1780년에는 간질병으로 고생하던 네오피토스 수도사가 성해가 있는 수도원을 찾았다. 그는 그곳에서 1년간 머물렀다. 하루는 꿈속에 성인이 나타나더니 그에게 병이 다 나았다고 말하는 것이었다. 깨어 보니 병이 나아 있었다.

1781년에는 정신병을 앓고 있던 사람이 수도원에 와서 머물렀다. 그러나 꽤 오랫동안 머물렀는데도 병세가 호전되지 않았다. 괴로워하는 그를 보고 사제가 혹시 고해하지 않은 죄가 있는 건 아닌지 물었다. 그는 더 이상의 죄는 없다고 하더니, 전에 한 터키 여인에게서 받은 부적이 있는데 그것을 아직 몸에 지니고 있다고 말하였다. 그는 성해 앞에 나아가 고해를 한 다음, 그 부적을 태웠다. 그러자 그날 저녁에 바로 그의 병이 나았다.

1786년에는 마리아라는 여인이 악령에 들려 자갈 같은 걸 먹곤 하였다. 사람들이 그녀를 수도원에 데려가서 4개월간 머물게 하였는데, 그녀는 병이 나아 집으로 돌아갈 수 있었다.

107) 주 변모 축일은 8월 6일이다. 주 예수 그리스도께서 타보르 산에서 기도하시는 동안에 베드로, 야고보, 야고보의 동생 요한 앞에서 예수님의 모습이 해와 같이 빛나고, 옷이 눈부시게 빛나면서 영광스러운 변모(마태오 17:1-8, 마르코 9:2-8, 루가 9:28-36)를 하신 사건에 대한 축일이다.

108) 성인은 사제 자하리아스와 엘리사벳의 아들이다. 그는 그리스도가 태어나기 6개월 전에 태어났으며, 그리스도께 세례를 베풀었다.

109) 7월 26일이 축일

110) 현재 존재하지 않음.

111) 70년 키프로스에서 태어났다. 그는 부모의 직업이었던 양치기를 이어받았다. 그는 결혼하여 딸을 하나 두었는데, 갑자기 아내가 젊은 나이에 이 세상을 떠났다. 사람들이 그에게 사제의 길을 권하자 이를 받아들여 사제가 되었다. 나중에는 주교가 되어 각 지방을 방문하였는데, 항상 걸어 다녔다.

막시미아노스 갈레리오스에 의해 추방을 당한 후에는 킬리키아에 있는 카테르가에서 8년간 머물렀다. 이교도 아리오스파에 대한 세계 제1차 공의회가 니케아에서 열렸을 때에는 성인도 그 자리에 참석하게 되었다. 아리오스는 그리스도를 하느님이 아닌 창조물로 취급하였다. 아리오스파가 삼성, 즉 성부, 성자, 성령이 한 분이심을 깨닫지 못하자 성인은 손에 기왓장 한 장을 들고 나와 설명을 하기 시작하였다. "내가 당신들에게 지금 내 손에 몇 개의 기왓장이 있느냐고 물으면, 당신들은 하나라고 대답할 것입니다. 그러나 이것은 하나가 아닙니다." 성인이 성호를 그은 다음 왼손의 기와를 높이 들었다. 그가 "성부와…"라고 말하자 기와를 들고 있던 손에서 불이 타오르기 시작하였다. 그다음 그가 "성자와…"라고 말하자 이번에는 손에서 물이 떨어지기 시작하였다. 끝으로 "성령의 이름으로…"라고 말하자 그의 손에는 흙만이 남아 있었다. 이로써 그는 기와는 하나가 아니라, 셋(불, 물, 흙)이 모여 하나가 된 것임을 증명하였다. 다시 말해서 이교도들에게 기적으로 삼성을 증명하여 보였던 것이다.

하루는 가난한 사람이 성인에게 가서 돈에 대하여 하소연을 하였다. 그는 빚을 지고 있었는데 이 빚을 갚을 길이 없었다. 하지만 성인 역시 그렇게 많은 돈을 구할 수가 없었다. 성인은 이리저리 왔다 갔다 하면서 궁리를 하고 있었는데, 마침 뱀 한 마리가 기어가는 것이 보였다. 그는 "주여, 불쌍한 당신의 창조물을 위한다면 이 뱀이 금이 되게 하여 주십시오." 하고 되풀이한 뒤에 자신의 손을 번쩍 쳐들었다. 뱀이 움직임을 멈추자 성인은 허리를 굽혀 뱀을 집어 들었다. 그런데 손에 있던 뱀이 금으로 변해 있었다. 가난한 사람은 부채를 모두 갚고 난 다음에 그 금을 다시 성인에게 가져왔다. 성인이 금을 바닥에 던졌더니 금이 다시 뱀으로 변하였다.

한번은 성인의 친구가 누명을 쓰게 되어 성인은 그를 도우러 갔다. 그런데 비가 많이 내려 사람들이 강 건너편으로 가지 못하고 있었다. 성인이 강물을 바라보며 말하였다. "모든 인간의 주인께서 내가 친구를 구할 수 있게 강물을 건너게 하라고 명령하셨다." 그러자 흐르던 강물이 멈추더니 길이 열렸다. 덕분에 강물 앞에서 어쩔 줄 몰라 하던 사람들이 모두 강을 건널 수 있었다.

공의회를 마치고 집으로 돌아왔을 때 갑자기 그의 딸이 세상을 떠나고 말았다. 그런데 한 여인이 예전에 성인의 딸에게 보석을 맡긴 일이 있었다. 여인이 보석을 찾으러 왔으나 그는 딸이 갑자기 세상을 떠난 터라 보석을 어디에 두었는지 알 길이 없었다. 성인은 그 여인과 함께 딸의 무덤을 찾아가 보석이 어디 있는지를 물었다. 그러자 무덤에서 보석이 있는 곳을 알리는 목소리가 들렸다.

콘스탄티노스 대제가 안티오히아에 있을 때의 일이다. 대제는 큰 병을 앓게 되었다. 하루는 대제의 꿈에 하느님의 천사가 나타났다. 천사는 보호자처럼 서 있는 두 명의 주교들을 가리키며 "이 두 사람이 네 병을 치료할 것이다."라고 말하였다. 대제는 잠에서 깨어 생각을 해 보았으나 그 주교들을 알 길이 없었다. 결국 그는 모든 주교들을 궁전으로 불러 모았다. 하지만 꿈에서 본 두 주교는 보이지 않았다. 어느 주교가 참석하지 않았는지 알아본 결과, 키프로스에 있는 두 주교가 참석하지 않았음을 알게 되었다. 대제는 그들에게 초대장을 보냈다. 이에 성인 스피리돈 주교와 트리필리오스 주교가 대제를 만나러 갔다. 대제는 자신이 꿈에서 본 사람이 스피리돈 주교임을 깨달았다. 과연 성인이 대제의 머리에 손을 대자마자 병은 감쪽같이 나았다.

한 그리스도교인이 성인을 집으로 초대한 일이 있었다. 그런데 집에 가 보니 먼 곳에서 온 한 여인이 죽은 자식을 품에 안고 있었다. 그녀는 성인의 발밑에 죽은 자식을 내려놓았다. 성인이 간절하게 기도를 하자, 죽었던 아이가 되살아났다. 그런데 기적을 지켜보던 아이의 어머니가 갑자기 감각을 잃더니 그만 땅에 쓰러져 죽고 말았다. 성인이 다시 기도를 하면서 여인을 살려 달라고 간구하였더니 그녀 역시 되살아났다.

350년 12월 12일, 그는 이 세상을 떠났다. 원래 7세기까지 그의 성해는 키프로스에 있었으나, 야만인들의 침입을 걱정하여 성해를 콘스탄티노플로 옮겼다. 콘스탄티노플이 멸망한 후에는 그리스의 이피로스로 옮겨졌고, 1456년에 다시 그리스의 케르키라 섬으로 옮겨졌다.

112) 9세기 초반, 파트리키오스 시메온의 아내 빅토리아는 경건한 여인으로서 집에 이 성화를 가지고 있었다. 하지만 성상 파괴자들이 집집마다 뒤지면서 성화를 찾아내어 불을 지르고 성화를 지닌 사람들을 처벌하므로 그녀는 성화를 멀리해야만 하였다. 정확히 말하자면, 성화를 어떻게 하는 게 좋은지 하늘에서 계시를 받았다고 해야 할 것이다. 그녀는 콘스탄티노플의 한 바닷가에 가서 눈물을 흘리며 성화에 마지막 키스를 한 다음 성화를 바닷물에 집어던졌다. 그런데 성화는 똑바로 선 채 둥둥 떠서 엘리스폰도스를 향하여 가는 것이었다. 그리하여 성화는 아토스 성산의 동쪽, 정확히 말하자면 지금의 필로테오스 수도원이 있는 항구에 도착하였다.

당시 9세기에는 그곳에 아직 수도원이 세워지지 않았고, 고행 수도사들만이 있을 뿐이었다. 10세기 말이 되어서야 비로소 수도원이 지어졌으니 결과적으로 빅토리아가 성화를 바다에 집어던진 지 무려 150여 년 정도가 흐른 것이다. 그동안 성화가 어디에 있었는지는 오직 성모 마리아만이 알고 있다. 성화는 수도원이 세워진 바닷가에 나타났고, 수도원장이 가서 성화를 받아 왔다.

1801년의 일이다. 한 순례자가 필로테오스 수도원에 갔다가 서약 때문에 가져온 값비싼 물품들이 성화에 그대로 걸려 있는 것을 보게 되었다. 그는 그것들을 훔치기로 마음먹었다. 마지막으로 수도사가 성당의 문을 닫고 나가자, 그는 성화 앞에 있던 돈과 보석들을 훔친 다음에 이에리소스 행의 작은 배에 올랐다. 그런데 배가 1마일 정도 항해를 하더니 갑자기 멈추어 선 채 더 이상 꼼짝하지를 않는 것이었다. 그러는 사이에 예식을 준비하러 갔던 성당 관리인은 성화에 있던 돈과 보석들이 몽땅 사라진 것을 알게 되었다. 수도사들이 이리저리 흩어져 도둑을 찾으러 나섰는데, 그중 두 명의 수도사가 바다 위에 뜬 배가 꼼짝도 하지 않는 것을 발견하였다. 그들은 배에 무슨 일이 일어났음을 짐작하고서 보트를 타고 배 가까이 갔다. 그러자 도둑이 엎드려 용서를 빌며 훔친 물건들을 내놓았다. 이렇게 해서 도둑이 훔쳐간 물건들은 다시 수도원으로 되돌아왔다.

113) 「열왕기 상」, 17:17-24: "과부의 아들이 병들어 눕게 되었는데 병이 매우 심하여서 마침내 숨을 거두고 말았다. 여인이 엘리야를 추궁하였다. '오, 하느님의 사람이여! 어른께서는 나와 무슨 상관이 있다고 이렇게 오시어 내 죄를 일깨워 주시고 아들을 죽게 하십니까?' 그가 말하였다. '부인, 아이를 좀 봅시다.' 그는 과부의 품에서 아이를 받아 안고 자기가 거처하고 있는 다락방으로 올라가서 자기 잠자리에 뉘었다.

그리고 그는 야훼를 소리쳐 불렀다. '오, 나의 하느님 야훼여, 당신께서는 기어이 제가 머무르고 있는 이 과부의 집에 슬픔을 내리시어 아이를 죽이시렵니까?' 그는 아이 위에 세 번 엎드려 몸과 몸을 맞추고 나서 야훼께 기도하였다. '오, 야훼 나의 하느님, 제가 당신께 기도합니다. 이 아이의 몸에 다시 생명의 호흡이 돌아오게 해주십시오.' 야훼께서 엘리야의 기도를 들으시고 그 아이에게 다시 생명의 호흡을 주시어 마침내 아이는 살아났다. 엘리야는 그 아이를 안고 아래층으로 내려 와 아이 어머니에게 주면서 말하였다. '보시오. 부인의 아들이 살아났습니다.' 그러자 여인이 엘리야에게 말하였다. '어른께서는 과연 하느님의 사람이십니다. 어른께서 전하신 야훼의 말씀도 참이심을 이제 알았습니다.'"

114) 펠라기아 수녀가 저녁 예배를 마치고 자신의 켈리로 갔다. 그녀는 잠들었음에도 불구하고 형용할 수 없는 그윽한 향기가 나는 것을 느꼈다. 이윽고 켈리의 문이 열리는 소리가 들리더니 눈부시게 빛나는 여인이 들어와 수녀의 침대 맞은편에 섰다. 성모 마리아는 수녀에게 "일어나거라. 스타마텔로스 캉카디스에게 가서 나의 성화가 안토니오스 독사라스의 밭에 묻혀 있으니 어서 성화를 꺼내고 그 자리에 나의 집을 지으라고 전하여라.' 그러나 수녀는 이 말을 듣지 않았다. 그러자 성모 마리아가 두 번째로 나타나 같은 말을 하였다. 하지만 이번에도 수녀는 그대로 하기를 주저하였다.
1822년 7월 29일, 성모 마리아가 세 번째로 그녀 앞에 모습을 나타냈다. 수녀는 그제야 수녀원장에게 이 사실을 알렸다. 수녀원장은 수녀가 본 환영이 거룩한 것임을 깨닫고 성모께서 말씀하신 대로 일을 처리할 것을 지시하였다. 그러나 뜻밖에도 밭주인의 부인이 밭을 내놓지 않으려고 하였다. 어느 날 밤, 부인은 꿈을 꾸었는데, 스커트를 입은 험상궂은 사람이 나타나 밭을 내놓지 않으면 그녀를 죽이겠다는 무서운 꿈이었다. 겁에 질린 그녀는 태도를 바꾸어 만일 밭에서 정말 성화가 나온다면 교회를 짓도록 밭을 내놓겠노라 약속하였다.
1822년 9월에 발굴이 시작되었다. 그러나 노동자들이 밭을 파내어도 성화는 나오지 않았다. 하는 수 없이 발굴 작업을 멈추었는데, 그랬더니 그만 캉카디스의 부인과 여동생이 중병에 걸리고 말았다. 이 일로 발굴 작업이 다시 시작되었고, 1823년 1월 30일에 성화가 발견되었다. 그 후 성모 마리아 성당이 지어졌고, 해마다 8월 15일 성모 안식 축일이면 그리스 티노스 섬의 성모 마리아 성당은 인산인해를 이룬다.

115) 『정교회 기초 교리』, 한국 정교회, 서울 1978, p. 46-47 : "이 세상이 창조되기 이전에 하느님께서는 10개의 천사단을 만드셨다. 그래서 그들은 하느님의 사랑 속에서 살고 있었다. 그런데 그 천사들 중에 루시퍼라는 천사장이 있었다. 그는 하느님과 그의 피조물에 대하여 질투심과 오만함을 가지게 되었다. 그래서 그는 하느님을 닮는 것과 반대가 되기 위하여 선하신 하느님에 대하여 악한 악마가 되었다. 우리가 다 아는 바와 같이 하느님은 사랑으로써 인간을 창조하시고 인간을 자유의사대로 살도록 해주었다. 이와 마찬가지로 하느님께서는 루시퍼도 그대로 살도록 내버려 두셨다. 루시퍼는 하느님으로부터 멀리 떨어져서 빛을 등지고 어둠의 왕이 된 것이다. 그런데 어떻게 루시퍼가 전지전능하신 하느님을 상대할 수가 있겠는가?

그래서 악마는 하느님 품 안에서 행복하게 사는 피조물을 증오하기 시작하였다. 하느님 곁에 있는 천사들로부터 인간에 이르기까지 미워하기 시작한 것이다. 마귀는 악을 행하는 데 있어서 수단 방법을 가리지 않는다. 모략과 중상, 거짓과 교활함으로써 온갖 악을 행하는 것이다."

116) 아테네 근처에 있는 수도원.

117) 「Λόγοι Δ'-Οικογενειακή Ζωή. Παΐσιος」, Θεσσαλονίκη 2003, p. 19-21 참조.

118) 「갈라디아」, 3:28 참조.

119) 「마태오」, 15:14.

120) 많은 부모들이 그들의 자식이 수도사가 되는 것을 반대한다.